博明 ——著

余宗基、簡妙娟 ——譯

沸騰的護城河

Urgent Steps to Defend Taiwan
保衛台灣的緊迫行動

MATT POTTINGER

THE BOILING MOAT

邊城之地，必將嬰城固守，皆為金城湯池，不可攻也。
——《漢書·蒯通傳》，西元一世紀

備戰是維護和平的最有效手段之一。
——1790 年 1 月 8 日，喬治·華盛頓
（George Washington）在國會的首次年度演說

目錄

推薦序　打造台灣的護國神海 —— 蘇紫雲　　7

前言 —— 戴雅門　　9

致謝　　13

編輯者簡介　　17

共同作者簡介　　19

PART 1　概述

第 1 章　驚濤駭浪中的重大考驗 —— 博明　　29

第 2 章　台灣的利害關係 —— 加布里埃爾・柯林斯／艾立信／博明　　49

第 3 章　關於意外戰爭的迷思 —— 博明／馬修・特賓　　67

PART 2　應急工作之一：台灣篇

第 4 章　台灣的新軍事文化 —— 洪澤克／吳怡農／馬羅姆　　87

第 5 章　抵禦中國的武力進犯 —— 簡以榮　　107

第 6 章　反制中國的灰色地帶作戰 —— 簡以榮　　131

PART 3　應急工作之二：美國篇

第 7 章　擊沉中國軍艦 —— 羅伯特・哈狄克／馬克・蒙哥馬利／艾薩克・哈里斯　157

第 8 章　隔離與封鎖 —— 羅伯特・哈狄克／伊萊恩・路里亞／馬克・蒙哥馬利　179

第 9 章　動員與裝備 —— 羅伯特・哈狄克　195

PART 4　應急工作之三：日本篇

第 10 章　日本的「關鍵角色」—— 格蘭特・紐夏　213

第 11 章　太陽依舊升起 —— 香田洋二　229

PART 5　應急工作之四：澳洲和歐洲篇

第 12 章　澳洲的當務之急 —— 羅斯・巴貝奇　243

第 13 章　歐洲當下的任務 —— 安諾斯・福格・拉斯穆森／喬納斯・帕列羅・普萊斯納　265

註釋　277

推薦序
打造台灣的護國神海

蘇紫雲／國防院國防戰略與資源所所長

著名的美國智庫蘭德公司（RAND Corporation）在 2002 年便指出台灣海峽類似護城河的概念，當年出版的《恐怖的海峽》（Dire Strait）寫到台海兩岸滿布飛彈，戰時雙方船艦皆難以通行，而這也是共軍登陸及國軍防衛成敗之所在。這與本書的觀點頗有異曲同工之妙，也就是作者群所主張的台灣善用地理優勢以及有效的軍事投資，台灣就如同「金城湯池」可立於不敗。

的確，戰爭與和平困擾人類幾千年，歷史長河中不斷上演武力衝突，無論是部落時代、城邦王朝，到民族國家的興起戰爭都難以避免，也成為為政者及人民擔憂卻必須面對的挑戰。戰爭的發生則是因著各種理由，由最基本維持生存的爭奪農地獵場糧食之戰、宗教信仰差異、政治意識形態的差異，又或一笑傾城的紅顏之戰，在在訴說著人類集體暴力的動機。

文明差異也使得攻守雙方有著不同策略，特別是東西方遊牧民族與農業國家的戰爭，乾旱等氣候變遷使得牧草減少便驅動遊牧民族攻略農業民族。面對馬上騎射高機動力的遊牧兵團，高壘厚牆就成為農業民族的最佳選擇。除了中國萬里長城外，東西方不約而同的城池或城堡，因可儲量屯兵可說是防衛者的共同選擇。於是護城河也隨之出現以進一步提高防護力，透過不同介質與空間阻隔、切割來犯之敵，最大化己方獲勝機會。放大視野來看，跨越水面與地面兩種介質作戰的確易守難攻，薩拉米斯海戰（Battle of Salamis）讓希臘海軍得以擊敗優勢的波斯登陸艦隊；赤壁之戰居於劣勢的蜀漢東吳聯軍，以火燒連環船的「源頭打擊」摧毀曹操登陸艦隊；羸弱不堪的土耳其海軍依靠水雷與岸砲擊退來犯的英法聯合登陸艦隊，使得邱吉爾初嘗敗績。海洋成為防衛者大型的護城河。

　　台灣地緣位置絕佳是區域海空交通樞紐所在，周邊通行的船運占全球海運 26%，日本 9 成、南韓 6 成的能源也都依賴台海周邊水域；加以香港國安法實施後基於政治經濟安全因素，大量的人流、物流轉運移至台灣，使得台灣成了潛在的航空王、航海王。也因此，作者博明、簡以榮呼籲民主國家共同威懾北京以守護台灣，便是基於地緣戰略的共同安全。

　　相對地，台灣本身更應該自強，這不是文青語言或戰鬥文藝，而是做得到的防衛目標。因為台灣比之烏克蘭、以色列、乃至南韓都更幸運，因為它們都與敵方陸地接壤，台灣則有海峽阻隔威脅來源。善加利用軍事地理易守難攻的優勢，結合飛彈、無人系統等軍事科技，在正規與不對稱兵力的比例取得最大投資效益，可將台海打造成敵軍難以涉渡、固若金湯的護城河。讓台灣在晶片的護國神山之外，更可以有鎮國之海，守護我們自由民主的生活方式。

前言

　　過去十年來，尤其自 2022 年 2 月俄羅斯對烏克蘭發動最新和最大規模的侵略戰爭開始，重新出現的各種軍事侵略和專制政權的對外動武，已經改變了世界的政治格局。即使在此格局完全形成之前，薩達姆·海珊（Saddam Hussein）對科威特的入侵占領行動，就已徹底粉碎關於冷戰結束將開啟國際和平新時代的希望。這一切本足以使人們記起那常被用鮮血寫入歷史篇章的警世箴言：**權力飢渴的獨裁者對其鄰國構成嚴重威脅**。一個更加和平、基於規則的世界新秩序的幻想已經破滅。在過去三十年間，歐洲（沿著後蘇聯時期在其邊界所形成的弧形區域）和中東地區一直是專制政權敵意擴張的戰略性戰場。然而，我們有充分的理由相信，在未來十年內，全球最大的威脅將來自亞洲，尤其是來自全球最強大的專制政權──中華人民共和國。

　　正如博明（Matt Pottinger）及其共同作者在這本精彩而迫切重要的新書中明確指出的，數十年來，沒有任何國家像中國一樣，以如此快速、高強度和可預見嚴重後果的方式擴張軍事力量。這絕不是普通的軍力建設，僅僅為了支持中國崛起成為全球超級大國。其用意十分明顯，就是為了透過軍事入侵、封鎖絞殺，或兩者並用，強制實現北京領導人所講的「台灣與祖國的統一」。書中那些令人不寒而慄的細節揭示，中國狂妄自大的獨裁者習近平，正不斷地告戒共產黨幹部和全國人民，要做好戰爭準備。確切地說，這是為習近平取得輝煌勝利而進行的戰爭，戰爭的勝利將使他在中國共產黨領袖的群魔殿地位甚至超越毛澤東。此外，作者們還指出，中國不僅透過文攻武嚇為併吞台灣作準備，而且還在調整經濟結構，以抵禦可能的經濟制裁，加強資訊戰和灰色地帶軍事演習，並迅速建設和調整基礎設施。這些都顯示中國準備在台海兩岸發動大膽的軍事行動，為了贏得勝利，中國甚至將發動一場「偉大鬥爭」。

然而這並非是第一次獨裁者向世界預示其侵略鄰國的意圖。例如，阿道夫・希特勒（Adolf Hitler）在 1930 年代快速推進軍事現代化，並在 1936 年率領兩萬德國國防軍進入萊茵地區，明目張膽地違反了《凡爾賽條約》（Treaty of Versailles）和《羅加諾公約》（Locarno Pact）。當時歐洲的民主國家對希特勒的行動姑息無作為，隨後接連出現多次失敗而未能阻止希特勒征服野心。其中最著名的是 1938 年的《慕尼黑協定》（Munich agreement），當時英國和法國希望阻止希特勒揚言的戰爭威脅，但卻屈服於他對捷克斯洛伐克（Czechoslovakia）的德語族蘇台德地區（the Sudetenland.）的領土要求。英法對德國獨裁者的妥協如此天真且具有災難性，使得《慕尼黑協定》後來成為對獨裁者尋求擴大權力、財富和領土所採取「不切實際、與虎謀皮」姑息主義的同義詞。

現在台灣成為獨裁者侵略野心的目標。現今強大的民主國家能否採取反制行動，威懾中國這個潛在的侵略者，將對未來世界的和平與秩序產生深遠而重大的影響。現在，民主的台灣就像

1930 年代的捷克斯洛伐克一樣,正面臨強鄰虎視眈眈的困境。同時,台灣有著可以說亞洲最自由的民主政體,並且是 1974 年後民主化「第三波」(third wave)最成功的典範之一。這樣的成就應該足以讓我們下定決心,正如我們在 1930 年代就應該做的一樣,絕不容許民主國家被一個權力飢渴的獨裁者所吞噬,並任其進一步危害所有民主國家。

正如博明及其共同作者所列舉的一樣,阻止中國強行吞併台灣還有其他強而有力的理由,因為這對於世界秩序至關重要。正如本書所述,台灣對世界經濟、印太地區商品自由流通以及美國國家安全的戰略重要性無可取代。如果中國征服台灣,可能會控制全球半導體供應鏈,特別是在先進製程方面;或是在激烈的戰爭階段,生產超過世界一半的晶片(以及超過 90% 最先進的晶片)的開發和製造設施可能會遭受重大損失或摧毀,導致世界經濟陷入嚴重衰退,甚至直接引發全球性經濟蕭條。此外,如果中國占領台灣,它可能會在台灣部署潛艇和其他眾多軍事設施,並利用其地緣戰略位置(位於所謂的第一島鏈,即日本和菲律賓之間),要脅整個東亞地區以達到其目的。中國已經在用恐嚇和脅迫手段,來伸張其對大部分南海毫無事實根據的領土聲索,這將嚴重削弱美國維持印太地區自由開放的承諾,致使亞洲(甚至可能更遠的地區)的民主國家最終選擇放棄對美國的戰略信任。一旦台灣遭到併吞,這也將為自二戰結束以來最大的國際影響力轉移揭開序幕。

不過,現在仍然有可能阻止上述情況的發生。正如博明及其共同作者所主張的(與喬治・華盛頓和許多其他戰略思想家的觀點相似),「為了維護和平,民主國家必須準備作戰。」這些國家必須表明,他們不僅有戰鬥的決心,而且有取勝的手段,能有效作戰;中國若發動無謂的戰爭,很可能面臨失敗的結局。現在中國的經濟停滯不前,企業家和科學人才外逃,社會(甚至許多共產黨員)對習近平的統治感到失望。一旦他發動戰爭並戰敗,習將面臨滅頂之災。因此台灣、美國、日本、澳洲和歐洲各國的當務之急,就是想辦法說服中國領導人,若真的使用武力解決台灣問題,可能會對所有上述國家以及中國本身造成無法挽回的巨大災難。

在下面的章節中,博明和他傑出的合著者將詳細說明台灣、美國及其戰略合作夥伴必須採取哪些應急工作,以防止、擊退並最終挫敗中國共產黨企圖強迫吞併台灣的行動。他們明確指出,只有透過這種力量、決心和準備,才能阻止中國對台灣的攻擊。我們必須期待決策者和民主國家的社會大眾,在為時未晚之前,能認真聽取他們的建言。

本文作者／

戴雅門(Larry Diamond)
史丹佛大學胡佛研究所(Hoover Institution)威廉・L・克萊頓(William L. Clayton)資深研究員
史丹佛大學弗里曼・斯波利國際研究所(Freeman Spogli Institute for International Studies)莫斯巴赫(Mosbacher)全球民主資深研究員

致謝

我要感謝戴雅門在 2022 年末激發我撰寫這本書的想法。他在整個專案的起訖期間,給予我持續的鼓勵與指導。我也要感謝所有共同作者對這本書的貢獻。其中 3 位作者——羅伯特・哈狄克(Robert Haddick)、簡以榮(Ivan Kanapathy)和邁克爾・洪澤克(Michael A. Hunzeker)特別值得讚許,他們不僅在自己的章節中做出了貢獻,還提供了睿智的建議和編修。永遠忠誠(Semper Fidelis)*。

胡佛研究所的幾位同事,包括:薛德麗(Nadia Schadlow)、馬修・特賓(Matt Turpin)、譚安(Glenn Tiffert)、麥馬斯特(H.R. McMaster)、吉姆・埃利斯(Jim Ellis)和菲利普・澤利科(Philip Zelikow),提供了寶貴的回饋意見。胡佛研究所是美國優秀的自由與批判性研究堡壘之一,我很榮幸能成為其中的一員。我也感謝保衛民主基金會(Foundation for Defense of Democracies),他們富有行動力的執行長馬克・杜博維茨(Mark Dubowitz)建議我們於 2023 年夏天將以色列國家安全領袖團帶到台灣。這次旅行帶來了精彩的交流,對本書的部分內容,特別是第 4 章〈台灣的

---

* 編按:Semper Fidelis 為美國海軍陸戰隊的座右銘。前述 3 位作者和博明都是前美國海軍陸戰隊軍官,作者在此使用該座右銘彰顯了他們之間的特殊聯繫。

新軍事文化〉，產生了腦力激盪的啟發效果。

蘭楊（Lin Yang）提供了啟發本書書名的漢代參考資料。巴丟草（Badiucao）則提供了內頁和封面上的原創設計。金恩喜（Abi Kim）和布蘭登・霍爾特（Brandon Holt）提供了不可或缺的行政支持。格雷厄姆・艾利森（Graham Allison）在哈佛大學舉辦了一場圓桌討論，使本書的論點更加犀利。我對他們都心存感激。我也要感謝我在加諾特全球有限責任公司（Garnaut Global LLC）這家研究機構的所有同事，很難再找到一支更具才華的研究中國的團隊。

2023年我最大的收穫之一，是與傑出的澳洲作家傑弗瑞・布萊內（Geoffrey Blainey）和安・布萊內（Ann Blainey）在他們的家鄉墨爾本共進晚餐。傑弗瑞的著作《戰爭的起因》（*The Causes of War*），其深入的調查研究和時常出人意料的洞察心得，讓我在白宮任職期間閱讀其書時深受觸動。這本書也啟發了第3章的撰寫，傑弗瑞同時很慷慨地擔任了本書的審閱者。那一章正是獻給他的。

在胡佛研究所出版社的芭芭拉・阿雷利亞諾（Barbara Arellano）、艾莉森・羅（Alison Law）和丹尼卡・米歇爾斯・霍奇（Danica Michels Hodge）迅速地合作完成了書籍的出版工作，並得到了大衛・斯威特（David Sweet）的編輯專業支援。我也要感謝舊金山台北經濟文化辦事處（Taipei Economic and Cultural Office，TECO SF）慷慨提供專案的經費支持。舊金山台北經濟文化辦事處在此專案中未事先審稿，也沒有以任何方式試圖影響本書內容。

最後也是最重要的是，我在整個專案寫作期間得到家人的全力支持和愛，讓這一切顯得格外有意義。聖誕節期間，我的父母和手足們在喝蛋酒的時候幫忙協助校對草稿。另外，我的妻子楊小燕（Yen）和孩子們在最後完稿衝刺階段始終保持了愉悅的心情（和耐心）。這本書是獻給他們的。

博明，2024 加州史丹佛

編輯者簡介

博明（Matt Pottinger）

　　胡佛研究所（Hoover Institution）的訪問學者，同時也是保衛民主基金會中國計畫的主席。他曾在 2019 年至 2021 年間擔任美國副國家安全顧問，並在此之前，於 2017 年至 2019 年間擔任國家安全委員會（National Security Council）的亞洲事務高級主任。博明在 1990 年代末至 2000 年代中期，擔任路透社（*Reuters*）和《華爾街日報》（*Wall Street Journal*）的駐中國記者。他在 2007 年至 2010 年間的三次作戰部署中，以美國海軍陸戰隊員身分參與了伊拉克和阿富汗的戰爭。

共同作者簡介

羅斯・巴貝奇博士（Dr. Ross Babbage）

在澳洲國際防務、安全議題上擁有超過 40 年的工作經驗。他曾在澳洲國防部、情報界、國立澳洲大學以及企業界擔任過高層職位。巴貝奇目前負責兩家公司，致力於解決澳洲及其盟國面臨的棘手安全挑戰，並且是設於華盛頓特區的戰略與預算評估中心（Center for Strategic and Budgetary Assessments）的非常駐高級研究員。他最近出版的書籍是《下一場大戰：美國及其盟國能否戰勝中國？》（*The Next Major War: Can the US and Its Allies Win against China?*）

加布里埃爾・柯林斯（Gabriel B. Collins）

萊斯大學（Rice University）貝克公共政策研究所能源研究中心的貝克・波特斯能源與環境監管事務（Baker Botts Energy and Environmental Regulatory Affairs）研究員。在貝克公共政策研究所，他負責歐亞能源與地緣政治共同計畫。柯林斯在普林斯頓大學獲得學士學位，並在密西根大學法學院獲得法律博士學位。他在 2008 年經濟風暴市場崩盤前剛好加入了一家商品對沖基金，因此至今他仍被家人取笑。柯林斯能夠熟練閱讀中文、俄文和西班牙文，並在研究中使用這些語言；但他的口語能力卻讓他常常遇到麻煩。此外，他在德州擁有法律執業資格。

艾立信博士（Dr. Andrew S. Erickson）

是美國海軍戰爭學院中國海事研究所（US Naval War College's China Maritime Studies Institute，CMSI）的戰略學終身教授，並在哈佛大學政府系擔任訪問學者。他是美國海軍戰爭學院中國海事研究所的核心創始成員之一，於 2006 年協助建立該機構且正式啟用，並在其發展中扮演了不可或缺的角色。在 2021 年至 2023 年期間，他擔任該機構的研究主任。艾立信還為受美國海軍戰爭學院中國海事研究所（CMSI）啟發創立的其他研究中心提供了建議和支持，同時也是中國航太研究所的副研究員。他在普林斯頓大學獲得了博士學位和碩士學位。他的研究網站是 http://www.andrewerickson.com。

羅伯特・哈狄克（Robert Haddick）

空軍與太空軍協會的米切爾航太研究所（Mitchell Institute for Aerospace Studies of the Air & Space Forces Association）的訪問高級研究員。他著有《火海：中國、美國與太平洋的未來（第二版）》（*Fire on the Water, Second Edition: China, America, and the Future of the Pacific*），該書由美國海軍學會出版社出版。哈狄克曾是美國海軍陸戰隊軍官，服務於西太平洋和非洲，職責涵蓋了從安全部隊援助到核指揮與控制等多方面。他曾是美國特種作戰司令部（US Special Operations Command）的承包商，並在五角大廈淨評估辦公室（Pentagon's Office of Net Assessment）進行研究工作。哈狄克曾擔任《外交政策》(*Foreign Policy*)雜誌的國家安全專欄作家，並在美國政府各機構中主持過戰略講座。

艾薩克‧哈里斯（Isaac "Ike" Harris）

埃克賽格（Exiger）公司的政府戰略副總裁，他負責策略的整合，以提供尖端的供應鏈風險管理技術。哈里斯是技術競爭與政策方面的權威專家。他擁有20年的美國海軍服役經歷，曾在海上及華盛頓特區的多個重要機構工作，包括五角大廈和國會。最近，他擔任國防部政策副部長的顧問，負責有關中國和技術競爭的事宜。他作為水面戰爭軍官的最後一次實戰巡航是擔任「拉梅奇號」（USS Ramage〔DDG-61〕）的指揮官，並部署至歐洲和中東地區。

洪澤克（Michael A. Hunzeker）

喬治‧梅森大學（George Mason University）沙爾政策與政府學院（Schar School of Policy and Government）的副教授，並且是該學院安全政策研究中心的副主任，同時也是戰略與預算評估中心的非常駐高級研究員。他在2000年至2006年間服役於美國海軍陸戰隊，並擁有加州大學伯克萊分校的學士學位，以及普林斯頓大學的碩士學位（AM）、公共行政碩士學位（MPA）和博士學位（PhD）。

簡以榮（Ivan Kanapathy）

美國白宮國家安全委員會亞洲事務資深主任，在喬治城大學外交服務學院（亞洲研究）擔任兼任教授，同時是戰略與預算評估中心的非常駐高級研究員，以及戰略與國際研究中心（Center for Strategic and International Studies，CSIS）費曼中國研究主席的非常駐高級副研究員。他是退役的美國海軍陸戰隊軍官，曾擔任美國在台協會聯絡事務副主任，並在美國海軍戰鬥機武器學校（即TOPGUN）擔任F/A-18攻擊機戰術教官。

海軍中將香田洋二（Vice Admiral Yoji Koda）

畢業於日本國防醫學院、日本海上自衛隊指揮參謀學校，以及美國海軍戰爭學院。他曾是塔特納爾號（舷號DD-125）(JS Sawayuki〔DD-125〕)驅逐艦及艦隊護衛部隊的指揮官。他在岸上勤務的經歷，包括擔任日本海上自衛隊計畫中心（東京）海事幕僚監部計畫與系統計畫部門的總督導。在2008年從自衛艦隊司令官的職位上退役後，他在哈佛大學亞洲中心進行了為期兩年的中國海軍戰略研究。他曾在2014至2016年期間擔任日本國家安全保障局的顧問。他在安全領域的著作包括《美日同盟：應對中國的反介入／區域拒止威脅》(*The US-Japan Alliance: Responding to China's A2/AD Threat*)，該書由美國新安全中心（Center for a New American Security）出版。

伊萊恩・路里亞（Elaine Luria）

畢業於美國海軍軍官學院，並在美國海軍服役了20年，擔任核訓練水面戰爭教官。在2019至2023年間，路里亞代表維吉尼亞州第二國會選區，擔任眾議院軍事委員會副主席，並參與了眾議院特別委員會調查 2021 年 1 月 6 日對美國國會大廈襲擊事件的工作。在國會期間，路里亞不斷倡導增加對防禦和海軍資產的投資，以應對太平洋地區的挑戰。

馬羅姆（Kobi Marom）

　　當前中東地區激進運動戰略局勢的專家。他是榮獲多項獎勳章的退伍軍人，曾在 1984 年指揮救援行動，拯救了在蘇丹沙漠中的以色列猶太人。他曾擔任以色列國防軍南黎巴嫩東方戰線的旅長及赫爾蒙旅（Hermon Brigade）指揮官，負責在壓力和不確定的情況下監督複雜且多領域的作戰單位。他是受人尊敬的學者，並且是以色列赫茲利亞跨學科中心（the Interdisciplinary Center in Herzliya）國際反恐研究所的副研究員。他也是一位受歡迎的媒體評論員，經常對猶太社區、國會議員以及外交、政治和慈善代表團發表演講。馬羅姆在華盛頓特區的國防大學取得了工商管理碩士和安全研究碩士學位，並在以色列海法大學獲得政治學學士學位。

馬克‧蒙哥馬利（Mark Montgomery）

　　網路與科技創新中心（Center on Cyber and Technology Innovation）的高級主任，他領導保衛民主基金會，致力於透過技術創新促進美國的繁榮與安全，並且對抗試圖削弱這些成果的網路威脅。蒙哥馬利還領導 CSC 2.0 計畫，該計畫致力於落實國會授權的網路空間日晷委員會（Cyberspace Solarium Commission, CSC）的建議，他曾擔任該委員會的執行主任。蒙哥馬利曾在約翰‧馬侃（John S. McCain）參議員的領導下，擔任參議院軍事委員會（Senate Armed Services Committee）的政策主任，負責協調關於國家安全戰略、能力需求和網路政策的工作。他在美國海軍服役了 32 年，擔任過核能訓練水面戰爭教官，於 2017 年以少將軍銜退役。他擔任過的艦隊指揮官，包括：美國太平洋司令部的作戰處長（J3）；指揮第五航母打擊群，駐在日本的 USS 喬治・華盛頓號航母上；以及擔任美國歐洲司令部計畫、政策和戰略副處長（J5）。他在 1998 年到 2000 年期間任職於國家安全委員會，擔任跨國威脅部門主任。蒙哥馬利擁有賓夕法尼亞大學和牛津大學的碩士學位，並完成了美國海軍的核動力訓練課程。

格蘭特・紐夏（Grant Newsham）

曾是美國海軍陸戰隊成員、外交官、商業高層及律師，也曾在日本生活與工作了 25 年。他是海軍陸戰隊首位駐日本自衛隊的聯絡官，並在創建日本兩棲部隊中發揮了重要作用。他還曾兩度擔任美國駐東京大使館的海軍陸戰隊武官，並在「友人行動」（Operation Tomodachi）期間擔任仙台雙邊協調小組的負責人，此行動是針對 2011 年地震和海嘯後的救援工作。紐夏在 2019 年曾居住在台灣，研究台灣的防衛能力，最近出版了一本書：《中國攻擊時：對美國的警告》（*When China Attacks: A Warning to America*）。

喬納斯・帕列羅・普萊斯納（Jonas Parello-Plesner）

民主聯盟基金會（Alliance of Democracies Foundation）的執

行長，該基金會致力於強化全球民主國家之間的合作，並主辦每年一度的哥本哈根民主峰會（Copenhagen Democracy Summit）。普萊斯納曾是丹麥外交官，主要關注中國和台灣問題。在2013年至2017年間，他擔任丹麥駐美國華盛頓大使館外交政策部門的主管。他還曾擔任華盛頓、布魯塞爾和倫敦智庫的中國問題高級研究員。他為丹麥及國際媒體撰稿，如《政客》(*Politico*)和《華爾街日報》，並合著了《中國的強硬手段》(*China's Strong Arm*)和《台灣之戰》(*The Battle for Taiwan*)。

安諾斯・福格・拉斯穆森（Anders Fogh Rasmussen）

過去30多年中，他一直活躍於歐洲和全球政界，擔任過丹麥國會議員、經濟事務部長、丹麥首相以及北約秘書長。離開北約後，他創立了拉斯穆森（Rasmussen Global）全球戰略顧問公司，專門提供地緣政治和戰略諮詢服務。他也是民主聯盟基金會的主席，該基金會是一個專注於全球推進民主和自由市場的非營利組織。

馬修・特賓（Matthew Turpin）

胡佛研究所的訪問學者和帕蘭泰爾（Palantir）技術公司的高級顧問，曾在白宮國家安全委員會擔任中國事務主任近2年，並擔任商務部長的中國事務高級顧問。在這個職位上，他負責統籌各部門的合作，致力於發展和執行美國政府對中國人民共和國的政策。特賓曾在美國陸軍服役22年，其中最後7年任職於美國太平洋司令部，負責於中國事務，並擔任參謀長聯席會議主席和副主席顧問。

吳怡農（Enoch Wu）

壯闊台灣聯盟（Forward Alliance）的創辦人，該聯盟是台灣的非營利組織，專注於公民參與和國家安全。吳怡農曾在台灣國家安全會議擔任專門委員，負責國土安全和關鍵基礎設施保護的工作。在此之前，吳怡農曾在行政院長林全的延攬下，任職行政院參議，領導一個行政院跨部門專案小組，主要負責政府安全事務的政策。在職業生涯早期，吳怡農在金融業工作了10年，主要在高盛集團（Goldman Sachs）的特殊機會投資部（Special Situations Group）任職。他後來於2014年至2015年期間在中華民國（台灣）陸軍航空特戰隊指揮部服役，現在是預備役士官。他畢業於耶魯大學。

PART 1
概述

第 1 章
驚濤駭浪中的重大考驗

博明

「威懾不太可能是偶然達成的。」

——羅斯・巴貝奇

（Ross Babbage，戰略分析專家、澳洲前國防官員）

如果從俄羅斯入侵烏克蘭事件中能教會我們什麼，那就是威懾比戰爭本身便宜得多。然而，民主國家似乎在威懾戰爭方面表現地每況愈下。過去 3 年的紀錄充斥了失敗和隱患：

- 普丁（Vladimir Putin）無視華盛頓的制裁威脅，出兵攻擊烏克蘭的首都，使歐洲陷入自二戰以來最具破壞性的衝突之中。
- 伊朗向哈馬斯提供裝備，挑起與以色列之間的戰爭，戰爭爆發後，伊朗遂又動員其在黎巴嫩、葉門、敘利亞和伊拉克的恐怖分子代理組織，向以色列發射火箭彈，攻擊在紅海地區航行的商船，威脅美國戰艦，並襲擊美國在伊拉克和敘利亞的軍事基地。[1]
- 北京當局加強了其長期以來奉行的主權聲索，試圖將南海納入其管轄範圍，而南海有著世界上最重要的國際航道和漁場之一。中國利用其海警艦艇阻擋和撞擊菲律賓船隻，這些船隻的任務是維持或恢復馬尼拉政府對於其宣稱擁有的離岸島嶼的行政控制權，中國對這些離岸島嶼的聲索明顯違反現行國際規範和國際法庭的裁決。
- 委內瑞拉的獨裁者可能認為華盛頓聲稱的反制行動只是虛張聲勢，因此揚言要併吞委內瑞拉的鄰國蓋亞那的大部分領土，以掠奪其豐富的石油資源。[2] 與此同時，北京大膽重演冷戰時期蘇聯在美洲的挑釁行動，不僅對委內瑞拉的立場表示同情，還在古巴擴建中國情報設施並計畫成立軍事基地。[3]
- 北韓無視聯合國安理會的決議和美國的制裁，在暫停 5 年後首次恢復洲際彈道飛彈（ICBMs）的測試，同時還為俄羅斯的烏克蘭戰爭提供武器和彈藥。[4]

值得注意的是，世界即將面臨的是另一場比上述所有戰爭引爆點加起來都更為嚴重的衝突；中國最高領導人習近平曾揚言，如有必要將會武統台灣並完成中國統一。事實上，習近平關於對中國敵人進行「偉大鬥爭」的公開言論，揭示了其野心企圖，如國際社會對此視若無睹，那將極其不智。

習近平已經不只一次公開地將「統一台灣」描述為中國在世界舞台上，實現其「中華民族偉大復興的中國夢」的先決條件。[5]

2017年在北京舉行的第19屆黨代表大會上,習近平曾表示,「實現祖國完全統一,是實現中華民族偉大復興的必然要求。」[6] 2019年在北京舉行的紀念《告台灣同胞書》四十周年大會上,他說:「民族復興、國家統一是大勢所趨、大義所在、民心所向,是任何人任何勢力都無法阻擋的。」[7] 2021年10月,他在北京人民大會堂發表了一篇關於台灣的演講,其中提到了「復興」一詞多達20幾次。[8] 其中含意不言而喻:習近平已將「未能吞併台灣」等同於未能實現他的治國總體目標。

儘管習近平在公開場合對於時間表並未明確表態,但他表現出一種與前任領導人迥然不同的急迫感。習近平在2013年10月對一名來自台灣的特使表示:「兩岸長期存在的政治分歧問題終歸要逐步解決,總不能將這些問題一代一代傳下去。」[9] 習近平類似的言論,與1984年最高領導人鄧小平所提出的說法大相逕庭;當時鄧小平曾說:「實現國家統一是民族的意願,一百年不統一,一千年也要統一。」

除此之外,習近平的前任國家領導人江澤民和胡錦濤,都將戰爭恐嚇視為是北京對台灣宣布獨立的被動回應。然而,在習近平任內,官方更進一步地表示,可能主動透過武力來完成中國的統一,而不僅僅是對台灣宣布獨立的被動回應。

習近平於2023年11月在舊金山與美國總統喬‧拜登（Joe Biden）面對面的會議中似乎確認了這點。在峰會後,根據一名資深美國官員向記者透露習近平的說法:「以和平統一為優先,但隨後也立即提出可能會使用武力的條件。」[10] 當拜登回應「華盛頓決心維護該地區和平」時,習近平的回應則非常地直截了

當。根據這位美國官員的描述:

> 習近平回應道:「和平……固然是好事,但某些時候我們還是要朝著解決問題的方向邁進 。」[11]

換句話說,習近平似乎將統一的目標凌駕於和平的目標之上。他的強硬表態也體現在中國官方會議的報告中,該報告引述了習近平的話:

> 「美方應該將不支持『台獨』的表態體現在具體行動上,停止武裝台灣,支持中國和平統一。中國終將統一,也必然統一。」[12]

這可能是習近平首次公開呼籲美國「支持」中國和台灣統一。這樣的措辭顯示了北京從根本上改變長期以來對華盛頓不支持台獨的要求。易言之,與眾多西方分析師的假設相反,習近平的舉措並不是為了維持台灣海峽幾十年來的現狀,而是為了終結它。

習近平知道這可能意味著戰爭。在過去幾年的重要演講中,他已經警告中國共產黨和其武裝力量──即解放軍,要為一場重大衝突做好準備。

習近平在 2021 年 11 月在北京舉行的中共第 19 屆黨六中全會上說道:「在重大風險、強大對手面前,總想過太平日子、不想鬥爭是不切實際的。」[13]「各種敵對勢力絕不會讓我們順順利利實現中華民族偉大復興。基於此,我向全黨反覆強調,必須進行具有許多新的歷史特點的偉大鬥爭。」[14]

在這次具有重要意義的演講中,習近平讚揚了1950年當時的最高領導人毛澤東參與朝鮮戰爭的決定,這場演講在發表前保密了兩個月,後來刊登在一份中文期刊上(西方記者和許多學者都未能注意到)。習近平說,「當年,面對世界上經濟實力最雄厚、軍事力量最強大的美帝國主義的武裝威脅和挑釁,是否出兵入朝作戰」,毛澤東和他的同志們作出了勇敢赴戰的決定。如他所言:

> 黨中央和毛澤東同志以「打得一拳開,免得百拳來」的戰略遠見,以「不惜國內打爛了重新建設」的決心和氣魄,作出抗美援朝、保家衛國的歷史性決策,避免了侵略者陳兵國門的危局,捍衛了新中國安全。[15]

這些措辭顯示習近平將毛澤東的參戰決定描繪為一場先發制人的攻擊,以避免他所稱的「侵略者陳兵國門」的危局。習近平選擇這些詞語,毫無疑義地是在表明他自己在類似情況下準備發動戰爭的打算,同時令人不寒而慄的是,他願意冒國家「毀滅」的風險來換取勝利。習近平說道:「無論敵人如何強大、道路如何艱險、挑戰如何嚴峻,黨永遠絕不畏懼、絕不退縮,不怕犧牲、百折不撓。」[16]

雖然這次演講中將美國描述為歷史背景下的敵人,但習近平最近將華盛頓明確地定位為中國當前的對手。習近平在2023年

2021年7月，習近平在天安門廣場的演講中向群眾示意，慶祝中國共產黨成立100周年。習近平在演講中誓言，「任何試圖欺負中國人民的外來勢力，必將在14億多中國人民用血肉築成的鋼鐵長城面前碰得頭破血流！」
照片來源：居鵬攝影，由 Getty Images 提供。

3月的一次演講中表示：「以美國為首的西方國家對我國實施了全方位的遏制、圍堵、打壓，給我國發展帶來前所未有的嚴峻挑戰。」[17] 包括這次演說在內，習近平當月發表過4次演講，均強調了準備戰爭的必要性。[18]

第一次是3月5日對全國人大代表的演講，習近平表示，中國必須終止對糧食和製造商品的進口依賴。習近平聲言：「萬一我們缺乏其中一種，國際市場不會保護我們。」在第二天的演講中，他敦促聽眾「敢於鬥爭，善於鬥爭」。[19] 3月8日，他向一群將軍們宣布了一場全民國防教育運動，旨在讓社會團結以支持軍隊，其靈感來自於1943年旨在實現全社會軍事化的雙擁運動

（擁軍優屬、擁政愛民，the Double Support Movement）。[20] 在第四次演講中，亦即 3 月 13 日，習近平宣布「祖國統一」是他偉大復興運動的「題中之義」，這一表述甚至超過了他之前將統一視為中國復興的「必要條件」的說法。[21]

鑒於這一切，世界應該嚴肅看待習近平在 2022 年 10 月的第 20 次黨代表大會「工作報告」中的敦促，中國共產黨必須做好準備以應對「驚濤駭浪中的重大考驗」。

這些聲明的重要性在於它們並非針對西方聽眾的宣傳，而是習近平向中國共產黨發出的權威指示，而中國的黨政機關非常重視此事。西方分析師們應該把習近平這些工作指示的重要性，視為如同是從美國白宮洩露出來有關戰爭與和平討論的重要情報。[22]

本書提供了民主國家應該緊急採取的切實可行步驟，用以威懾習近平可能在台灣問題上發動的一場災難性戰爭。

這本書主要聚焦於軍事層面的具體建議，這並不是因為在試圖威懾對手時，經濟、金融、情報和外交工具手段不重要，而是因為在缺乏可靠軍事硬實力的情況下，這些非軍事手段的成功機會將微乎其微——易言之，軍事實力是有效威懾北京當局的必要條件。[23]

✈ ✈ ✈

這本書特別將習近平個人作為威懾的目標，理由充分：在超過十年的鞏固權力和集權過程中，當涉及戰爭與和平問題時，沒有其他決策者比習近平更具影響力。習近平對於中國在衝突中的勝算，以及對於台灣、美國及其盟國的意圖和能力的個人假設，將是影響他是否決定發動戰爭的關鍵變數。正如澳洲戰略家羅斯・巴貝奇在第 12 章提醒我們的那樣,「威懾指採取行動,對敵方的決策精英造成盡可能強烈的心理衝擊,說服他們停止、延遲或以其他方式改變行動,以符合己方的利益。」在當今的中國,這個「決策精英」基本上可以總結為「一個人說了算」——即主要的決策權基本上集中在一個人身上,那就是習近平。

本書中提到的步驟是應該立即進行的工作。共同作者們呼籲盤點現存美國及其盟國軍火庫中已開發並經過測試、適合生產和採購的技術和武器系統。目前最大的挑戰是:

1. 彈藥庫存不足(例如反艦飛彈),以及迅速增產的產能不足;
2. 美國、台灣及其他受威脅的民主國家內部和彼此之間的規畫、訓練、演練和協調不足。

作者們相信,如果民主國家在接下來的 24 個月裡能積極實施本書的各項建議,我們將更有把握在未來十年內阻止台海戰爭的爆發。另外,隨著新式的武器系統可能陸續進入民主國家的武器庫,如果能明智地運用本書所提出的策略,則能更有助於盟國「抵消」中國日益增長的軍事力量。

如果我們在 2020 年代的剩餘時間內能成功地威懾習近平,這將主要歸功於「傳統」的武器系統,而非是那些尚不知成效如何的未來武器項目上。美國歐洲資深軍事官員克里斯托弗・G・

卡沃利（Christopher G. Cavoli）上將表示，從烏克蘭戰爭中得出的一個經驗：「武器效能決定了結果……而大多數武器效能來自傳統的武器系統。因此，不要在等待新軍事科技武器誕生的同時，過早地放棄『傳統』武器。否則，我們將束手無策。」[24]

這意味著民主國家必須大幅增加國防支出，以保持關鍵的武器系統運作，並擴大彈藥生產的規模，同時進行新系統的研究和開發。美國現役軍隊的規模比二次世界大戰以來的任何時候都小得多。[25] 相對於通貨膨脹調整後，美國的國防預算正在減少，而此時戰爭卻在蔓延。以國內生產毛額（GDP）的百分比來計算，現今美國每年的國防支出（3.1％）比雷根政府時期的高峰期（6.8％）少了一半，而雷根政府在冷戰最關鍵的十年中，無需與蘇聯直接武裝衝突。[26] 這些統計數據說明，美國政府正在淡忘二十世紀那些以血淚寫成的慘痛歷史教訓。

面對中國的強大軍事力量，加強威懾力似乎是一項艱鉅的任務。然而，中國也存在著許多弱點。雖然中國現在可能擁有全球最龐大的海軍，但其水面艦艇在戰爭中將成為易遭受攻擊的目標——不僅會受到美國攻擊型潛艇的威脅，而且還會遭到美國重型轟炸機的打擊。這些重型轟炸機能夠在幾小時內抵達西太平洋，並從相對安全距離發射大量反艦飛彈（如果沒有這些水面艦艇，中國就無法確保對台灣的軍事控制）。這就是為什麼在第 7 章中，我們主張美國空軍應該在台灣可能爆發戰爭的情況下，承擔比目前優先考慮的事項更為核心的任務。

中國可能擁有大量的反艦彈道飛彈，以阻止美國航母行動，但華盛頓在該地區擁有強大的盟國，如果他們加入保衛台灣的行動，將有助於挫敗北京的戰爭企圖。正因如此，我們在第 10 章中主張東京應公開承認幾乎不可避免的情況，即如果中國攻擊台灣，日本將不得不參戰。在和平時期，如果日本現在清楚表明其意圖，將有助於降低戰爭的風險，因為這樣可以消除北京方面一廂情願地幻想，以為東京方面不會介入。

中國雖然在地理上靠近台灣，但台灣的地理位置也為防守方提供了不對稱的優勢。台灣多山的海岸線、缺乏良好的登陸海灘以及城市腹地，對於侵略者而言，都是令人畏懼的挑戰。在台灣，還有一個常見的隱喻是，台灣應該採取豪豬的策略，用威懾力使捕食者大倒胃口，即使威懾失敗，也會讓捕食者付出致命的代價。

對台灣來說，幸好有台灣海峽將它與中國隔開。漢朝政治家鼂通曾勸戒說，即使是一支強大的軍隊也應該避免攻擊由「金城湯池」防守的邊境城市。台灣、美國以及美國的關鍵盟國應該採用上述「沸騰的護城河」策略。未來在台海戰爭中，中國的軍事作戰重心將會是其海軍力量，而台灣海峽將成為埋葬中國海軍的墳場。這本書將概述此策略，並探討了一些相關的主題和觀點。

1. 台灣民主、主權和繁榮的未來，將影響亞洲及其他地區的未來

人們傾向於想像北京強行併吞台灣所帶來的連鎖效應是可以控制的，尤其是如果這種吞併沒有引發更大規模且極具破壞力的戰爭。畢竟，在 1960 年代和 1970 年代，對於美國在越戰失敗對亞洲未來及美國地區影響力危言聳聽的預測，最終未能成真。

「骨牌理論」（Domino theory）的連鎖反應並未發生，共產主義也沒從印度支那蔓延開來。1975年春天河內淪陷後的幾十年間，雖然美國在亞洲地區的軍力部署已大幅減少，其經濟和政治影響力實際上反而有所增強。

但上述類比是錯誤的。更恰當的例子應該是，日本帝國在1940年代上半葉的侵略行動及其對亞太地區的短暫統治，當時東京強迫數以萬計不願被統治者加入其大東亞共榮圈。2014年，習近平在上海發表了一場具有里程碑意義的演講中，宣稱：「亞洲的事情歸根究柢要靠亞洲人民來辦，亞洲的問題歸根究柢要靠亞洲人民來處理，亞洲的安全歸根究柢要靠亞洲人民來維護。」這種表述與1940年東京的「亞洲人的亞洲」口號驚人地相似，當時日本企圖推行這個概念，以建立一個由日本控制、自給自足的區域經濟及安全聯盟。[27]

正如我和加布里埃爾・柯林斯（Gabriel B. Collins）、艾立信（Andrew S. Erickson）在第2章〈台灣的利害關係〉中所論述的一般，北京對台灣的征服將對地緣政治、貿易、核擴散和技術等方面產生深遠的影響。

台灣的淪陷將不僅是越南式的統一，還預示著一個新帝國興起──這個帝國將合乎北京強勢威權主義的「中國模式」，並且明顯不符合美國及其民主盟國的共同利益。即使在沒有美國干預的情況下，中國對台灣的強制吞併並不會緩和中美之間的緊張局勢，反而更會加劇這些緊張關係。

2. 長期威懾不可能因其他防衛策略的附帶效果而偶然達成，只有當它成為主要的防衛策略時才能實現

北京的能力與意圖長久以來被嚴重低估，但在台灣、日本、澳洲政府和位於檀香山的美國印太司令部進行新一輪冷靜而深入的分析之後，這種令人遺憾的傳統終將不復存在。在華盛頓，「戰爭並不符合北京的利益」這一老生常談的觀點，終於慢慢地失去影響力。

即便如此，本書的作者們對美國關於台灣危機的規畫、訓練、裝備和協調方面的明顯不足感到十分震驚。他們來自7個民主國家，包括前民選官員、決策者、指揮官、戰場退伍軍人、戰略家和學者。各盟國軍隊提出並須由立法機關投票表決的國防預算往往偏狹而協調不足，給人的印象是威懾充其量只是次要目標，是領導人顯然希望透過偶然或低成本的方式達成的目標。我們迫切需要改變這種思維。

所以，沒有高階文職領導人參與桌上兵推和其他戰爭演練的做法，同樣必須立即改變。正如羅伯特‧哈狄克（Robert Haddick）、馬克‧蒙哥馬利（Mark Montgomery）和艾薩克‧哈里斯（Isaac "Ike" Harris）在第7章中所論述的，美國總統在台海戰爭的最初幾小時所做的決定可能至關重要。總統作為最高統帥，應該與他的親信幕僚參與各種場景的演習，以測試不同決策的後果，讓總統能在戰時保持自信且行動迅速。台灣、日本、澳洲和其他民主國家的民選領導人也應仿效此舉。

我們認為，儘管習近平宣稱「中華民族是嚇不倒、壓不垮的」，事實上他是可以被說服的，並承認：決定對台灣發動戰爭

將是一個極其嚴重的錯誤。習近平儘管展現了願意冒險一試的強烈企圖，但從他過去的言行來看，他並非魯莽的賭徒。即便如此，我們認為，要阻止甚至逆轉威懾力不斷遭受侵蝕的情況，留給我們的時間已經不多了。

3. 美國和其盟國必須緊急擴增製造軍火的能力

台灣及其合作夥伴必須擁有足夠的武器彈藥，這不僅可以阻止北京迅速獲勝，且能在習近平選擇發動持久戰時繼續作戰。目前，民主國家無論在哪種情況下都缺乏足夠的彈藥儲備。擁有製造這些武器的工業能力將是有效威懾的關鍵要素。

儘管如此，在戰爭中，幸好時間更有利於防守方而非侵略方。普魯士戰略家克勞塞維茨（Carl von Clausewitz）在其經典著作《戰爭論》（*On War*）中如此寫道：「攻勢作戰最需要的是迅速且不可抗拒的決斷能力。」「攻勢作戰的特性不容許任何形式的中斷、暫停或延遲。」如果北京在最初的進攻階段受挫，台灣將有更大的機會贏得戰爭。假如台灣能在中國的初期進攻中堅持下來，卻因民主國家在軍事製造上缺乏足夠的前瞻性投資，而導致後續持久戰階段的失敗，那將非常遺憾。

第11章的作者、前日本艦隊指揮官香田洋二（Yoji Koda）海軍中將告訴我，美國人常常認為1942年6月的中途島海戰是第二次世界大戰中決定性的海戰。他說，日本的軍事歷史學家並不全都這麼認為。相反地，他們認為是接續下來數個月的海戰，包括許多沒有被命名的戰鬥，美國武裝部隊在這些戰鬥中透過艦艇、彈藥、飛機的優越生產能力，以及不斷改進的技術（例如在夜間戰鬥中給予美軍優勢的技術），最終決定性地削弱了日本帝國的海軍實力。香田稱之為「驅逐艦之戰」的這場戰鬥，對日本造成的損失比中途島海戰還要大。美國和日本，現在成為重要盟國，應該共同努力，不僅要贏得單一戰役，還要有贏得整場戰爭的能力。這是威懾北京的關鍵。

4. 在戰爭中，人民的意志力是關鍵的「自變量」，可以透過勇敢的領袖來增強

烏克蘭人已向世界展示，當人們和領導者擁有戰鬥意志時，一個民族可以取得什麼成就。他們在 2022 年初擊退了俄羅斯裝甲部隊，友邦和敵人本以為這支俄軍部隊會在幾天內攻占基輔。從那時起，烏克蘭人至今已持續超過 3 年時間成功抵禦比他們強大得多的敵人。然而，戰鬥意志比起轟炸機、反艦飛彈、潛艇和魚雷、水雷和戰鬥無人機等實體武器更難捉摸。在戰爭爆發之前，人民的意志力很難被具體衡量。

本書主張，台灣必須採納新的軍事文化。儘管美國可以並且應該在這種文化轉型中發揮主導作用，但美軍不應該成為台灣模仿的對象。台灣最好借鑑愛沙尼亞、芬蘭、烏克蘭和以色列等國的軍事文化，這些國家與台灣的處境相仿，均面臨重大挑戰。

2023 年 6 月，我陪同以色列退役軍官和國家安全官員訪問台灣，與台灣的資深軍官和文官領導人進行交流。以色列人描述了以色列年輕男女如何參與多年期的義務役兵役。他們說，以色列的後備部隊比台灣的規模要小得多，但卻是以色列防禦力量的主要支柱，並且接受比台灣後備部隊更頻繁和精實的軍事訓練。

他們指出，在以色列社會中，服兵役的人會受到高度的尊重。自1940年代以來，儘管面對數量上更優勢和技術上更先進的敵人，以色列在沒有任何正式盟國加入作戰的情況下，贏得了每一場戰爭。

自2023年10月7日哈馬斯發動襲擊以來，以色列作戰精神的優勢再度凸顯，儘管面臨激烈的國內政治分歧，以色列人仍能團結一致，展開摧毀哈馬斯的行動。第4章的作者們建議，台灣應該透過培育更深厚的社會基礎來彌補其地理縱深的不足，也就是說，建立更具戰略性的文化。其中一位作者是以色列退役軍人，他的孩子目前正在前線對抗哈馬斯和真主黨（Hezbollah）。

為了突破中國的封鎖或擊退入侵，台灣的夥伴國家對他們必須付出的代價要有清楚的認識。美國人民為贏得台海戰爭必須做出的犧牲，將遠遠超過他們迄今為烏克蘭提供的間接支持。在沒有美國直接參與戰鬥的情況下，台灣長期對抗中國的現實希望幾乎為零。如果說美國今天對烏克蘭的支持類似於1941年透過租借法案對英國和其他盟國的間接支持，那麼，美國在中國進攻台灣時的支持，將更類似於其直接介入1950年至1953年的朝鮮戰爭。

因此，阻止戰爭發生變得更加迫切和重要。然而，在影響美國和歐洲的政治論述中，流行著類似1930年代風行的孤立主義，這對發揮威懾力並無益處。除了戰爭之外，對抗孤立主義的唯一解藥就是具有道德勇氣的領導力。從這個意義上說，台灣並不是唯一需要自我反省的國家。值得慶幸的是，美國可以回顧自己的歷史，找到一些鼓舞人心的篇章和典型領導人物，例如1940年代初羅斯福時期的美國；1940年代末杜魯門時期的美國；

1950 年代艾森豪時期的美國；1960 年代初甘迺迪時期的美國；以及 1980 年代雷根時期的美國。

✈✈✈

作為關於威懾力討論的結語，我們回顧幾個同一時間發生的衝突情境。

2023 年 10 月 19 日這一天，以色列在多個戰線上作戰，美國軍隊和伊朗代理人在敘利亞和伊拉克交火，烏克蘭為了國家生存而進行的戰爭已逾 3 年，北韓正在向普丁發動的戰爭輸送武器和彈藥。當天，拜登總統在白宮辦公室發表了一次發人深省的重要演說，他在開場白中說道：「我們正面臨歷史的轉捩點，我們今天所做的決定將對未來幾十年產生深遠影響。」[28]

拜登在演講中並未提及中國。然而，北京卻是俄羅斯、伊朗和北韓等睚眥必報的獨裁政權的宣傳推手，並在經濟和外交方面充當他們主要的保護傘，這些國家正是拜登在演講中特別指出的對象。

儘管北京經常隱瞞其對莫斯科、德黑蘭和平壤的支持程度，但這種假象正逐漸被拆穿。這四個政權的目標和行動日益相關，例如，習近平在俄羅斯於 2022 年再次入侵烏克蘭時，與普丁達成了「無上限」夥伴關係，以及莫斯科在 2023 年 10 月 7 日以色列發生 1,200 多人屠殺事件不到 3 周後，與伊朗和恐怖組織哈馬斯的高階領導人舉行了「三邊會議」。

或是趨勢而為，或早有預謀（或更有可能兩者皆是），習近平顯然看到洲際間日益複雜的危機對他更有好處——**這些危機會**

使美國及其盟國疲於奔命，並為中國可能對台灣動手創造機會。

確實，習近平在過去幾年發表的言論中說明了，他會同意拜登的觀點，認為世界已經來到了一個歷史性的轉捩點。不同之處在於，從習近平的角度來看，這是好消息。

習近平在 2021 年 1 月在一個高級官員的研討會上表示：「最近一段時間以來，世界最主要的特徵就是一個『亂』字，而這個趨勢看來會延續下去。」[29] 習近平明確表示，這是一個有利的進展。「時與勢都在我們一邊，」習近平繼續說道：「但總體上機遇大於挑戰。」

官方文件明確顯示，這是習近平長期準備的時刻。2018 年有本標示「僅供內部使用」的習近平思想軍事教科書中如是說：

> 當前，世界進入前所未有的大變局，大變局的核心就是美國在變衰，中國在變強，俄羅斯在變硬，歐洲在變亂……我國正處在國家崛起民族復興的關鍵時期，處在由大國向強國邁進的歷史階段。[30]

自此，習近平不僅視自己為目前動盪局勢的受益者，也視自己為這個局勢的主導者。2023 年 3 月，在俄羅斯對烏克蘭發動全面入侵一年後，習近平訪問莫斯科，以加強與普丁的合作。當習近平在克里姆林宮向普丁告別時，有影片顯示他告訴普丁說：「這真是百年變局之一部分，我們共同來推動。」[31]

任何對抗北京的現實且有效的戰略，都不應該閉門造車，而不考慮歐洲和中東的衝突；因為這些危機是相互關聯的，所以對它們的回應也應該是相互關聯的。在烏克蘭和以色列的威懾失敗將意味著在台灣失敗的可能性也將更大。有人會認為，對北京有效的遏制必須包括將降低美國對烏克蘭、以色列或其他合作夥伴的支持的優先順序。毫無疑問，優先順序（和降低優先順序）是戰略的核心。[32] 鑒於所涉及到的利害關係，以及美國軍隊必須直接介入並戰鬥以防止台灣在戰爭中失敗的現實，幾乎可以肯定的是，美國軍事的主要重點應該是優先獲得威懾中國的諸般手段，並在必要時擊敗中國。

然而，任何忽略歐洲和中東衝突的戰略都可能意外加深這些危機，並在其他地方引發挑釁行動。這將為世界帶來「亂」局，而這明顯正是習近平想要的；同時，這也會加深民主弱點的看法。在這種情況下，即使是強而有力、以中國為中心的防禦政策，也難以保持可信度。

眼下正有機會處理這一戰略難題。對於所有民主國家而言，烏克蘭和以色列人民已經展示了他們在戰爭中有意願並有能力自行作戰，而不需央求任何第三國家犧牲自己的軍隊。現在有機會透過其他民主國家提供的財政援助、武器和彈藥，對這些國家提供強有力的支持，這不僅是經濟上的明智選擇，也是審慎的舉措，因為任何一個國家淪陷所造成的損失，無論是生命還是財富的損失，都是更為高昂的代價。

透過將國防支出（按 GDP 計算）提高到冷戰期間的平均水準，美國、歐洲、日本、韓國、澳洲和其他盟國可以成為新的民主武器庫，以對抗伊朗、北韓和尤其是中國所共同擁有的威權武器庫。利用政府支出，以非常規方式推動私營企業，可以迅速擴大彈藥和武器生產，就像美國政府在 2020 年的「快速軌道行動」（Operation Warp Speed）中與民營公司合作，以創紀錄的速度生產了數億劑新冠（COVID-19）疫苗一樣。

這樣的舉措將有助於為我們的盟國在歐洲和中東的防禦戰中提供補給，同時建立能威懾北京的軍事儲備。證據顯示，美國對烏克蘭的支持在某些方面已經促進了美國做好與中國的開戰準備，迫使國防部啟動生產線，並用新的庫存推動更新舊有的彈藥和設備。[33]

時間所剩不多，雖然外交和公開聲明在精心擬定的威懾政策中具有重要地位，但無庸置疑的軍事實力是說服中國避免在台灣問題上引爆地緣政治災難的重要關鍵。這是上個世紀冷戰沒變成熱戰的主要原因，這也是當前可以阻止習近平在這個世紀冒險發動戰爭的可靠方法。

第 2 章

台灣的利害關係

加布里埃爾・柯林斯／艾立信／博明

對美國而言，福爾摩沙（台灣）落入敵對勢力之手將會是一場重大災難，我深信時間將是關鍵因素。

──道格拉斯・麥克阿瑟（Douglas MacArthur），
1950 年 6 月 14 日

在未來十年內，華盛頓及其盟國可能面臨許多潛在的地緣政治災難，但與中國強行吞併台灣的後果相比，這些災難都顯得微不足道。

台灣的面積雖小，在地緣戰略、經濟及理念上卻極為重要，一旦台灣被北京征服，將產生難以預料的深遠影響。無論是基於關心亞洲民主的未來還是基於現實政治的冷酷考量，台灣的命運都至關重要。無論在國際貿易上主張自由主義或是保護主義，中國一旦吞併台灣，將帶來嚴重的後果。不論是相信台灣半導體產業在北京入侵後能夠迅速復原，還是在遭受西方制裁下被迫生產停擺，所有工業化的民主國家都將因此而陷入經濟困頓。這將導致各國競相發展新式核武或擴增現有核武庫存以求自保，因為美國「延伸威懾」的安全承諾的可信度減弱，這種局面將是致命的。

1950 年 6 月 14 日，駐日盟軍最高指揮官麥克阿瑟上將發出一份極機密的備忘錄給華盛頓，主張台灣（當時仍稱為福爾摩沙）必須由友好或至少是中立的國家來掌控，這是「極其重要的事情」。當時正值共產主義叛亂在東南亞蠢動，且朝鮮半島局勢日益惡化之際，這凸顯了台灣在地緣戰略上的重要性。麥克阿瑟寫道：「就如同一艘永不沉沒的航空母艦和潛艇母艦，其優越的地理位置將既有助於實現蘇聯的進攻戰略意圖，也可有效反制美軍從沖繩和菲律賓發起的反攻。」他進一步說明日本帝國如何將台灣視為東亞以外「軍事侵略的跳板」，並警告共產主義勢力可能也會如法泡製，採取同樣的侵略策略。麥克阿瑟還強調，如果台灣落入北京手中，將產生意識形態及「道德影響」，他主張台灣人民應該「在一個不受共產主義警察國家支配的環境中，決定自己的政治未來」。他甚至還特別強調，台灣戰後作為亞洲糧食輸出國以及未來可能成為「繁榮富裕的經濟實體」的重要性。[1]

令人讚嘆的是，麥克阿瑟在 1950 年的先見之明至今仍然相當靈驗，尤其是在當下，台灣的重要性更是無可比擬的。

自麥克阿瑟提出上述備忘錄之後，幾十年來，台灣公民確實把握機會「決定自己的政治未來」，在與中華人民共和國一海之隔的台灣建立了全面的民主制度，如果在這制度下的政府遭到扼殺，恐會加劇戰略風險。民主理論學者戴雅門指出，當前世界正處於「深度、普遍且長期的民主衰退」之中。他認為：「如果中國的侵略看似無法避免，或者台灣最終淪陷，大多數周邊國家可能會選擇順應中國霸權崛起的浪潮而隨波逐流,以避免遭到淹沒。」[2] 北京有可能扼殺世界上第一個由華人創立的自由民主政體,同時也意味著抹殺台灣這個活生生的例子:證明在北京的威權統治之外,原來還有一個可行且極具吸引力的選擇。

今日台灣的經濟和技術實力已遠遠超過麥克阿瑟 75 年前的想像。一旦併吞台灣,中國的實力將越加膨脹,得以控制全球半導體製造業,這是二十一世紀大多數戰略產業的重要支柱。假如台灣的半導體製造廠保持完好且運轉順利,最先進半導體高端晶片的全球供應將幾乎被北京控制。另一方面,如果台灣的晶片廠無法恢復生產,世界將不得不接受品質較差的舊型晶片,而中國正在努力成為此類晶片的最大生產國。北京的明確策略是透過主導高科技供應鏈來獲取對其他國家的影響力,這將導致經濟和貿易結構以不利於西方的方式重新調整,進而削弱美國的實力以及其他工業化民主國家的強大基礎工業。[3]

如果台灣的高端晶片從世界市場消失,中國經濟必將遭受重大打擊;其他工業化國家的經濟將也同樣深受其害。然而,北京的馬克思列寧主義統治者將國家實力的較量視為零和遊戲,可能認為這是值得付出的代價,尤其是如果這能使中國最終成為全球領先的晶片生產國。

此外,從地緣政治的角度來看,台灣的淪陷將會重挫盟國對美國的信賴度。同時,美國可能會因此失去使其得以成為世界強國的第一線軍事及關鍵市場機會,而中國的勢力虎視眈眈,隨時準備填補這個權力真空;接下來,在失去信任的盟國之間,在敵對雙方之間發生的核武器擴散問題,也可能引發後果不堪設想的風暴。

即使北京透過非全面性戰爭的手段迫使台灣屈服,也將引發嚴重的連鎖效應。

對北京來說,低於長期高強度的對抗也許才是最佳的策略,這種模稜兩可的戰略模糊手段,在台灣尚未宣布法理獨立之前的大多數情況下,能使北京當局在對台灣施壓無效時,找到下台階的藉口,同時讓台灣、美國、日本等國陷入進退兩難的困境中;亦即,要麼與北京正面衝突並招來北京對「破壞現狀穩定」的嚴厲指控,或者陷入被動,讓北京步步進逼,強化對台灣的控制。這種做法也將讓北京不需要透過戰爭破壞的手段,就能夠完整地控制台灣的工業、技術等重要設施。[4] 因此,北京正首先對台採用統戰手法,包括所謂的「三戰」(three warfares):透過輿論戰(public opinion warfare)、心理戰和法律戰等手段,破壞台灣的民主制度及公眾抵抗意願,以達到「和平統一」和「不戰而屈人之兵」的目的。[5]

無論是透過全面戰爭還是準戰爭方式,中國如果以違反台灣人民意願的方式併吞台灣,將攪亂並重組全球秩序,這種影響將遠遠超過第二次世界大戰以來的任何事件,實現中國萬能總指揮習近平在演講中不斷預告的「百年未有之大變局」。現年70多歲的習近平追求其偉大抱負的時間所剩不多,因此,中國侵略台灣可能引發的後果,值得加以緊急檢視。[6]

關鍵影響之一:亞洲及其他地區民主前景烏雲籠罩

1996年,台灣公民首度直選總統。4年後,台灣人民選擇了反對黨的候選人來擔任總統，結束了國民黨數十年來在台灣的政治壟斷。此後，民主制度深植台灣，不僅每 4 至 8 年使執政權得以和平轉移，同時也帶來了卓越的經濟和社會成就。

- 台灣擁有言論自由和結社自由，並在《經濟學人智庫》（*Economist Intelligence Unit*）「完全民主化」的國家排名中名列全球第 8，超越了亞洲所有國家以及英國和美國。
- 台灣是世界上經濟最平等的國家之一，儘管擁有較高的中等收入人口，但貧富差距相對較小。台灣的人均國內生產毛額在 2023 年超越了日本[7]。
- 根據聯合國開發計畫署（the United Nations Development Programme）的性別不平等指數，台灣的性別平等排名全球第 6。台灣的立法委員中，女性占比超過 40%，這是亞洲國家中比例最高的，且遠遠領先於美國，美國國會女性成員占比為 28%。台灣不僅 2 次選出女性擔任最高領導職位（總統），而且台灣若干個主要城市的市長也由女性擔任。台灣在尊重原住民和少數群體權利方面也表現突出。此外，在 2019 年台灣成為亞洲第一個同性婚姻合法化的地區。

台灣在另一個方面也是民主發展的重要典範：在一些民主國家對自治政府產生懷疑的同時，台灣對民主的信心卻在增長。2022 年，台灣民主基金會一項民意調查發現，四分之三的台灣受訪者認為，儘管民主存在瑕疵，但仍然是最好的制度。[8] 與美國形成鮮明對比的是，在台灣，越年輕的世代對民主的信任度越高。[9]

對海峽對岸的中國大陸而言，台灣的民主制度有著難以估量的重要意義。超過10億與台灣使用相同語言和共享文化遺產的人，仍然處於專制甚至威權統治之下。數以百萬計的中國公民從台灣的政治模式中獲得啟發，這種模式完全顛覆了中國共產黨對政治合法性的說法。

北京的領導人一直嘲笑台灣盲目模仿西方的政府形式，但事實上，是北京當局才照搬了二十世紀初期歐洲的政治模式，而這種模式早已被歐洲屏棄。2022年底，有一位在中國大陸街頭抗議而被攝影拍到的抗議者，當他和其他抗議者被指控受外國勢力操控時，他反問：「請問你說的『境外勢力』是馬克思和恩格斯嗎？是史達林嗎？是列寧嗎？」[10]

如果失去了民主台灣這一替代選擇，將終結以華人為主的社會對受歡迎的多黨制自治政府的實驗，並對中國大陸及其他地區可能實現民主的希望帶來惡兆。

關鍵影響之二：
中華人民共和國實現區域霸權並覬覦全球霸權地位

北京的侵略野心在併吞台灣後，會得到滿足嗎？普丁對烏克蘭發起的戰爭提醒我們，復仇主義國家總是慾壑難填。中國大陸正在積極挑戰日本對東海釣魚台列嶼（日本稱為尖閣諸島）的行政管轄權，以及南海周圍其他5個國家的領土聲索主張。令人擔憂的是，中國展示的主權地圖和官方宣傳也質疑日本對琉球群島

（包括沖繩）的主權合法性，以及俄羅斯遠東部分地區的控制合法性。

琉球群島的局勢值得密切關注。2013 年，習近平上台不久後，《人民日報》的一篇評論指出，琉球群島「既不屬於中國，也不屬於日本」，引發了東京和北京之間的相互指責。[11] 這篇評論其中一位作者是李國強，他後來被習近平任命為中國歷史研究院副院長，而習近平在 2023 年曾經訪問過該院。[12]

2023 年 3 月，中國新任駐日本大使與沖繩副知事會晤，並支持沖繩進行「獨立外交」。[13] 2023 年 5 月，解放軍聯合參謀部前副參謀長海軍上將孫建國向日本自民黨代表團表示：「我希望你們能從中國政府的立場來考慮，琉球原本屬於中華文化圈。如果我告訴你們琉球也尋求獨立，你們會作何感想？」[14]

2023 年 6 月 4 日，《人民日報》頭版報導了習近平訪問中國國家版本館，反思中華文明「突出的連續性」。根據報導，工作人員向習近平介紹古籍版本《使琉球錄》，該書詳細記錄了明朝（1368-1644）外交使團出使琉球的經歷。工作人員告訴習近平，「這是一件發揮著重要政治功用的古籍版本……它是記錄釣魚島及其附屬島嶼屬於中國版圖的早期版本著述。」[15] 在這次訪問中，習近平也查看了清朝地圖《大清萬年一統天下全圖》，這個場景讓人聯想起普丁入侵烏克蘭期間也曾檢視歷史地圖和檔案。[16] 這幅地圖的描繪方式，可能被解讀為琉球和台灣都是中華帝國的一部分。[17]

假如台灣落入北京的手中，日本在保衛領土方面將更加處於劣勢。這是因為日本的防禦概念依賴其軍事實力，即阻擋靠近、穿越以及超出所謂第一島鏈的中國海軍的船艦和戰機。日本的防禦態勢要能夠發揮作用，整個第一島鏈必須持續掌握在友好國家的手中，包括日本、菲律賓群島以及位於中心的台灣在內。如果台灣成為解放軍的軍事基地——誠如麥克阿瑟將軍所警告的「台灣將成為中國不沉的航空母艦和潛艇補給站」，日本將會變得岌岌可危。中國的軍事教範正是強調這一點，解放軍空軍的教科書尤其強調：

> 一旦中國大陸和台灣完成統一，那麼日本海上交通線就將完全處於中國戰鬥機和轟炸機的打擊範圍之內……有分析認為，如果通過封鎖……就將從根本上破壞日本的經濟運行和戰爭潛力……封鎖造成的海運量下降甚至可以在日本島內造成飢荒。[18]

當中國在東亞取得絕對主導地位，習近平就可以全力以赴地追求中國在全世界的主宰地位。在征服台灣之後，中國原本長期用於攻占台灣的強大軍事資源及其規畫和訓練，將可用於投射實力至整個太平洋、印度洋和大西洋。在阿根廷、西非甚至可能在古巴，北京已經或計畫設立軍事基地。北京已經宣示其目標是成為「世界級」的軍事強權，並利用其武裝力量在全球範圍內捍衛其宣稱的國家利益。這些利益預計將會進一步擴展，因為北京最近提出了全球安全倡議、全球發展倡議和全球文明倡議——這些都是習近平所謂的「人類命運共同體」願景的一部分。[19]

1939年，美國總統小羅斯福（Franklin Delano Roosevelt）曾

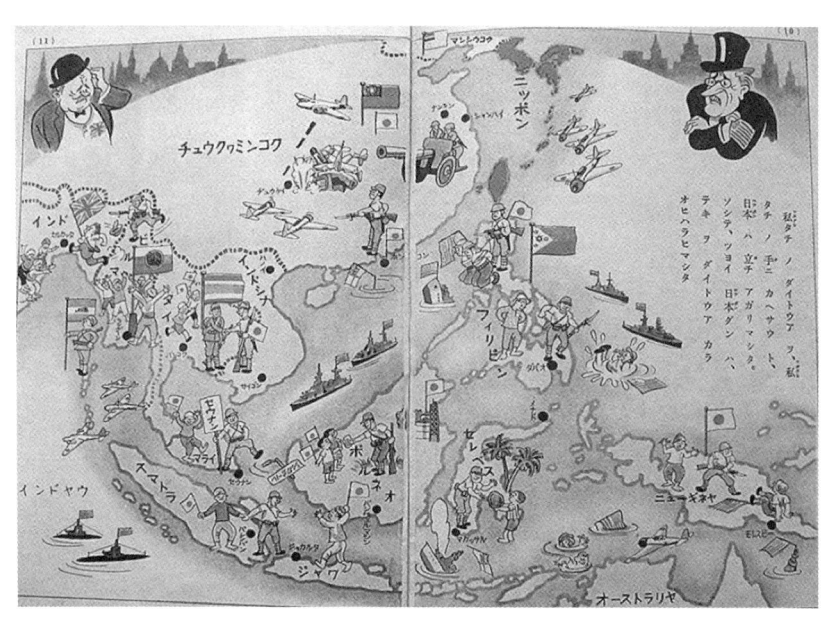

日本曾經以1943的地圖進行宣傳,其中描繪了日本軍隊「解放」亞洲國家免受西方帝國主義的壓迫。在這幅地圖中,台灣扮演了後來麥克阿瑟在警示性備忘錄中提到的「侵略者的跳板」角色。
圖片來源:CPA Media Pte Ltd/Alamy Stock Photo

發出警告:「一旦某個國家主宰了歐洲,它就能夠將注意力投向全世界。」[20] 今天,東亞已成為全球經濟和技術發展的焦點,就像85年前的歐洲。同樣,如果美國的戰略利益被懷有敵意的中國侵害,美國也可能因此衰落,如同當年歐洲在全球經濟舞台上一般。我們認為,一旦中國奪取台灣,必將對美國的戰略利益構成嚴重威脅。

關鍵影響之三：對半導體和高科技產業的更大影響力

現今晶片的重要性並不亞於二十世紀的石油。全球每年約生產價值 6,000 億美元的晶片。[21] 這些晶片被運用到價值數萬億美元的實際商品中，而這些設備所提供的服務每年總額高達數十萬億美元。[22] 晶片對智慧手機、數據中心，以及高效能計算應用如人工智慧（AI）等相當重要，同時還控制飛機、汽車、工具、機械和許多必需品中的電子控制系統。

然而，不同於石油，目前全世界僅有 2 個地方生產最新一代的矽晶片（即 5 奈米或更小的積體電路）——台灣台積電（台灣積體電路製造股份有限公司，TSMC）和產能相對較小的韓國三星（Samsung）。目前，台灣在全球半導體代工中市占率超過一半，尤其是在最先進的高端晶片生產方面，可能有高達 90％ 的市占率。[23] 如果台灣被強行併吞，其對美國人安全和經濟福祉所產生的影響，將遠比 1991 年沙漠風暴若行動失敗，讓海珊能持續掌控科威特及波斯灣龐大資源所造成的影響，還要嚴重得多。當時波斯灣提供全球約 27％ 的石油產量。[24] 易言之，台灣在半導體生產上的重要性，遠遠超過石油輸出國組織（OPEC）所有成員國在石油生產上的重要性。

如果中國占領台灣，將取得二十一世紀科技經濟基礎工業投入的主導地位。這將有助於讓中國更加富裕，並為中國提供更多籌碼，使其能對那些依賴其供應生產的民主國家產生更大的影響力，並躍居主宰全球的至高無上地位。

就像來自俄羅斯的廉價能源對德國經濟實力有著重要的推升作用一樣，大量台灣生產的半導體是全球技術進步的核心動力。

[25] 得益於台灣製造商的有效規模化，現在每個電晶體的成本僅為億分之一美分（性能超強的半導體晶片則約數十到數百美元）。然而，與能源供應不同的是，能源供應具多樣性且可相互替代以應對供應中斷，但高端半導體並不具備這種可替代性。

台灣半導體供應的重大中斷可能會減緩人類科技進步，並立即引發全球經濟蕭條，在此後的數年，經濟成長將出現低迷。這是由於在其他地方建造用來取代台灣受損高端晶片設施的生產線，將需要數年才能投入生產，因為製造矽晶圓、光阻劑、稀有氣體等關鍵性原料的跨國供應鏈相當複雜。[26] 重建供應鏈可能需要的時間長短尤為重要，因為晶片在各種產品中無處不在，從汽車到支持最先進的藥物發明和基因學研究的高性能計算設備，晶片的作用均不可或缺。[27]

即使被占領的台灣的晶片製造廠完好無缺，可能也很難恢復至戰爭前的生產水準。因為戰爭將在諸多方面造成混亂，涉及電力供應、軟體更新、國外設備供應、維護、化學品供應及工程等；加上台灣許多最具專業知識的半導體專家可能選擇逃往國外，這些因素對台灣晶圓廠所造成的影響，堪比人腦長期缺氧。這種影響會因民主國家的制裁，而持續數月乃至數年之久。[28]

隨之引發的全球經濟動盪，可能會超過 2007 年至 2009 年的大蕭條或 2020 年新冠疫情早期造成的嚴重經濟衰退。根據美國政府責任署（the Government Accountability Office）的估計，單單在美國，大蕭條造成的累計損失高達 22 兆美元。[29] 一些金融市場投資者認為，半導體供應中斷將帶來更為嚴重的經濟衝擊。例如，城堡投資公司（Citadel）的首席執行官肯尼斯・格里芬

(Kenneth Griffin)在2022年11月的一次會議上表示,他相信「如果我們無法取得台灣的半導體,對美國GDP的打擊可能達到5%至10%,大蕭條將隨即而來。」[30]

第二次世界大戰導致了過去至少120年來最嚴重的經濟停滯,造成1944年至1945年間全球GDP損失高達6%。[31]然而,美國因為戰爭而奮起、動員了大蕭條期間閒置的工業能力,並打造了民主的兵工廠(the Arsenal of Democracy),使得美國經濟在1939年至1945年間增長了將近2.5倍。[32]這顯著地減緩了全球經濟衰退的嚴重程度。現今世界已經沒有類似美國工業產能過剩那樣的先決條件。因此,失去台灣半導體可能會引發類似於第二次世界大戰期間的經濟混亂;同時,因為各種影響相互交織,這種衰退可能會持續數年甚至更久,將進一步重挫經濟。

關鍵影響之四:不利的經濟和貿易重組

一個世紀以前,歷史學家尼古拉斯・蘭伯特(Nicholas Lambert)指出,「全球貿易系統的有效運作(以及高價值的貿易)對於大英帝國的繁榮和強大至關重要。」[33]雖然國內政治和國際政治在本質上有所不同,但從當前的後帝國時代來看,美國在經濟上享有類似大英帝國全盛時期的地位。這說明了儘管偶爾出現孤立主義的風潮,美國的長期戰略顯示,其自身的繁榮與世界自由開放以及貿易的蓬勃發展息息相關。限制美國進出口貿易,從長遠來看,無疑將重創美國的國力及地位。

一旦台灣遭受入侵,將使美國與東亞的貿易流量急遽減少,這對包括東亞和太平洋地區在內的全球最大、最蓬勃發展的經濟區域產生嚴重影響。以購買力平價（purchasing power parity）計算，該地區的全球 GDP 占比為三分之一，大致是美國的兩倍。

一旦中國強行併吞台灣，美國進入東亞經濟市場的機會可能會受到限制。歷史顯示，鞏固霸權與限制競爭對手的經濟前景密切相關。在 2018 年《外交事務》(*Foreign Affairs*) 的一篇文章中，達特茅斯學者珍妮佛・林德（Jennifer Lind）探討了「中國主導的亞洲生活」可能的樣貌，她指出：「大國通常在追求安全的過程中必須擁有所在區域的主宰權。他們發展超強的經濟實力，並以此施加影響，建立龐大的軍事力量、驅逐外部競爭者，並利用區域內組織和文化活動鞏固其影響力。」[34]

如上所述，日本在台灣失守後將面臨更艱鉅的自我防衛態勢，菲律賓和其他東南亞國家面臨的情況則會更加嚴峻。即便中國只控制部分第一島鏈國家，也會使北京有能力讓美國在進入東亞、東南亞和印度洋時面臨更加複雜的情勢，這些地區是全球人口最多、經濟活動最活躍的沿海地帶。

正如美國已故的前國務卿亨利・季辛吉（Henry Kissinger）所言，美國可能開始變得像是「孤懸於世界海岸外的一座島嶼」。[35]

一個霸權主義的中國不能容忍外部的競爭者（美國將首當其衝）。對於那些希望繼續與美國保持強大貿易和投資關係的亞洲國家，中國可能在經濟及其他方面上加以脅迫。近年來，中國在該地區的行為已顯示出強烈意圖，即在經濟上取代美國。一位知名的馬來西亞學者最近指出，中國正試圖讓東南亞國家協會（Association of Southeast Asian Nations，ASEAN，簡稱東協）的成員國之間的貿易使用更多的人民幣。這麼做的目的「是為了打擊美國經濟,而並非改善貿易的進行方式」。[36]

雖然東協國家不希望被迫在美元和人民幣之間做出選擇,但中國的侵略行動和區域反應等種種跡象顯示,一旦中國成功吞併台灣並削弱了美國在該地區的角色,北京不太可能容許「中間路線」。

關鍵影響之五:核武擴散

台灣被併吞後,主要國家將對美國安全承諾失去信心,進而各自強化核武裝備的發展。

過去 60 年間,多起事件考驗了美國的「核保護傘」公信力,包括中國發展核武器、1972 年美中關係正常化,以及 1975 年美國在越南戰爭中失敗並失去西貢(即胡志明市);1976 年,美國總統吉米・卡特(Jimmy Carter)在競選時承諾從朝鮮半島撤軍;以及印度、巴基斯坦和北韓擁有核武器。然而,即便中國和北韓仍在擴增其核武庫,美國在經濟、技術和軍事領域的領先地位使其實力變得更加可靠,並發揮足夠的影響力,阻止了大多數東亞和東南亞國家發展核武器。華盛頓能提供最佳核保護傘——即「胡蘿蔔」,並對那些致力於發展核武的國家施行經濟、技術和安全方面的制裁——即「大棒」。

一旦台灣被吞併,將對東亞局勢產生深遠的影響,可能促使地區領導人重新考慮發展核武器的必要性。日本可能會是發展核武器最快的國家。它擁有完整的陸上核燃料循環設備,包括位於六所村(Rokkasho)的世界第三大商業核燃料再處理廠。[37] 此外,它也擁有可能是全球最大的鈽存量(截至 2021 年底接近 45 噸),

其中大約 9 噸完全由日本國內自主控制。需要知道的是，1 噸鈽可生產 162 枚「胖子」（Fat Man，譯註：胖子原子彈是二戰時美國在日本長崎投擲的原子彈名字）原子彈，或 250 枚現代核武飛彈「彈頭」。[38]

2022 年 2 月，日本前首相安倍晉三（Shinzo Abe）在遇刺前幾個月提出了日本參與「核共享」的主張，類似美國與比利時、德國和荷蘭之間的方案，即核武器存放於自己國內但由美國監管，並可以由美國和所在國具攜帶核彈能力的飛機投送。[39] 安倍晉三還指出，如果烏克蘭在蘇聯解體後仍保有核武器，俄羅斯可能會因此被威懾，而不敢入侵烏克蘭。[40]

與此同時，韓國也擁有世界一流的民用核能設施，有 26 座運行中的核子反應爐，但目前尚未具備控制核燃料循環技術，且缺乏製造核武器所必需的鈾濃縮或再處理（鈽回收）設施。[41] 儘管如此，首爾的政治人物現在已經開始公開討論是否應該發展核武器。在緊急戰爭情況下，如果韓國迅速動員其世界一流的科技和工業力量，可以合理推測首爾可能在幾年內製造可部署的核裂變裝置。[42]

中國將如何應對日本的核武化是一個問題。中共領導人可能會得出結論，他們需要的核彈頭遠超過 2022 年和 2023 年的《中國軍事力量報告》所預測的數量，即到 2035 年，中國將擁有 1,500 枚核彈頭。[43] 這將對美國和俄羅斯的核庫存量產生重大影響。美國核武庫的更新，以及可能出現的中日核武競賽，或許會帶來至少兩個令人擔憂、在冷戰時期也不曾出現的局面。首先，美國決策者將擔心俄羅斯和中國結盟形成對美國及其盟國的核威脅。這種擔憂在冷戰期間從未成真，因為當時中國採取了最低威懾策略，在武器技術、部隊兵力和軍備態勢上有所限制，同時因為中蘇之間存在敵意。

其次，印度很可能會擴大核武器儲備和部署，已有警訊顯示這一趨勢。2022 年 12 月，印度測試了升級版的烈火 -5 洲際彈道飛彈（Agni-5 ballistic missile），據稱該飛彈的射程超過 7,000 公里，足以覆蓋整個中國。[44] 延續至今的地緣政治模式顯示，如果印度擴大其核彈頭庫存量，巴基斯坦很可能會跟進，以保證核彈頭庫存量相當。[45]

核擴散也會對中東產生影響。伊朗正不斷在技術上突破推進，一旦伊朗擁有核武器，可能會引發以色列的先制攻擊，同時可能促使沙烏地阿拉伯緊急實施擁有核武的計畫——首先是與巴基斯坦商討並達成臨時核共享協議，然後再依賴外國專業知識協助在本國生產。利雅得（Riyadh）已經宣布計畫建立一個龐大的核能系統，具有完整的燃料循環（包括再濃縮）設備，運用其國內的鈾礦資源，因此不受國際原子能總署（IAEA）的保護監管。[46]

如果中國強行併吞台灣，可能會引發核武擴散連鎖反應，全球核彈頭庫存可能因此增加數百枚。

結論

台灣是一座民主燈塔，證明中華文化和傳統並不會成為民主、法治或自由的障礙。台灣的產品支撐著全球的現代經濟發展。幫助台灣守護其自治之火,是捍衛世界未來 50 年我們想要的生活方式的關鍵。強行併吞台灣不會緩和中美之間的緊張局勢,反而會加劇這些緊張情勢。如果因為美國不採取行動或採取無效行動而導致台灣被中共政權征服,國際社會將質疑美國對盟國安全和捍衛民主的承諾。

因此,本章呼籲採取行動,透過揭露當前最為重要的一些問題,期能避免多重災難的發生。隨著鬥爭持續加劇,美國決策者必須深刻認識到失去台灣可能帶來的嚴重後果,包括可能失去工業關鍵技術、失去地緣戰略和政治替代性,以及失去台灣所能提供對中共政權脅迫的緩衝力。孤立主義念頭一直深植現實政治之中,尤其對資淺的立法機關代表而言,具有極大的吸引力。然而歷史告訴我們,孤立主義每次都以慘痛失敗告終,就像 1914 年和 1941 年。

除了嚴重的經濟和軍事後果外,中國若成功強行併吞台灣,將推動專制威權主義,並在全球制度競爭中取得領先地位,這可能預示著以美國為主導的戰後秩序的終結。這一秩序在過去 80 年間為人類的諸多進步奠定了基礎。一個以中國為主的專制威權世界,不僅會摧毀美國對外貿易,還會為未來的戰爭埋下伏筆。這將限制印度的發展並損害多個中等強國的未來福祉,包括一些重要的美國盟國和合作夥伴。此外,中共在國際上追求主導地位的努力,透過扼殺經濟自由、妨礙行動自由,以及恣意地浪費大量資源和潛力,將嚴重損害中國人民的未來。

因此,加強美國在威懾力方面的投資,同時向北京明確表明華盛頓支持大多數台灣人所擁護的和平現狀,將傳達出三個重要訊息。第一，我們的盟國和夥伴在支持台北和華盛頓方面處於有利位置。第二，我們透過實力來追求和平。第三，對於中國及其人民來說，今天、明天和未來都不是追求戰爭的時候，每一天都是努力追求和平的好時機。台灣值得支持和捍衛，當前情勢嚴峻，已經沒有時間可以浪費了。

第 3 章
關於意外戰爭的迷思

博明／馬修・特賓

沒有戰爭是「無意」或「意外」的,意外的是戰爭將持續多久和血腥程度;戰敗也往往是始料未及的。

——傑弗瑞・布萊內,《戰爭的起因》(1988 年)

在本章中,我們反駁關於戰爭起因的某些迷思,並探討一些被忽視的因素,這些因素可能影響習近平對戰爭勝負的判斷。同時,我們分析了華盛頓及其夥伴出於善意採取的某些行動,這些行動旨在避免「激怒」北京因「台灣問題」發動戰爭。然而,這些避免激怒北京的措施可能會意外地導致習近平誤判,使他對發動戰爭的效益和成本更加樂觀。

意外戰爭的迷思

在十多年前,拜登與習近平同為國家副元首時,他曾對習近平說:「唯一比戰爭更糟糕的,就是一場意外的戰爭。」[1] 近年來,拜登及其內閣成員在討論台灣海峽時多次重申這句話。然而在台灣海峽附近,美國、台灣和中國的戰機與軍艦距離卻越來越近。2022 年 5 月,美國國務卿安東尼・布林肯(Antony Blinken)在一次有關中國的重要政策演講中表示,「為了避免『意外』的衝突,我們已將與北京的危機溝通和降低風險的措施列為首要事項。」[2]

致力於降低意外事件的風險是合理的目標,但軍事意外可能成為戰爭的藉口,而並非根本原因。澳洲歷史學家傑弗瑞・布萊內在仔細研究了十七至二十世紀幾乎每一場戰爭的肇因後,得出一個結論。他在其重要著作《戰爭的起因》中寫道:「眾多政治學家和少數歷史學家認為,許多戰爭是意外或無意的結果。」然而,很難找到符合這種描述的戰爭。[3]

許多西方外交官和記者下意識地認為,與北京建立更多熱線和溝通管道是避免意外事件升級為戰爭的關鍵。然而,他們未能意識到的是,如果軍事意外演變成戰爭,其根本原因並非誤解,而是北京已決定開戰,並認為發動戰爭的有利時機已到,解放軍已為這場戰爭準備和演練數十年之久。領導人發動戰爭並非因為某個午後情緒失控,或是找不到白宮的聯絡方式,而是因為他們相信,戰爭將帶來無法透過和平手段獲得的戰略利益。

讓我們回顧先前美中之間的軍事意外,例如:1999 年,美國戰機誤炸中國駐貝爾格勒(Belgrade)大使館,或是 2001 年中國戰鬥機飛行員與美國 EP-3 偵察機的擦撞(中國稱「中美南海撞機事件」),這些事件造成了人員死亡,並加劇了雙邊緊張局勢,但並未引發嚴重的戰爭後果。如果今天再次發生類似的意外，同樣也不太可能導致戰爭，除非北京本就計畫發動戰爭，而這些事件便成為精心設計的戰爭藉口。

北京比華盛頓更清楚這一點，並經常利用華盛頓的誤判來謀取利益。這或許能解釋為什麼中國領導人與美國領導人相反，很少在官方聲明、教範和內部宣傳中提到「意外」或「無意」的戰爭。我們找到的中國評論員使用「意外戰爭」一詞的唯一例子，出現在一篇批評美國領導人過度關注該概念的文章中。報導指出，拜登就任美國總統後的首次通話中，習近平重新提起了這一話題。根據最近一本關於拜登總統任期的書籍記載，習近平表示：「我記得多年前我們的一次對話中，你告訴我你父親曾經說過，『唯一比有意的衝突更糟糕的是無意的衝突』。」[4] 可以合理推測，習近平在發表這番言論時可能口是心非，旨在激起拜登的焦慮，而非表達同情之意。

此外，華盛頓對意外衝突和熱線聯絡的過度關注，可能使北京當局得寸進尺，例如，更加頻繁地在南海和台灣海峽對美國艦艇和飛機進行危險的抵近攔截。在策畫這些近距離交鋒時，北京對華盛頓占有心理上的優勢，因為它清楚地知道不會發生無意的戰爭。因此，北京可能已經算計清楚，即使與美軍在空中或海上發生碰撞，風險有限，卻可能帶來潛在的好處，使華盛頓因對「意外戰爭」的迷思始終心存畏懼，而刻意減少在西太平洋的軍事行動。

北京輕視軍事熱線的另一個原因是，自本世紀初以來，中方多次中斷與美國的軍事對話（相比之下，華盛頓方面在這段期間僅中斷過一次這類對話，那次是 2021 年，當時美方試圖為國防部長建立與中方更高層次的聯絡管道，但未能成功）。⁵當美國做出讓步時，北京通常把恢復軍事對話作為談判籌碼。如果華盛頓對這些溝通管道採取了同樣無所謂的態度，北京可能就不會那麼輕易暫停這些溝通熱線。

有人認為，台北和華盛頓應該謹慎行事，避免為北京發動戰爭提供藉口（簡以榮在第 5 章和第 6 章討論台北應該如何應對北京在台灣附近的軍事活動時，涉及了該問題）。但如果沒有明確的共同底線，亦即意外事件並不會實際引發戰爭的基本共識，台北和華盛頓雙方可能都會過於謹慎，從而顯示出軟弱或削弱了威懾力。

對「挑釁」的誤解

與意外戰爭迷思密切相關的，還有一種普遍的錯誤認識——台灣增強國防的政策會被視為「挑釁」，進而引發戰爭。北京狡猾地利用這種誤解，來操控台北、東京和華盛頓的一些政治人物，使他們對加強台灣海峽的軍事威懾力是否明智產生懷疑。

這套戰術曾被俄羅斯採用，導致了災難性的後果。多年來，美國及其盟國對於向烏克蘭提供防禦性武器表現得過度謹慎，即使在俄羅斯 2014 年首次入侵烏克蘭後，這種情況仍然存在。華盛頓最終在 2017 年開始提供這類援助，然而，美國偶爾會「凍結」對烏克蘭的武器運送。例如在 2021 年中，拜登與普丁峰會之前，基於顯而易見的推論：「暫停提供防禦性武器或許能贏得普丁的善意。」⁶從普丁於 2022 年 2 月全面入侵烏克蘭的行動結果來看,他更有可能將華盛頓的姿態解讀為是美國軟弱的表現。

屬於同一議題的,還包括北京和莫斯科的獨裁者們將聯盟的存在視為「挑釁」。毫無疑問,普丁領導下的莫斯科對北大西洋公約組織(the North Atlantic Treaty Organization,NATO,以下簡稱北約)的態度,與其蘇聯前輩一樣充滿敵意。他對於冷戰結束30年後,北約成員擴展至俄羅斯家門口(如波羅的海國家愛沙尼亞、拉脫維亞、立陶宛,以及波蘭等東歐國家)感到不滿。然而,北約是一個防禦性組織,自成立以來僅參與過一次戰爭,即針對2001年9月11日基地組織(al-Qaeda)的恐怖攻擊。因此,若認為這些因素挑釁了俄羅斯,導致其入侵烏克蘭,實在不合邏輯。歷史顯示,實際情況與此相反:北約的存在有助於維持歐洲和平,這一點從以下事實可以看出:自1949年該聯盟成立以來,俄羅斯從未攻擊過北約成員國。當俄羅斯和烏克蘭最終從戰爭過渡到和平時,主要的北約國家可能會提供某種形式的安全保證,以確保和平得以維持。

確實,有些國家會選擇發動戰爭,以防止對手發展軍事實力,釀成致命威脅。這種局勢促使以色列在1981年和華盛頓在2003年決定攻擊伊拉克,原因是懷疑伊拉克祕密發展核武器。然而,如果侵略者已經擁有壓倒性軍事優勢且幾乎不可能面臨被進攻的威脅,這種出於自保而發動戰爭的理由便不具說服力。

未來幾十年內,很難想像台灣會選擇對中國大陸發動戰爭。誠然,中國內戰結束後,蔣介石及其追隨者曾夢想反攻大陸,逆轉1949年中國共產黨的勝利。然而,如今台灣完全沒有威脅或是入侵中國大陸的能力,且其國防預算僅為中國公開預算的十分之一，這種差距類似於芬蘭與俄羅斯之間的差距。台灣也已不再期望發展核武，這夢想早在數十年前、台灣成為民主國家之前，就被華盛頓徹底扼殺。

確實，北京希望從台北和華盛頓得到保證，即台灣不會正式宣布獨立。然而自從 1979 年卡特和鄧小平主政期間，中美建立正式外交關係以來，美國的政策一直在提供這些保證，同時透過軍事威懾來平衡北京的擔憂。正如第 1 章引述習近平原話所清楚顯示的那樣，與華盛頓和台北不同，北京的目標並不是要維持台灣海峽的現狀，而是要改變它。2022 年 10 月，美國國務卿布林肯在史丹佛大學的演講中承認了這一點：「近年來，北京對待台灣的策略發生了變化」，包括「做出根本性的決定，不再接受維持現狀，並決心加速中國統一進程。」在任何關於台灣的重要政策討論中，這一核心事實必須銘記於心。

我們還必須認識到，北京的目標不僅僅是併吞台灣。就像普丁曾經欺騙一些西方人士，讓他們誤以為北約的存在本身就是挑釁，中國官員今天對亞洲的美國盟國也提出了類似的說法。自 1950 年代以來，美國與日本、韓國、菲律賓、泰國和澳洲之間均簽訂了防衛條約。這一事實顯示，當下中國的經濟和軍事實力強大，北京更加關注這些條約所帶來的「威脅」意味，尤甚於幾十年前經濟和軍事實力薄弱之時。這顯示出，北京將美國的盟國視為實現其地區和全球野心的障礙，而非對中國安全的直接威脅。北京近年推出的全球安全倡議，似乎是試圖在亞洲建立一個由中國主導的安全架構，以取代美國的盟國體系。

如同俄羅斯一樣，北京試圖瓦解美國的盟國，看來是在為建立一個新的帝國做準備。

失控將軍的迷思

另一種「意外戰爭」的觀點是,類似於1964年電影《奇愛博士》(*Dr. Strangelove*)中傑克・里珀將軍(General Jack D. Ripper)的角色,一些失控的軍隊領導人可能會出於個人目的發動戰爭。在這種情境下,好戰的軍事部屬們將無視政治領導者的反對,讓國家捲入海外衝突。

布萊內在其研究中指出,過去四個世紀中,很少有戰爭是這樣引發的。數個世紀前,歐洲帝國確實允許陸軍和海軍將領在遠征他國時,有某種程度的交戰決定權。[7] 但那是在電報問世之前,當時君王與他的軍隊之間的通訊需要數周甚至數月的時間。布萊內引用的一個現代例外是,1931年9月日本帝國陸軍在未經東京政府授權的情況下,決定占領奉天市(即今天的瀋陽市),隨後又占領整個滿洲。[8] 布萊內指出,這雖是一個罕見的情況,但無論如何,都很難稱之為所謂「意外的」戰爭。

反觀今日的中國將領,他們能否在無視北京意願的情況下,對台灣、日本或美國發動戰爭?在中國,士兵的效忠對象不是憲法,而是中國共產黨,這使得最高領導人習近平對軍隊的控制是絕對而明確的。正如解放軍士兵時常高喊的口號所保證的:「堅決聽習主席指揮、對習主席負責、讓習主席放心。」

即使在中華人民共和國國內動盪、中國的軍事指揮系統崩潰、一些部隊在國內相互對抗時期,於文化大革命期間(1966

年至 1976 年）所發生的短暫外部衝突（例如 1967 年與印度的邊境衝突，以及 1969 年中蘇衝突），開火行動均非軍事指揮官擅自決定，而是由在北京的毛澤東主席批准。

總之，中國擁有全球權力最集中的軍事指揮和控制系統之一，這使得一些外國分析師認為，在戰時缺乏授權可能會成為中國的一個弱點。因此，中國將領似乎難以在沒有授權的情況下擅自發動對外戰爭（同樣地，我們有理由認為，如果習近平下令出戰，他們也不太可能抗命）。

在我們看來，西方政治家不必過於擔心意外事件或士兵叛變，而應集中精力解決可能增強習近平開戰信心的因素，避免讓他誤以為戰爭會迅速結束、相對代價較低，而且北京勝算在握。

過度樂觀：戰爭的預兆

第一次世界大戰因其規模龐大和原因複雜，進而成為戰爭研究學者熱衷探討的主題之一。然而，關於第一次世界大戰常被忽略的一個事實是，許多主要參與者在戰爭爆發前對局勢非常樂觀。確實，在 1914 年夏季，有些人對歐洲工業強國之間的衝突抱持悲觀態度，認為這將帶來巨大破壞。同時，也確實有一些領導人憂心國家會陷入長期衰退。然而，無論屬於哪個陣營，歐洲的領導人普遍表現得過度樂觀，以為戰爭只是短期的，且勝利必然屬於己方。[9]

1914 年 8 月 1 日，德意志帝國總理泰奧巴德・馮・貝特曼・霍爾維格（Theobald von Bethmann Hollweg）在德國向俄羅斯帝國和法國發出命運攸關的最後通牒時向聯邦議會透露:「如果現在要擲出鐵骰子,願上帝保佑我們。」[10]「鐵骰子」(iron dice)一詞顯示,他意識到戰爭中存在著不可避免的偶然(機率)因素。然而,他也堅信擲出這些骰子的結果將會對德國有利,而同樣保持樂觀的並不僅僅是他一人。一些德國軍事將領推測,不論英國是否加入對德國的戰爭,德國有能力在4至6周內全面擊敗法國,並且有足夠的餘力來對付俄羅斯帝國。

短期戰爭的幻想不僅存在於德國。大多數英國大臣也預期戰爭會迅速決出勝負,但他們的看法正好相反:他們樂觀地認為,德國將在幾個月內遭遇決定性的失敗。[11] 法國領導人相信他們已經吸取了1870-1871年普法戰爭(Franco-Prussian War)的教訓,並且相信他們可以透過更快的動員和更猛烈的攻擊來扭轉局勢。在俄羅斯帝國,沙皇對於戰爭可能的結果感到焦慮,但他的戰爭部長、弗拉迪米爾·蘇霍姆林諾夫(General Vladimir Soukhomlinov)將軍無論是公開還是私下都堅信,俄羅斯可以在幾個月內輕易擊敗德國。大多數俄羅斯帝國的官員也贊同這一觀點。[12] 當時,短期戰爭的先例並不久遠,如只持續6個月的普法戰爭,這場戰爭激發了歐洲人普遍的樂觀情緒。

然而,1914年,鐵骰子的擲出結果與預期大相逕庭。這場大戰持續超過4年,估計造成2,000萬人死亡,其中一半是平民,還有2,100百萬人受傷。[13] 歐洲領導人顯然是有意願參與這場戰爭。正如布萊內的研究所顯示的那樣:第一次世界大戰並非意外事件,如此慘重的後果才是意外。

歷史上,對於戰爭過分樂觀的例子屢見不鮮,人們常以為戰

在《戰爭的起因》（第三版，1988 年）這部開創性的研究中，傑弗瑞・布萊內探討了戰爭爆發與和平的原因。他發現，過度樂觀往往是戰爭的前奏，而任何能夠削弱這種樂觀情緒的因素則有助於維持和平。

照片由作者提供；書籍封面由 Simon & Schuster 出版社提供。

爭會速戰速決。普丁在 2022 年 2 月對俄羅斯軍事優勢明顯過度自信，據報導，他在入侵開始前幾天才通知許多軍事指揮官他們即將投入戰爭。[14] 駐守烏克蘭邊境的俄羅斯營級部隊甚至認為他們只是參與一次軍事演習，因此只攜帶了幾天的糧食配給。

　　無論是獨裁政權還是民主政體，都容易犯下這種錯誤。例如，在 1914 年，不僅德國和其他國家的領導人自信地認為「士兵將在聖誕節前回家」，美國在 1950 年朝鮮戰爭以及本世紀初的阿富汗和伊拉克戰爭中，也都有類似的預期。當時他們從容地開戰，最終卻演變成持續多年的長期戰爭。

過度樂觀不僅僅是歷史上的諷刺註腳，它同時是戰爭即將來臨的信號，也是威懾力量失效的標誌。布萊內在《戰爭的起因》一書中指出：「為何國家經常依賴戰爭作為快速而有效的手段來塑造國際事務，儘管這種手段常常是拙劣或不可預測的？這種反覆出現的過度樂觀是戰爭的重要前奏。」他寫道：「一切鼓勵這種樂觀情緒的因素都是導致戰爭的起因，而一切削弱這種樂觀情緒的因素都是帶來和平的緣由。」[15]

當然，憤怒會加劇國際事務中的緊張局勢。外交上的冒犯、對國家尊嚴的傷害以及其他傷害都可能引起敵意，甚至仇恨。但布萊內觀察到，「國家之間的競爭和緊張關係可以存在數代而不引發戰爭」。[16] 正是那種過分樂觀的態度，尤其是認為透過戰爭可以取得和平手段無法實現的重要政治目標的信念，才可能導致貿然決定發動戰爭。

不言而喻的是，美國軍事和情報官員公開評估北京更傾向於透過和平手段達成目標，不應該給我們帶來太多心理安慰。1940 年，希特勒在不得不與英國進行英吉利海峽空戰之前，曾自信地向倫敦提出了幾次和平提議。1941 年，希特勒也希望東京方面不要在當時襲擊珍珠港，他明確向對手和內部核心表明，他寧願透過和平手段達成許多目標。但是，如果戰爭不可避免，他認為達成目標比維持和平更重要。在他看來，這些目標值得付出戰爭的代價。

這也是民主國家的常態。美國在歷史上多次表示，希望透過和平手段來達到目標，但最終卻不得不採取戰爭手段。例如，2023年11月在舊金山的亞太經濟合作會議（APEC）期間，習近平對拜登說的話就帶有類似的暗示。在討論台灣問題時，習近平向拜登表示，「和平⋯⋯固然是好事，但某些時候我們還是要朝著解決問題的方向邁進。」這一說法含有類似的意味。[17]

簡單來說，有關習近平希望透過和平手段而非戰爭方式吞併台灣的言論，應該被視為修辭上的無糖汽水——廉價且無熱量，即這些言論既空洞又毫無誠意。

戰爭決策的關鍵影響因素

假如習近平決定對台發動戰爭，那將是他過度樂觀的極致表現。為了阻止這一情況，台灣、美國及其盟國應該專注於削弱習近平對戰爭任何樂觀的假設。

布萊內的研究指出，國家領導人在決定開戰或維持和平時，似乎受到至少七個因素的重大影響。以下列出這些因素，並探討它們如何影響習近平在決定是否發動戰爭時的盤算。

1. 軍事實力和在戰場上有效運用這些實力的能力

這或許是習近平信心日增的原因。北京正進行二戰以來規模最大的和平時期軍事擴建，無論是在飛彈、轟炸機和戰艦等傳統武器的數量和品質上，都積累了顯著優勢。此外，中國在太空、電子、訊息和網路戰等專業科技力量方面也有了顯著進展。中國的核武器和飛彈擴展計畫雖然面臨挫折,但增速極快,預計未來十年內,中國的作戰核彈頭數量將翻倍,達到1,000枚。[18]

2. 預測外國在戰爭發生時的反應

我們認為,使北京猶豫的最主要原因是:華盛頓可能會介入台灣戰爭。北京在決定是否入侵台灣時,考慮的主要因素有兩點:首先,華盛頓是否會保衛台灣;其次,華盛頓是否能夠迅速反應以防止台灣淪陷。拜登總統在5次公開發言中多次強調,美國將會捍衛台灣免受中國攻擊,顯示出他有意透過這種方式加強威懾。未來美國總統的承諾至少應該以拜登為標竿,否則可能會被北京解讀為美國介入的決心薄弱。

3. 對於國內或敵國內部是否團結一致或分歧的看法

布萊內的調查顯示,那些內部出現嚴重動盪的政府通常會盡量避免戰爭。對於那些已經處於戰爭中的國家來說,內部的嚴重分歧則是迫使他們主動尋求和平的強烈誘因。可以回顧一下1905年和1917年的俄羅斯、1918年的德國,以及1970年代初的美國,這些例子都印證了這一觀點。儘管中國的經濟成長放緩,青年失業率居高不下,習近平處理新冠肺炎疫情的措施也受到批評,導致人民感到失望,但並沒有出現足以使中國不願遠征作戰的社會動盪的跡象。除了2022年秋季短暫的抗議潮,當時在多個中國城市因反對習近平「清零」封鎖政策而走上街頭抗議,中國社會整體上看起來依然是穩定的。

另一方面,美國國內正面臨自70年代初越戰和水門事件以來最嚴重的政治分歧。北京的領導階層知悉這些分裂（實際上，他們透過在社交媒體平台上的假訊息，投入了大量資源來加劇這些分裂）。美國的分裂可能會使中國領導人認為，美國的政治分歧嚴重，難以形成共識來應對台灣危機。北京當局在台灣、日本、澳洲和歐洲製造分裂的行動，同樣會使中國領導人更加有恃無恐，並讓他們對戰爭的態度更加樂觀。

4. 對戰爭現實和苦難的了解不足或遺忘

自 1979 年對越南發動代價高昂「懲越戰爭」以來，中國人民解放軍並未經歷過重大的實際作戰。與普遍認知相反，這種缺乏近期實戰經驗的情況，可能會使解放軍新一代軍官更有意願參戰，因為他們對戰爭痛苦和不可預測性缺乏深刻的體驗。

5. 國家主義與意識形態

習近平時代的意識形態深受宿命論影響，認為鬥爭和對抗是不可避免的。根據一本中國內部軍事教科書的引述，習近平曾表示：「我們與西方國家的鬥爭和競爭是不可調和的，因此這將無可避免地是長期的、複雜的，有時甚至是非常激烈的對抗。」[19] 習近平經常表達對西方民主國家必然衰敗的信心，這反映了他的過度自信。習近平 2021 年 11 月在北京發表的重要講話中，提到：「無論敵人如何強大、道路如何艱險、挑戰如何嚴峻，黨總是絕不畏懼、絕不退縮，不怕犧牲、百折不撓。」[20] 他還讚美了已故主席毛澤東一句令人不寒而慄的話：「不惜國內打爛了重新建設。」

另一方面，毛澤東和史達林——這兩位習近平的楷模，在冷戰期間對於使用軍事力量並不輕率。史達林仔細評估形勢，並避免派遣陸軍參與 1950-1953 年朝鮮半島的戰爭，而毛澤東過度樂觀地預期美國可能被逐出朝鮮半島後，最終導致中方軍隊損失慘重。然而，在整個冷戰期間，蘇聯和中國共產黨均未再次直接與美國交戰。

6. 經濟狀況及能力可否支撐設想中的戰爭

中國的經濟正在失去活力，其深層原因不僅是習近平早已放棄的新冠病毒「清零」政策。中國面臨的諸多挑戰既包括債務、不利的人口結構，也包括習近平推動的經濟決策再集中化。乍看之下，這似乎預示著台灣海峽從長遠來講是穩定的，不過前提是台灣要能撐到長遠。而目前的經濟阻力可能使北京相信，應該趁現在仍具有長期累積的軍事優勢，盡快發動戰爭。[21] 中國最大的優勢之一是其工業能力，這在本世紀初時只有美國的一半，但僅僅經過 20 年的努力，現已增加至美國的 2 倍。中國的造船能力更是美國的 200 倍以上。[22]

2024 年初，一位美國的高階軍官告訴我們：「儘管中國經濟形勢不佳，他們仍然展示出強大的戰鬥能力。」與此同時，烏克蘭戰爭凸顯了美國武器和彈藥製造能力的不足。[23] 正如在第 1 章中所述，習近平正在為一場重大戰爭進行動員準備。[24] 他的政府正在推行諸多戰爭準備措施，包括儲備食物和其他物資，並呼籲一般家庭也做同樣的準備，這可以視為備戰的信號。

7. 決策參與者的個性與經驗

習近平在 2022 年 10 月的黨代表大會上獲得第三個 5 年任期，成為類似於列寧、史達林和毛澤東那樣至高無上的領導人。習近平控制著從不諱言的「專政工具」(the tools of dictatorship)，其程度超過了所有前任領導人。毫無疑問地，習近平有權來決定是否對台灣發動戰爭以及何時動手。但他會這樣做嗎？這裡討論的許多因素明確地指向了這一可能性。但他的個性中有一些重要方面顯示，除非他對結果極度自信，否則不會輕易發動戰爭。

數十年來，習近平已經顯示出了超乎常人的戰略忍耐力。他小心翼翼地爬上權力的階梯，未向各派系大老顯露他的政治野心和冷酷無情。習近平很少改變方向（他的新冠疫情政策是最明顯的例外），但他行事謹慎，遵循著「走一步，看一步」的原則。作為領導人，他一直小心翼翼，在局勢不利時盡量不出牌，但他也會在沒有完全勝算時放手一搏。習近平的演講一貫顯示，他推崇克服困難並勇於鬥爭的精神，強調共產黨「培養了不畏強敵、敢於鬥爭、敢於勝利」的精神和品質。然而，普丁已經擲下鐵骰子，而他在烏克蘭可能會面臨挫敗，這使得習近平可能更加謹慎地權衡是否對台灣擲下鐵骰子。

結論

布萊內在《戰爭的起因》中敏銳地指出：在敵對國家之間，真正的「實力均衡」往往是戰爭的前奏，與這個詞給人的安撫印象正好相反。相較之下,實力不均衡則有助於促進和平。換句話說,當國家對於實力對比的結論存在分歧時,特別是當實力相當時,衝突更容易爆發,此時,戰爭本身便成為衡量哪一方真正更強大的標準。台灣海峽長期保持和平的主要原因之一是,在二十世紀末期以前,中國在軍事上處於較弱的地位,而美國在西太平洋地區則擁有顯著的軍事優勢。

目前有許多跡象顯示,中國和美國之間的實力比以往更加接近。15 年前的桌上兵推中,美國軍隊曾取得壓倒性勝利,而現今的結果則顯示中美雙方勝負難分。加強在台灣海峽威懾力的途徑,是讓美國及其夥伴重新獲得在戰爭中取勝的決定性手段,並向北京展示這些能力。

這是冷戰時期華盛頓用來維持和平的祕訣。當蘇聯在 1950 年代的常規部隊在數量上超過北約時,華盛頓加強了其在核武器方面的優勢,以「抵消」蘇聯在歐洲的力量。在 1970 年代,當蘇聯的核能力與美國達到平衡時,華盛頓啟動了後來被稱為「第二次抵消戰略」(second offset strategy)的策略,旨在利用先進技術在常規武器上取得主導地位。從精確制導炸彈、隱形飛機、先進的感測器,到「星際大戰」(Star Wars)反彈道飛彈計畫,這一切使得美軍能在軍事上占據明顯的優勢,儘管當時北約國家在軍隊數量上不如蘇聯。

憑藉地理優勢,台灣的保衛者無需在艦艇、戰機和火箭等方面與解放軍進行數量上的直接對抗。台灣相對缺乏適合的登陸海灘,其多山的海岸線,以及寬達百英哩的台灣海峽(烏克蘭人只能羨慕),這些都為再次運用冷戰時期「抵消戰略」(offset)的相對優勢提供了有利條件。如果台灣和美國及其盟國有能力將台灣海峽變成一道「沸騰的護城河」,那麼威懾力便能奏效。接下來的章節將詳細說明如何實現這一目標。

PART 2

應急工作之一：
台灣篇

第 4 章
台灣的新軍事文化
洪澤克／吳怡農／馬羅姆

紀律是軍隊的靈魂。它能以少擊多，以弱勝強，並贏得世人的普遍尊敬。

──喬治・華盛頓

　　雖然針對莫斯科和哈馬斯的威懾未能奏效，然而台北和華盛頓仍有時間（或許不多了）來阻止北京「擲下鐵骰子」（發動戰爭）。本章提出了台灣軍事文化中兩個重要的致命弱點，需要台北盡快找到解決方案：對長期戰爭和快速動員的準備不足。（這兩項致命弱點同樣也發生於台灣的合作夥伴，包括美國、日本和澳洲等國家，將在隨後的章節中進行討論。）

　　俄羅斯 3 年前對烏克蘭發動的全面戰爭迄今仍未結束，加上之前 8 年的低強度衝突，均凸顯了戰爭可能長期延續的風險。台海之戰可能不會速戰速決，如果擴散到其他地區，則可能持續幾個月甚至數年之久。而且，台灣也無法從利於烏克蘭的因素中獲益：戰略縱深和與美國盟國接壤的陸地邊界，便於華盛頓方面增送武器和物資等後勤支援。

　　與此同時，哈馬斯在 2023 年 10 月 7 日明目張膽的偷襲行動警醒我們，台灣應該具備快速動員的能力。在眾目睽睽之下，哈馬斯的縝密計畫能不被察覺，這顯示了即使在當今訊息快速流通的媒體環境中，意志堅定的對手仍然能夠出其不意地發動攻擊。

　　歸根究柢，針對北京的威懾政策是要讓習近平確信，他無法在台灣問題上實現其軍事目標。[1] 為此，越是能讓習近平知道，台灣有能力並有決心與侵略者戰鬥到底，他下令發動戰爭的可能性就越小。以色列和烏克蘭的戰爭經驗告訴我們，台灣的軍隊及公民社會急需加強隨時應戰的能力，誠如美軍所言，「今晚就準備戰鬥！」並在此後的每個日夜都能如此。

　　可惜的是，台灣的軍隊既沒有建立起快速動員的能力，也沒有培養出長期作戰的軍隊文化。台灣的軍事策畫者以為提前幾周甚至幾個月前就能偵測到北京準備入侵的種種跡象，這將給台灣軍方充裕時間來進行武裝和調遣部隊、調動艦艇和戰機、召回和訓練預備役，並儲備彈藥。[2] 然而，現實情況是，如果北京決定發動攻擊，解放軍很可能不會讓台灣順利展開動員。至少，台灣將不得不應對中國的各種陰謀詭計、轉移注意力和假訊息攻擊。從實際情況來看，台灣可能必須在持續不斷的網路和飛彈攻擊下進行軍隊動員。北京可能已經在台灣滲透了足夠數量的沉睡細胞（sleeper cells，意即長年潛伏的間諜），足以破壞國家權力的重要象徵、指揮控制中心和重要基礎設施。因此，任何實際的動員計畫應該納入這些想定設計（並加以演練），以因應最糟情況，而不是完全依賴華盛頓和台北能否在 90 天前準確解讀習近平的戰爭意圖。

　　台灣的戰略思想、訓練、裝備和組織都植基於這樣一個觀念，即兩岸戰爭將是短期並可以一戰定勝負的。的確，台灣國防部完全低估全面戰爭的風險，堅持強化其作戰態勢、能力和概念，以應對中國的「灰色地帶」作戰（將在第 6 章中討論），而非準備應對台灣面臨的最大危險：中國大規模的軍事入侵。[3]

　　對台灣的高階軍官和政府官員來說，若要考慮全面戰爭，他們的計畫基於一個希望：能夠在中國的入侵艦隊抵達台灣海岸之前將其攔截和摧毀。雖然擊沉中國艦隊確實是台北和華盛頓的最佳策略選擇（見第 5 章和第 7 章），但我們主張，還應強化訓練和裝備台灣的地面部隊及台灣民眾，以抵禦中國的入侵（例如第五縱隊破壞者的活動、解放軍的空降兵，以及突破防線的少數中國兩棲攻擊部隊成員的活動），這些將能進一步加強台灣的威懾能力。

　　本章提供了一系列實際可行的步驟來應對這些關鍵弱點。我們呼籲台灣培養集體戰鬥意志，並取得必要的物質、組織和理論資源，以備長期應對中國的入侵。從根本上來說，我們主張利用社會結構的韌性來彌補台灣在地理縱深上的不足。

　　本章首先回顧台灣長期以來組織和訓練其現役（主戰）、徵召（守備）、後備和民防部隊的方法，以及蔡英文政府的改革措施，並介紹從以色列國防軍（the Israel Defense Forces，IDF）學到的一些有關快速動員的經驗教訓。以色列國防軍在戰時能夠迅速召集和投入高戰鬥效能的後備部隊，這方面的經驗是全球其他任何軍隊無法比擬的。最後，為達成上述目標，本章將討論國防改革所面臨的障礙，提出整體的改革方案和實際的政策建議。

台灣現有的軍事力量

台灣的軍隊看起來很強大，至少表面如此。由全志願役部隊組成，並有短期服役的義務役士兵，另外還包括陸軍、海軍、空軍和海軍陸戰隊等後備部隊。[4] 雖然現役部隊的規模人數是 17.5 萬名編制人員，但要達到這一目標，對國防部來講並非易事。[5] 截至 2023 年，部隊實際人數共 16.9 萬名現役人員，其中約有 16 萬名是全志願役，其餘則為徵召的 4 個月義務役士兵。[6] 至於後備部隊，理論上可以召回多達 200 萬名退伍軍人。[7]

雖然中華民國（台灣）憲法規定全體國民有服兵役的義務，但大多數服役者目前僅需服役 4 個月。在過去 20 年來，無論是民進黨或國民黨政府，相繼縮短義務役的役期，已經從 2 年以上縮減至目前的 4 個月。[8] 正如我們下面詳細討論的那樣，這一規定再次發生了變化。從 2024 年 1 月開始，台灣 2005 年 1 月 1 日後出生的男性被徵召服役的時間將延長為 1 年。到 2027 年，大多數年輕男性將完全過渡到 1 年期兵役制度。[9] 另外，值得注意的是，早在 2000 年，政府就開始允許那些可能被徵召入伍服役的人申請替代役，透過履行社會役任務來替代軍事服役。

台灣軍方似乎也擁有強大的武器裝備。[10] 陸軍配備 650 輛主戰坦克（不久之後將新增 108 輛現代化的美國 M1A2 艾布蘭主力戰車〔Abrams〕）、近 200 輛步兵戰車、1,500 輛裝甲運兵車、近 100 架攻擊直升機，以及至少 2,000 門火砲。海軍配備 4 艘驅逐艦、22 艘巡防艦、44 艘巡邏艦、2 艘登陸艦（至少有 3 艘新艦已簽約）、44 艘登陸艇，以及 4 艘潛艇（另有 8 艘本地生產的柴電潛艇正在建造中）。空軍配備近 500 架戰鬥機，台灣的武裝部隊還不斷配備防空、反艦和長程打擊飛彈。

鑒於上述情況，華盛頓為何還需擔憂台灣抵禦入侵的能力？畢竟，中國必須跨越台灣海峽進行部署、壓制，才能實施占領台灣的行動。即使在最理想的情況下，兩棲作戰無論是計畫還是執行都極為複雜，解放軍可能缺乏足夠的登陸艦艇和實戰經驗來進行這樣的渡海作戰。[11] 此外，台灣本島的天然地形易守難攻，若要征服台灣，得發動史上最大、最複雜的兩棲登陸攻擊行動。[12]

儘管如此，我們認為，如果北京明天就發動全面入侵，台灣軍方將會難以堅持到美國及其盟國介入並投入決定性的力量。尤其是，台灣的戰略教範、訓練水準、裝備配置、庫存情況和士氣，都不適合應對長期的戰鬥或對台灣發動的大規模突襲。

首先，由於台灣軍隊在招募和留員率方面有困難，它缺乏足夠訓練有素的部隊能夠進行長期戰爭。中國對台灣人口差異上的絕對優勢，使得解放軍兵力將遠超過台灣軍隊的規模。而且，台灣在充分利用人力資源上，也一直面臨挑戰。蔡英文總統最後拍板決定延長兵役，全志願軍人招募長期不足便是重要考慮因素之一。[13]

上述問題在前線地面作戰部隊中尤其嚴重。據報導，某些部隊現役人數僅達其編制數的 60%。[14] 延長兵役或許在一定程度上能填補這個缺口，正如我們下文所述，目前的徵兵計畫是將義務役人員加以訓練並提供裝備，以負責後方安全和重要基礎設施保

台灣海峽軍事力量對比，陸軍部隊			
	中國		台灣
	總計	台灣海峽地區 *	總計
陸軍部隊總人數	1,050,000	420,000	89,000
集團軍／軍團	13	5	3
聯兵旅	82	31（6個登陸作戰旅）	7
砲兵旅	15	5	3
陸軍航空旅	13	4	2
空中突擊旅	3	1	0
空降旅	7	7	0
海軍陸戰旅	8	5	2
坦克	4,200	1,100	900
火砲件數 **	7,600	2,300	1,300

* 本文件中的「台灣海峽地區」包括解放軍的東部和南部戰區。
** 本文件中的「火砲件數」指的是口徑為100公厘及以上的系統，無論是牽引式還是自走砲，包括多管火箭發射器（MRLs）。

這張圖表比較了中國和台灣的陸軍部隊人員。
資料來源：美國國防部《關於中國的軍事和安全發展2023：向國會提交的年度報告》，2023年10月19日，第185頁。

護任務，而非參與第一線作戰。更重要的是，要全面實施1年期兵役制度還需要2年的時間。[15] 即便如此，由於一些義務役人員申請免役或選擇在非軍事單位的「替代役」，台灣的前線作戰部隊仍可能面臨人員短缺的情況。雖然這些挑戰在士官階層中比較明顯，但國防部也面臨著軍官招募上的困難。因此，國防部不得不一再降低三種招募途徑的體能要求和心理素質標準，包括軍事院校、儲備軍官訓練團（ROTC）以及研究生直接入伍計畫。

其次，台灣的戰略計畫和裝備需求是基於兩個不太符合實際情況的假設。其一，認為中國入侵準備的規模將提供充分的預警時間，因此台灣有足夠的時間進行動員、布署兵力及備戰。其二，即台灣軍隊能與中國侵略軍對決，爭奪對台灣領空、海域航線和領土的控制權。這兩個假設都存在問題。分析師們也越來越擔心，中國可能透過大規模演習和灰色地帶活動來掩飾其入侵準備，同時讓台灣產生虛幻的安全感。此外，隨著兩岸軍事實力對比逐漸向中國傾斜，解放軍很快將具備足夠的船艦數量和武器品質來輾壓台灣的防守力量。[16] 與此同時，在進行軍事轉型，大量採用小型、機動、致命且成本低廉的武器方面，台灣的進展緩慢，這將會在第 5 章討論。

第三，台灣的軍事訓練既不切合實際也不嚴格。新兵訓練的時間，大多數用於聽取行政簡報、閉門式操練和打掃工作等，而非學習戰鬥技術、技巧和程序、急救、後勤及地面導航等技能。[17] 負責領導個人和班隊訓練的人員，包括士官和初階軍官，本身對現代戰爭的訓練方法不甚了解。在現役部隊中，單位層級的實地訓練也未有明顯改善，演習都過於形式化。[18] 部屬擔心向上級傳遞「壞消息」，高級軍官則實施緊韁式管理，過度專注於西方軍隊通常由士官負責的任務。要改變這種過度集中和高層控制的指揮文化，需要時間和不懈努力。

第四，雖然台灣的後備力量對於國家的持久性防禦至關重要，但很少台灣或美國的分析師認為，國防部能在危機中有效動員、訓練和裝備即便是一小部分符合資格的後備軍人。[19] 確實，根據長久以來的法規，台灣總後備役人數中只有大約 30 萬人需要參加定期的後備教召訓練。[20] 此外，這些後備役人員每 2 年只需履行 5 天的訓練義務。實際上，大多數人的被召回頻率遠低於這個標準，因為資源有限，軍方每年僅能召回大約 11 萬名後備役人員進行訓練。[21] 更糟糕的是，後備役人員在這段寶貴緊迫的時間裡，大部分都是在聽取 PowerPoint 簡報和填寫行政文件。[22] 可靠的報告顯示，台灣的軍隊沒有足夠的槍枝或裝備，無法武裝大部分參訓的後備人員。

第五，台灣缺乏必要的軍事物資儲備，無法應對台灣本島甚至偏遠離島的長期防禦需求。台灣的能源和糧食儲備需求也受到了高度關注。[23] 這個問題也影響到台灣的軍事部門。即使在和平時期，台灣的軍方也難以取得許多外購武器零件。因此，從國外購得的坦克、裝甲人員運輸車和自走砲車輛，能完全正常運作的數量不到一半。[24] 台灣的空軍機隊也同樣面臨零件短缺問題，只有不到一半的戰機能立即參加戰鬥。為對抗中國的「灰色地帶」挑釁，戰機頻繁地執行攔截任務，造成了嚴重的損耗，這導致零件短缺的問題惡化。[25] 備受關注的空安事故也越來越頻繁。[26]

令人擔憂的是，國防部彈藥儲備嚴重不足，將難以應對高強度戰爭。[27] 考慮到中國在對台發動侵略時，必會盡其所能切斷台灣與世界的聯繫，台灣的彈藥儲備將至關重要。至少有一份的公開報告顯示，台灣擁有的彈藥數量可能不足 2 天空戰需求的一半。[28] 台灣的地面部隊在小型武器、彈藥、個人武器、頭盔和防彈衣等方面可能也會面臨類似的短缺情況。[29]

最後，可能也是最關鍵的，台灣的軍隊面臨著士氣問題，這也影響了軍隊在社會中的形象。在台灣，在軍隊服役並不是榮耀象徵，不像在芬蘭、愛沙尼亞和以色列等其他處境艱難的小國那樣，享有受人尊敬的社會地位。

要理解其中的原因，就必須了解國軍最初是國民黨政權的武裝部隊，就像解放軍直接效忠中國共產黨一樣，台灣軍隊幾十年來受國民黨專制政權指揮，並成為其統治的工具。許多台灣人認為，台灣國防部在台灣民主化的過程中並未完全現代化和全面國家化。台灣選民也都清楚，在整個現役軍隊中從未有人參與過實際戰爭。因此，這是一個未經考驗的團體組織，也從未面臨過必須變革的挑戰。與此同時，備受關注的軍中霸凌事件也損害了軍隊在年輕台灣人心目中的形象，並且軍中還存在著貪污和間諜案件。上述事件的累積結果是，軍隊失去了自信，並與其所捍衛的社會產生了隔閡。

此外，軍事訓練缺乏嚴謹和務實性可能也使士氣越發低落。許多新兵和預備役人員認為服兵役是浪費時間，正是因為缺乏符合實際的訓練內容。這些觀點可能反映出，或者說引發更多疑慮，懷疑軍隊能否保護台灣免遭侵略。因此，這也難怪儘管越來越多的台灣人表示，一旦發生戰爭他們願意捍衛台灣，但台灣的徵兵目標卻不易達成。

台灣所需的軍事力量

可以確定的是，台灣領導人知道這些問題，並已採取措施加以解決。蔡英文總統於 2022 年 12 月 27 日在全國電視演講中，公布了其中最重要的改革措施。[30] 她決定將徵兵役期從 4 個月延長到 1 年，這一決定自然成了主要的新聞焦點；她的演講也為台灣軍隊應如何重組以抵禦入侵擘畫了解決藍圖。

蔡總統說明了以四個相輔相成的要素作為基礎的台灣防禦策略，包括：主戰部隊、守備部隊、民防系統和後備系統。作為台灣的第一道防線，主戰部隊將負責對入侵之敵進行陸海空的第一線作戰行動。為了確保高昂的士氣、優良的訓練、良好的裝備和隨時戰鬥的準備，蔡總統計畫將這 21 萬人的主力作戰部隊的大部分組織起來，其中包括台灣的 18.8 萬名現役士兵、水手、空軍和海軍陸戰隊員，以及多達 2.2 萬名義務役士兵。[31]

同時，守備部隊將負責處理所謂的「後方」，包括：保護道路、橋梁、十字路口、醫院、機場及其他關鍵基礎設施；因應後方安全任務，如保衛指揮所和補給點；並協調地方防衛作戰行動，以防範入侵的敵人可能滲透前線單位。歷史上，原本是由台灣的後備部隊負責執行上述任務；然而，蔡總統擔心後備部隊可能需要更長的時間進行動員，因此，她將守備任務交給了義務役部隊，因為這些部隊已接受訓練並處於現役部隊的一環。[32] 事實上，她將兵役役期從 4 個月延長到 1 年的原因之一，是為了確保台灣的義務役士兵能夠有更充分準備，以承擔此項關鍵守備任務。

民防系統將充分支援上述兩大作戰部隊。由中央和地方政府機構、增援的替代役人員和志願者組成，民防單位將協助協調災害救援、分發生活必需品、傳遞關鍵訊息、監控公共安全，以及進行緊急搶救復員工作。[33]

最後，蔡總統要求對台灣龐大臃腫的後備部隊系統進行精簡和重新定位。[34] 因為在敵軍入侵的情況下，可能沒有足夠的時間完成全部動員工作，因此不再動員單獨的部隊進行前線作戰和守備防禦。現在動員召集後備人員將區分為兩類：其一是那些曾經服役的全志願役軍人（例如軍隊退休人員和那些符合領取養老金資格之已退役人員），他們將被編入後備單位，以支援和補充主戰部隊；其二是將曾經服役的義務役人員編入單位，以支援守備部隊。蔡總統指出，延長役期將有助於縮短準備支援守備部隊的後備動員所需的時間。

　　至於接任蔡總統職位的賴清德總統是否會保留、修改或放棄這項計畫，目前還有待觀察。[35]

　　蔡總統明確認識到，僅有組織改革是不夠的。她公開承認許多公民認為在軍中的時間是白白浪費掉的，並試圖化解公眾對於 1 年兵役制度的擔憂，因為人們擔心這會導致這種浪費擴大為 3 倍。為此，她指示國家安全會議和國防部改進軍事訓練，研究並在適當情況下，效仿美國及其他先進軍隊的戰爭準備方式。[36] 她同樣呼籲台灣軍方確保義務役和後備役成員花更多時間熟練先進武器操作（如標槍反坦克飛彈、刺針防空飛彈和無人機），進行實彈射擊訓練，練習近身格鬥技能，並與其他軍事和民防單位合作無間。蔡總統也致力於減少公眾疑慮，尤其是受到役期延長影響的年輕公民，並承諾改善義務役士氣和生活品質。主要的改變包括：提高義務役士兵薪資，使其至少接近最低工資的水準，並確保義務役年資能計入退休和養老金，銜接勞工退休制度。

　　2022 年 12 月宣布的改革不應該被單獨看待。之前對後備系統進行的兩次調整也為這些變革奠定了基礎。2021 年 5 月，蔡政府在國防部內成立了一個新機構（即全民防衛動員署），專門協調後備動員。這個全民防衛動員機構是合併兩個現有的二級單位而成立的，其任務包括：改善後備訓練、跨部門協調（包括負責公共衛生和安全部門），以及與美國國民警衛隊（US National Guard）進行聯合演習。蔡政府把全面防衛動員署升級，成為國防部一級單位，並將其全職人員編制增加至 150 人。

第二個重大變革發生在 2022 年初，當時國防部推出了一個新的後備訓練試行計畫。[37] 如前文所述，台灣的後備役通常在 8 年內至多被召回 4 次，每次訓練時間為 5 至 7 天。在新制度下，後備役每 8 年僅需教召 2 次，每次共計 14 天的訓練演習（實際上，後備役在這兩種計畫下的訓練時間是相同的）。然而，現有的每年 1 周的訓練計畫，主要包括講座和整齊列隊的演練，而國防部的目標是使 14 天的訓練盡可能嚴格和務實。該計畫預定每年讓 15,000 名後備役成員參與為期 14 天的訓練，並優先考慮召集剛從義務役退伍的後備役人員。不過，國防部打算至少到 2025 年才評估這個試行計畫的執行成效。

建立更好的軍隊

蔡總統的國防改革藍圖改善了後備動員訓練現狀。儘管如此，依照這些新方針組織、訓練和裝備的台灣軍隊，單靠自身力量仍然難以有效抵抗，更不用說擊敗中國對台灣的悍然進攻，因為新藍圖並沒有解決針對中國的戰略突襲和長期作戰的根本性問題。而且這些進行中的改革並非解決制度文化、公眾觀感和組織士氣等問題的靈丹妙藥。為了確保台灣的防衛體系建立在最堅固的基礎上，我們建議台灣現任的賴清德總統以下列三種方式加強上述的軍事改革：

從國防部內部開始整頓

首先，現在是時候在國防部內部進行「大掃除」——大規模的整頓和改革。有意義和持久變革的主要障礙來自官僚主義的阻力，而非不知道應該做什麼。因此，台灣新政府應該辨識並提拔那些支持改革、願意探索並接受新作戰觀念的人，以及認同全民國防的軍官，不論他們的官階高低。因此，這些年輕而充滿活力的軍事領導人應該優先考慮或致力於專業的軍事教育，並採用基於全球最頂尖的實際且嚴格的訓練方法。其中最具挑戰性的是，這些新的軍事領導人必須著手在台灣軍事機構各層面引領風潮，形成主動、堅毅不懼冒險的新文化。這項整頓工作既費時耗力，又是當務之急。

師法以色列，而非美國

第二，雖然美國現在是而且應該繼續是台灣最重要的軍事訓練夥伴，但美國軍隊並不是台灣的最佳學習典範。更適合成為台灣學習榜樣的，其實是那些必須面對強大對手的小國，包括：烏克蘭、愛沙尼亞、芬蘭、立陶宛，特別是以色列。台灣應該仔細研究這些國家的防衛理念和文化，並快速吸納適合自身的最佳防衛手段。

例如，以色列人口不到台灣的一半，且不像台灣擁有海洋和山脈作為天然防衛屏障。然而，在 2023 年 10 月 7 日哈馬斯猝然發動的大規模屠殺事件之前，以色列憑藉自己力量打贏了每一場戰爭。儘管面對伊朗等人數更多且軍事裝備更為先進的敵人，以色列仍能成功挫敗敵人 50 年來始終未曾斷絕的軍事入侵企圖。

文化，正是將所有其他元素催化成有效威懾力量的關鍵隱性因素。

在以色列，年輕人不分男女都必須服兵役，男性最少需服役 32 個月，女性服役則至少 24 個月。他們作為後備兵員，接受頻繁且實際的訓練。服完兵役後，以色列人通常會與同一後備部隊保持聯繫，一起接受訓練，形成了具有凝聚力的戰鬥團隊，以便戰時能夠迅速動員作戰。

以色列社會普遍推崇軍職人員，軍人受到高度尊重。男性和女性都競相希望能加入國家最精銳的部隊，就如同美國人競相想進入常春藤名校一樣。士兵們獲得的領導和技術技能，也促進了以色列的經濟富裕和蓬勃發展的科技新創。

以色列同時也保持強大的民防能力，這值得台灣學習參考。

我們建議台灣邀請以色列（並來自其他上述國家）的退役軍官和士官，讓他們參與長期的實地工作，以提升台灣國防各個層面的組織和訓練水準。

雖然以色列可能因其與北京的外交關係而對與台灣政府交流持保留態度，但在非官方層面仍有許多合作的機會。鑒於北京當局在 2023 年 10 月哈馬斯恐怖襲擊後，採取了積極反以色列的外交和宣傳立場，以色列方面，或至少是以色列的退役軍官和國防專家，將會樂意就上述問題向台灣提供建議。

內政部應設立國土防衛隊

第三,台灣必須將國防視為全社會共同的使命。這意味著,人們不應期望國防部獨自擔負保衛台灣安全的全部責任,或者默認它會獲得大部分相關的預算和資源。為此,新總統應該考慮在內政部內建立一個地方(或稱「國土」)防衛隊。儘管政府應繼續成為這計畫的主要推動者,台灣所有符合服役年齡的公民,不論性別,應有其他的替代選擇,參與台灣的國土防衛。

具體來說,他們應該可以選擇在台灣軍隊服役 1 年或加入地方防衛部隊,這些民防組織的成立可比照愛沙尼亞防衛聯盟(Estonian Defense League)。因此,這些部隊應在其社區接受訓練並在戰爭發生時就地編入作戰部隊。他們的志願者應該可以使用部隊武器庫,其中應備有足夠數量的現代武器、彈藥和防護裝備。地方防衛部隊應定期與緊急災難應變人員合作,以隨時準備在颱風和地震等自然災害發生時提供救援。

明確來說,這些地方防衛部隊雖然無法獨自擊敗大規模的軍事入侵,但它們可以證明,台灣人民有能力迅速抵抗,並從破壞、顛覆、暗殺和戰爭中恢復,這將使中國難以取得迅速的、出其不意的勝利。同樣地,強大的地方防禦網將有助於台灣為長期衝突做好準備。總之,即使中國成功打敗台灣的前線作戰部隊,它仍需進一步面對如何控制台灣人民的挑戰。因此,一支組織完善、訓練有素並裝備精良的地方防衛隊,將會大大增加中國控制台灣的難度。

最理想的情況是,這些地方部隊在每個台灣社區都具體存在,那將有助於說服習近平,讓他相信入侵台灣將不會輕易成功。在最糟糕的情況下，如果防衛隊的威懾失效，那麼地方防衛部隊的行動也可引起國際社會對台灣困境的同情，同時為美國及其盟國的應援爭取時間（相關內容請見後續章節）。

最重要的是，一個強大的地方防衛隊系統將有助於使台灣人民確信，抵抗是可行的，台灣人民能在自己的國土防衛中扮演有意義且實際的角色。

為什麼要在內政部設立國土防衛隊，而不是透過國防部呢？其中一個原因是，迄今為止國防部已經拒絕了對建立這樣一支部隊的所有嘗試和建議，甚至包括台灣前參謀總長的建議。[38] 另一個原因是，將領土防衛納入內政部的管理下，使得國防部可以集中改革力量於組織、訓練和主戰裝備提升，以防止敵人入侵台灣。實際上，台灣新任總統應該在國防支出、武器、裝備和設備轉移方面，在國防部和內政部之間進行合理分配，以確保這個新的國土防衛隊能夠盡快運作。台灣的領導人應該有意願讓這兩個部門互相競爭，並投資於應對台灣防務表現最為積極的部門。[39]

為確保國防部和內政部協調合作，總統應授權國家安全會議秘書長與行政院院長密切合作，監督全民防衛的工作。最少需要為這個新的地方防衛計畫提供足夠的創建資金，以啟動招募、組織、裝備和訓練。值得慶幸的是，內政部不需要從頭開始建立這樣一支部隊，可以借助現有的基層組織，如壯闊台灣聯盟（the Forward Alliance）等團體，進行整合。[40]

克服障礙與前行之路

改變並非易事。[41] 儘管台灣已經朝著正確的方向邁進，我們希望賴總統能考慮上述建議。如果他這樣做，必然會遇到困難。最後，我們就其中三個最重要的問題提出解決方案。

批評者會指出，資源有限是台灣戰備未能達到最佳狀態的原因。無庸置疑，訓練空間實在有限。同樣地，包括軍營、彈藥供應點、武器庫和射擊場等關鍵設施，也面臨資源短缺問題。整個現役部隊所需的彈藥、零件、武器及防護裝備都供應不足，遑論滿足少數預備役部隊以外人員的需求。因此，增加訓練空間、擴建更多軍事基礎設施，以及購置更多必要裝備，應該是新政府的當務之急。

批評者還會指出，預算現實將阻礙購置這些必要軍品（我們將在下文探討此點）。然而，實際情況是，台灣及國防部持續將有限的國防預算，投入到華而不實且價格昂貴的各式各樣武器平台上，而這些武器平台在突襲或長期戰爭中幾乎無法倖存下來。[42] 將資金從成本高且不切實際的計畫，如自製柴電潛艇和玉山級船塢運輸艦中撤出，將釋放出的資源用來建造、購買和儲存成本較低但極具致命力的裝備，可使台灣能夠即刻投入戰鬥，並在未來所需的時間內持久作戰。當然，實施上述改革建議的預算，將會高於削減一些昂貴項目所能節省的資金。政治上的殘酷事實是，儘管蔡政府提高了國防支出水準，從 2018 年的 110 億美元增加到 2023 年的 190 億美元（包括特別的國防預算），但台灣需要投入更多資金才能使其防禦達到應有的水準。不容忽視的政治事實是，台灣已經將其國家預算的 22% 用於國防支出，意味著現任國家領導人必須準備對現有的財政和稅收政策，進行艱難的調整。[43]

兵役制度的延長應有助於降低部署更大規模和更強陸地防禦系統所需的相關成本，尤其是因為台灣的國防預算大量用於支付人事成本和福利（這兩者近年來已有顯著增加，目的是吸引更多新兵入伍）。賴總統必須向台灣選民解釋，為何需要提高稅收，和（或）為何需要削減社會福利支出。儘管這些舉措在任何民主國家都難以推行，但我們認為，如果台灣人民能清楚看到他們的稅款用於實質且有意義地提升國防能力，同時也降低了更昂貴的戰爭發生的風險，他們將會更願意接受這些犧牲。

　　另外，建立地方防衛部隊的好處，是透過各社區進行防衛訓練，能夠具體展現台灣自我保衛的決心，同時顯示納稅人的錢如何在戰時與和平時都有助於台灣防衛安全。依據地方防衛部隊最終的組織架構設計，可以用極少的成本，顯著地增強台灣的防禦力量。以愛沙尼亞防衛聯盟的經驗為例，該組織擁有 16,000 名成員，其規模超過了愛沙尼亞全國的現役軍隊。然而，由於每位成員皆為無薪志願者，愛沙尼亞政府僅需投入在訓練和裝備上的費用。[44]

　　然而，我們必須再次強調：快速的國防轉型所面臨的最大障礙來自於國防部內部的反對。在蔡英文總統執政時期，國防部幾乎對每一項有意義的改革倡議都採取了阻撓、拖延或淡化的態度。[45] 確實，這個問題並不僅限於台灣。軍事官僚機構通常都對改變持有極大的抗拒態度。[46] 2014 年後，烏克蘭也不得不在其軍隊內部進行整頓。[47] 正如本書其他地方所討論的那樣，美國高階官員拒絕製造正是台灣需要、用於防禦或擊敗解放軍入侵的反艦武器。然而，任何有意義的國防改革，都必須包括解決國防部根深柢固的官僚利益和組織文化,這一事實從未改變。

如果台灣總統確實有決心阻止一場災難性的戰爭,他將不得不以巨大的政治資本為代價進行必要的改革,甚至包括解除任何阻礙改革的高級將領或海軍上將的職務。華盛頓能夠且應當提供協助,而不是僅僅派遣幾十個機動教學小組進行小單位訓練。如前文所強調的,國防轉型必須全面進行。[48] 華盛頓不僅應該透過在台灣和美國進行雙邊訓練,來支持從上到下、從下到上以及由內而外的改革;而且還應該促進台灣軍方(但願也包括地方防衛隊)與烏克蘭、愛沙尼亞和以色列訓練團隊之間的積極互動。也許最重要的是,國會和美國總統應該願意扮演「壞人」(bad guy)的角色,堅持進行改革,即使這意味著對台灣方面提出明確的要求。這樣做將有助於促使台灣總統能夠坦誠地表示,改革別無選擇。

總而言之,無論賴清德如何決定推動改革,國防改革都必須是他的首要任務。他必須建立加強威懾力的文化,確保台灣始終是自由與民主的前線上的守護者,而非受害者。簡單來說,台灣的軍隊仍未做好戰爭準備,而時間已經所剩無多。

第 5 章
抵禦中國的武力進犯

簡以榮

> 戰爭中最難預估的變數,首推人們的意志,它在抵抗中特別容易彰顯。
>
> ——李德哈特(B. H. Liddell Hart)

本章節深入分析了中國征服台灣的各種動態選擇,從可能性最小的手段到包括全面入侵在內的多種情境。本章認為,雖然北京可能會試圖以多種方式對台灣施壓,**但台灣軍方必須專注應對中國入侵的威脅**。台灣必須準備好應對至少長達 2 個月的全面封鎖和轟炸,同時抵禦入侵。本章簡要討論台灣防止解放軍進行常規登陸作戰並同時爭取美國及盟國支持的策略,包括運用作戰概念來極大化提升生存能力和戰鬥力,並促使以美國為首的聯盟出手干預。最後,本章就台灣軍事力量結構的調整提出了一系列建議,以實現這樣的防禦戰略。

當「灰色地帶」變成黑色

近年來，中國對台灣的灰色地帶行動，包括誘使台灣的外交夥伴與之斷交、透過針對性的經濟制裁脅迫台灣的政治候選人，以及透過散播偏見或假訊息來影響台灣輿論。這些活動還包括中國海軍、空軍、火箭部隊和海警的非致命行動，目的是讓台灣民眾產生普遍的無力感。

中國的灰色地帶行動極具挑戰性，我們將在第 6 章詳細探討這些活動。但重要的是，我們必須首先清楚地認識到，台灣民眾對於與中華人民共和國政治統一這種想法普遍感到不滿，而且這種不滿日益加深。北京當局的灰色地帶行動迄今未能改變這種趨勢，在台灣最近 3 次總統選舉中，這些灰色地帶行動並未能帶來北京所期望看到的選舉結果。說穿了：北京的「不戰而勝」戰略仍在為爭取勝利而戰。

北京還可能採取的更強有力的做法，比如海上隔離或封鎖，只要它們沒有升級到使用致命性的軍事手段，仍然符合「灰色地帶」行動的標準。然而，鑒於台灣人民很可能像烏克蘭人民一樣，直接面對這些艱難挑戰，以保衛他們的民主自由和實際主權，北京似乎不太可能在沒有計畫和預期可能需要升級使用武力的情況下貿然採取行動。如果台北像基輔一樣選擇抵抗外來脅迫，北京方面可能會發動全面戰爭。

其實，即使是普通的觀察者也能從普丁在烏克蘭發動的代價高昂的十年戰爭中得出結論：俄羅斯可能會獲得更大的成功，如果莫斯科方面從一開始就以迅雷不及掩耳的壓倒性態勢造成既成事實，而不是分階段將衝突升級，因為這種做法為基輔及其西方盟國提供了充裕準備時間，來加強烏克蘭的總體防禦能力。從習近平偶爾對普丁的戰爭進展表達的擔憂看來，他或許也已得出類似的結論。[1]

有效應對海空抵近接觸

在軍事上，北京當局往往以發射飛彈和派遣飛機等行動回應政治冒犯。例如：1995 年至 1996 年抗議台灣總統訪問美國，以及 2020 年和 2022 年美國高官訪問台北期間的情況那般。然而，這些行動都沒有對台灣軍隊或領土進行實質的攻擊。自 1958 年以來，解放軍和台灣軍隊從未交火，甚至沒有出現類似 2001 年 4 月中美飛機的擦撞，或者像 2018 年中美船隻險些碰撞等情形。

近年來，中國在與美國及盟國軍隊的空中和海上接觸中，變得越來越敢於冒險，甚至包括在 2023 年底撞擊菲律賓的補給船隻。中國總是將其危險行為的責任歸咎於對方，即使是中方軍隊使用水砲、發射照明彈、採取挑釁行動，甚至故意與美國盟國的船隻和飛機相撞。由於北京的宣傳機器將大肆宣揚中方的說法，台灣必須避免與解放軍在國際海域和空域進行可能導致升級的互動。正如第 3 章所解釋的，問題不在於這些行動會導致意外衝突，而是它們可能成為對北京有用的藉口，以便實施早有預謀、使衝突升級的行動。因此，台北方面可以採用北京當局的策略，以海上執法代替直接用軍事力量回應。

台灣已在其控制的南海兩處地點（太平島與東沙島）部署了

海岸巡防隊,只派遣少數官兵駐守。與其出動海軍部隊,台灣應該利用海岸巡防隊和內政部空中勤務總隊(台灣的民航搜救機構,隸屬內政部),進行南海島嶼的例行補給和國際海域的巡邏。像軍事運輸一樣,海岸巡防隊艦船可以裝備20公厘加農砲,包括可用於自衛的方陣近迫武器系統(Phalanx close-in weapons systems)。同樣地,軍用和民用運輸機可以交替使用。如果在國際海域和空域受到中國挑釁,台灣應該試圖避免衝突,同時將該事件錄影存證,就像菲律賓自2023年底以來所採取的做法。鑒於解放軍在公海上擁有戰略優勢,台灣可以透過增加使用更多「白船」船隻(即海岸巡防隊快艇),而非「灰船」的軍艦,來建立自己的論述。

然而,如果中方的船隻接近台灣24海浬鄰接區(從台灣領土基線為測量基準),台北必須準備充足的資源並做好軍事應對的準備。[2] 從中國在南海和東海的行為來看,北京當局的行動可能會以非武裝的海上民兵為主導,或用無人機來測試台灣的防禦能力。在任何情況下,台灣應該盡量優先採取執法行動,就像對待中國的挖沙船和漁民一樣。[3] 台灣海巡應在對方接近24海浬時發出警告,並判斷目標的性質和意圖。若在12海浬以內,台灣發現超出國際法所定義的無害通過的行為,軍隊應當做出回應。如果情況許可,台灣可以對入侵者的船隻進行船首警告射擊。但若有太多船隻或它們移動速度過快,台北有權在其領海內對不願合作的目標使用致命武器。如果北京刻意在台灣的主權海域進行挑釁,台北絕不能退縮。

對於空中的入侵者也是如此,但台灣的戰機可能要在對方飛機到達40海浬時緊急升空,具體取決於其飛行軌跡和飛機類型。40海浬大約是從台灣本島到台灣海峽中線的最近距離。台灣的戰鬥機應該在中方飛機靠近台灣基線的12海浬範圍之前進行攔截,並評估其武裝和意圖。在這種情況下,如果侵犯者在領空內不合作,台灣應當對目標進行處置,不容主權受到侵害。這可能成為中國報復、大做文章的藉口,因此台灣必須迅速且積極地在國防機密允許下公開這些事件,並提供影像證據,以對抗中共的宣傳機器。

　　如果來自中國的入侵者是無人機,台灣則可以使用20公厘或類似的輕型加農砲(從空中或海上)來摧毀它們。至於海上民兵或挖沙船,台灣海岸巡防隊應該在對方無法聲稱無害通過的情況下進行拘留。台灣的戰鬥機可以應對空中或海上的威脅,應確保持續性的警戒狀態,隨時準備應對這兩種情況。台灣海岸巡防隊和海軍應該在各港口待命,隨時準備出動。飛彈快艇(台灣擁有180噸級和650噸級的飛彈巡邏艦)是最適合此任務的艦艇,相當於海上的戰鬥機。台灣應在周邊沿岸部署陸基岸防巡弋飛彈和中程防空系統,以增加作戰縱深,並與戰鬥機和飛彈快艇的警戒任務綜合協調運作。

　　台灣也必須注意避免過度反應。在2024年1月總統大選前的幾天,中國大陸可能試圖透過釋放高空氣球進入高速氣流和允許拖船在台灣領海內以無害通行的方式,來挑釁台灣。[4] 在上述兩種情況下,台北都做出了適當的判斷和回應。[5] 對於離岸島嶼(台灣在中國大陸沿岸擁有主權的島嶼),台灣的領土權不擴展到12海浬以外。相反,台灣軍隊應專注於防止直接飛越其領土的事件，就像解放軍在 2022 年夏季使用小型無人機騷擾外島那樣。更為重要的是，所有守衛近海和南海地區等特殊地理位置的台灣外島防禦部隊，應聚焦防範解放軍的軍事奪控。

奪取外島

　　如果中國共產黨的政治目標是展示統一大業的實質進展，僅僅在公海或者空中挑起爭端可能無法達到目的。北京當局也可能透過奪取位於大陸沿岸或南海的外島，來占領台灣管轄的區域。在這種情況下，美國可能不願意也無法替台北出面干預。因為美國的《台灣關係法》（*Taiwan Relations Act*）不涵蓋外島，如果解放軍展開占領行動，以其作戰優勢，可能會在數天甚至數小時內即完成占領行動。東沙島沒有台灣居民或其他聲索國，正是合適的首選目標。中國還可能占領一個或多個近海島嶼。這樣做也許在戰略上不明智，因為這些離岸島嶼在歷史上將台灣與大陸聯繫起來，對台灣獨立傾向發揮政治平衡作用。儘管如此，台北方面必須制定應對計畫，因為北京當局有時會誤判和過度擴張。

　　為了威懾並在必要時抵禦占領行動，台灣方面應該在每個外島部署數十枚短程防禦武器，如刺針飛彈（Stingers，短程防空飛彈）和標槍飛彈（Javelins，標槍反坦克系統，用於對抗裝甲車輛和坦克）。台灣必須不惜一切代價避免類似克里米亞（Crimea）那樣的無抵抗占領，如此既能展示台灣的抵抗意志，也能迫使中國為使用致命武力負責。台灣積極抵抗其所屬島嶼被武力占領將向全世界發出一個明確的信號：中國是一個暴力的修正主義國家,而台灣願意為自己的國家而戰。

在任何情況下,台灣的船員和防衛人員都應該記錄或轉發與中國軍隊在海上衝突的畫面。在動態情況下,如果中國明顯是挑釁者,例如奪取島嶼、海上碰撞,或是針對運輸船隻或飛機使用武器,美國及其盟國會感到憤怒,而這將更能激發台灣人民的抵抗決心,使得北京最終實現「和平統一」的機會變得更加渺茫。

封鎖及火力打擊

2022年8月,在美國眾議院議長南西・裴洛西(Nancy Pelosi)訪台後,中國大陸進行的實彈演習是一場經過精心策畫的政治抗議活動,旨在避免事態惡化。考慮到全球各地的關注和反應,這些演習是事先宣布,且有時間和地域上的限制。解放軍的艦艇在指定的區域巡邏,以驅散海上來往的船隻。中國官方媒體表示,這些演習包括「聯合封控、對海打擊、對地突擊、制空作戰」。[6]因此,發射飛越台北上空彈道飛彈的目的是為了顯示解放軍有能力精準打擊台灣。

然而,即使擁有成千上萬枚飛彈,也不太可能迫使對手投降。因為除了使用核武器之外,歷史上幾乎沒有任何一場轟炸行動能迫使人民投降,相反地,這些轟炸行動反而會激起大眾更加堅定的抗敵決心。儘管如此,北京仍可能試圖透過長程轟炸迫使台灣人民屈服。因此,台灣必須在心理和後勤方面做好準備,以承受中國對軍事和關鍵基礎設施的大規模飛彈攻擊。理論上,中國不太可能故意以平民為目標進行轟炸,因為這將進一步在台灣和國際上引起公憤。

就像上述的有限作戰一樣,台北方面與外界溝通的能力對於團結外部力量和協調外部干預將至關重要。與此同時,台灣成千上萬的漁船可以作為維持關鍵物資供應的支柱。如果台灣人民展現出堅韌和自力更生的決心,國際公憤以及對全球晶片供應鏈的嚴重衝擊,將促使美國和其他國家介入。這種情況可能比非武力封鎖更加緊急迫切,這正是下一章所要探討的主題。

中國大陸的砲擊和封鎖,雖然能對台灣造成極大的災難,但更難以忍受的,是諸如被敵人強暴和折磨等,這些許多烏克蘭人和以色列人在過去幾年的遭遇。同時,為了維持封鎖,中國要承擔的經濟損失和軍事投入將不斷增加,北京將發現自己在與華盛頓的競爭中陷入越來越不利的處境。[7] 在政治上,已開發國家將會譴責並孤立中共,進一步加劇中共政權所面臨的挑戰。此外,台灣在這種情況下不僅將維持實質獨立,甚至可能在美國和關鍵盟國的支持下,正式宣布獨立。這種結果將與普丁在 2022 年不明智地入侵烏克蘭的情況相類似,甚至可能更為糟糕。普丁對烏克蘭的入侵促使北約擴大影響力和規模,而這正是他原本試圖避免的。如果台灣能對抗北京當局的封鎖數周,同時成功爭取國際社會支持,北京將不得不像 1958 年那樣撤退,或者接受有限的勝利,例如奪取一些小島,或者直接發動全面入侵以占領台灣。

鑒於所有其他選擇(包括下一章討論的選擇)的缺陷與不足,北京當局最有可能取勝的方式也許是全面入侵,以武力迅速控制台灣。畢竟,這正是解放軍幾十年來不斷練兵備戰的目的。俄羅斯原先也計畫於 2022 年 2 月在烏克蘭實現類似的既成事實。但

八二三砲戰期間金門島上的台灣士兵。
圖片來源：約翰・多米尼斯（John Dominis）／生活圖片集（The LIFE Picture Collection）／Shutterstock

烏克蘭人成功擊退了俄軍的主力進攻，並撐過了初期的攻擊，使得俄軍行動陷入長達數年的困局。台灣民眾必須願意並做好準備，應對同樣的情況。

八二三砲戰

解放軍的封鎖，加上對台灣領土的致命性轟炸，很可能是兩棲作戰行動的前兆。台灣在 1958 年 8 月 23 日開始的八二三砲戰中經歷了類似的攻擊，這場持續 3 個多月的戰役，以起始日期命名(這一事件也被稱為第二次台海危機)。金門遭受砲擊攻擊後,由於美國及時干預,解放軍未能占領金門和馬祖這兩個由中華民國軍隊駐守的離岸島嶼。當時,中華民國的軍隊撤退到隱蔽處,而解放軍持續的砲火有效地封鎖了金門,逐漸削弱了守軍。2周後,美國海軍開始護送補給船隊前往金門,為運送關鍵物資和彈藥開闢一條海上安全通道,因為中國不敢對美方率領的船隊開火。

美國還向台灣提供了戰鬥機、武器,甚至兩棲攻擊艦。在金門,有中華民國 85,000 名的陸軍,其中大部分留在碉堡中,而其飛機在距離台灣基地超過 100 英哩的地方作戰。美國和中華民國的海軍船隊也沒有進入解放軍火的砲射程。只有中華民國的登陸艦航行到金門的海灘上,運送砲彈和補給,以繼續抵抗中國的進攻。[8]

幾周後,面臨抵抗增強及彈藥庫存日漸減少,解放軍不得不承認戰事陷入僵局。在美國及時的援助下,台灣的軍隊成功地守住了金門,阻止了中國的侵占。

台灣應從自身歷史經驗中學習,從八二三砲戰中汲取三個相關教訓,以威懾未來解放軍的兩棲進攻,這包括:

1. 敵方地面火力打擊範圍內的國軍部隊必須具備生存能力並受到保護

1958 年,解放軍在金門殺害或摧毀了一些未受地下防空碉堡所保護的台灣部隊,包括一些高階軍官。今日解放軍精確的彈道飛彈和巡弋飛彈已可覆蓋台灣全境,不僅限於近海島嶼。此外,台灣目前缺乏足夠的彈道或巡弋飛彈防禦能力來對抗敵方大量來襲的飛彈。由於攔截裝置有限且昂貴,台灣必須優先保護其領導人、主要城市和重要的基礎設施。

2. 處於敵方地面火力射程內的部隊必須擁有充足的補給和彈藥,以確保能夠持久抵禦敵人的攻擊

如果中國發動攻擊,台灣應該利用漁船,從附近友好國家如日本和菲律賓的集結港口運送所需的糧食和補給品。但如果中國也攻擊盟國領土,台灣可能不得不在更長時間沒有補給的情況下求生存。不管哪種情況,一旦敵對行動開始,把武器運送到台灣將非常困難。因此,台灣應該積極儲備並維持充足的戰時口糧、彈藥和裝備。

3. 海軍和空軍部隊必須來自敵方地面火力射程範圍之外

台灣的軍事港口和停泊船隻將成為飛彈轟炸的首要目標。同樣地,要削弱台灣的空軍,解放軍只需攻擊空軍的核心脆弱點,例如基地的燃料庫和電力中心,或者滑行道和跑道等。快速跑道修復或在公路上降落這類能力和概念不足以應對解放軍的擊殺鏈(kill chain),因為解放軍能在幾分鐘內辨識並定位台灣的攻擊目標。

主要任務:抵抗入侵

對北京的威懾來自美國的干預,而非單靠台灣的防禦。與烏克蘭情況相似,沒有外界的支援,台灣無法長期抵抗遠比自身強

大的敵人。因此，台灣的主要防衛策略應該基於兩個相輔相成的目標：阻止解放軍進行常規登陸，並爭取美國主導的聯盟提供最大支援。就像烏克蘭擊退了針對基輔的攻擊並持續戰鬥一樣，台灣必須能抵禦中國軍隊的進攻，同時，要讓國際社會看到北京當局是軍事侵略者，台灣人民是無辜的受害者。與應對灰色地帶行動一樣，台灣必須維持與外界的連結，這對於爭取國際社會的援助至關重要。

無論美國是否正式承諾在中共發動攻擊時捍衛台灣，台灣軍方的任務仍舊不變，[9] 那就是保護台灣的核心領土及其居民免受北京接管，並在外援到來或中國放棄之前，獨自完成這一任務。如果中國得以在台灣建立據點（例如運作中的海港或機場），國際社會被迫接受和保持克制的可能性將顯著增加。和烏克蘭的情況不同，若無友好鄰國支持，在陸地戰中，台灣的盟國將難以提供安全援助。台灣在國際上孤立且地位未定，加上中國的經濟和軍事實力強大，更可能使他國產生顧慮而不願干預。基於這些原因，台灣軍方必須將阻止解放軍在台建立灘頭堡視為首要任務。

台灣應該做好準備，在阻止敵方登陸行動同時，承受長達 2 個月的飛彈和炸彈攻擊、封鎖、對關鍵基礎設施的網路攻擊、虛假的訊息宣傳以及其他相關威脅。這將讓盟國在政治決策上有 1 個月的緩衝時間，包括對抗假訊息、建立聯盟和動員軍隊。台北應預期由美國主導的軍事行動將額外需要 1 個月的時間，用以逐步突破中國設置的反介入／區域拒止（A2AD）部隊的層層防禦，這些部隊旨在阻止聯盟軍隊接近台灣附近區域。換句話說，美國及其盟國必須從數百英哩外奮力推進。這些行動的性質和持續時間，可能會隨著政治局勢的發展發生變化。例如，美國軍隊的介入可能最初會限制在半隱蔽範圍，包括網路戰、電子戰、長程一次性無人機或水下作戰，以避免戰事升級並導致美國人員涉險。

解放軍發動登陸作戰時，最具威脅的包括兩棲艦艇、登陸艇、空中攻擊直升機和空投運輸機。這些載具將運送先頭部隊實施占領和建立灘頭堡，使後續的解放軍部隊能夠順利進入台灣。即時性的威脅包括數千枚（主要是陸基）彈道和巡弋飛彈、火箭、無人機以及攻擊機，這些武器能夠打擊台灣和澎湖群島並支援登陸作戰。這些是台灣必須對抗的威脅，需要透過源頭打擊前者並避免後者來加以因應。

儘管聽起來有悖常理，但解放軍海軍的潛艇、水面戰艦和航空母艦並不構成直接威脅，因為台灣的主要任務是阻止敵方設立灘頭堡。在入侵台灣的軍事行動中，解放軍將以兩棲合成旅為核心打擊力量，並由其他軍事單位提供支援。[10] 雖然某些海軍單位將直接參與登陸作戰，但解放軍海軍的藍水艦艇（Blue-water vessels，通常用於遠洋航行）的主要任務是執行中國的反介入／區域拒止戰術，阻擋美國及其盟國靠近台灣地區。台灣應該讓美國軍方利用其長程精確打擊武器和先進潛艇的優勢來對付這些藍水海軍目標，而不是將其視為優先打擊對象，因為相關的成本和風險很高。

台灣的部分防衛分析人士認為，將打擊上海或解放軍的航空母艦列為台灣的主要目標之一，能夠對敵人造成心理打擊並削弱其意志。烏克蘭的經驗值得借鏡。從戰略層面來看，這些攻擊並未能阻止普丁，也未能降低他在俄羅斯的聲望，或是削弱他對權力的控制。同樣地，台灣對一個象徵性目標進行打擊只會加劇風險，降低解放軍停火的可能性。因此台灣應該將對中國本土的打擊目標，集中在那些直接支援解放軍登陸作戰的軍事目標上。

在作戰層面上，烏克蘭之所以能夠進行縱深打擊，是因為其面積是台灣的 17 倍，並且擁有安全的後方地區來支持作戰。台灣在土地面積上更像克里米亞（克里米亞的面積是台灣的四分之三），在現代武器時代，台灣本質上是一個單一的作戰空間。為了保持後方的安全，台灣軍隊必須堅決擊退解放軍的登陸部隊，確保對所有台灣和澎湖群島領土的控制。

不對稱防禦戰略

多年來，美國建議台灣採用「不對稱」（asymmetric）防禦戰略，但在定義和能力上並未達成共識。美國通常敦促台灣增加可靠且成本效益高的平台，例如岸防巡弋飛彈（例如從卡車發射的反艦飛彈），增加作戰所需的彈藥供應，以及對訓練和維護的投資。台灣卻主張優先升級老舊的主力平台，包括先進的戰鬥機和直升機、搭載相位陣列雷達和垂直飛彈發射器的艦艇，以及現代化的坦克和履帶式火砲等。

華盛頓方面認為，中國不會因為幾個武器系統展示而受到威懾，而這些系統在衝突中將是令敵人垂涎三尺的打擊目標，因為解放軍在現代化過程中，加強了反制能力，尤其是針對美國以載台為中心的實力投射。多年來，台灣軍方高層否認中國大陸會對台灣發動攻擊，並對美國的警告不屑一顧。比如說，一位台灣陸軍將領告訴美國的聯絡人,大陸人和台灣人是「表親」,因此不會真正彼此對抗,就好像他們之間的內戰從未發生過一樣。¹¹當一位海軍上將被問及,為何台灣進行兩棲作戰訓練時,他辯稱台灣可能需要在南海與越南對抗。當台灣的空軍基地被評估為無法抵擋解放軍飛彈攻擊時,一位空軍將領簡短地回應道,任何有尊嚴的空軍核心組成都必須是戰鬥機,這是毫無疑問的事實。台灣的將領們已經形成了一種世界觀,如果共產政權垮台,台灣的軍隊應該準備接管大陸。因此,台灣不願放棄如坦克、攻擊直升機、空降兵、兩棲突擊和空中預警等戰力的投射能力。

大約在 2019 年左右,蔡政府終於開始將台灣的國防建設轉向更符合美國願景的部隊發展策略。台灣宣布有意購買「刺針」人員攜行式防空飛彈,魚叉反艦飛彈和車載發射器,HIMARS 海馬斯(高機動多管火箭系統)發射器和 MQ-9 Reaper 無人情報、監視和偵察(Intelligence, Surveillance and Reconnaissance, 簡稱情監偵或 ISR)飛機。2022 年以來的烏克蘭戰爭已經證實,這一轉變是明智的。華盛頓和台北現在已就台灣必須發展的能力大致達成共識,不過實施進展慢得驚人,令人擔憂。

基本上,不對稱戰術意味著利用自己的優勢對抗對手的弱點,避免相反的情況,就像《聖經》中年輕牧羊人大衛(David)擊敗了巨人歌利亞(Goliath)那樣。台灣正與一個資源越來越豐富、技術日益先進的對手進行長期軍事競爭。僅僅 30 年前,台灣的 GDP 還超過中國的一半。現在,台灣的 GDP 已不到中國的二十分之一。這種經濟實力的不對稱反映在軍事實力上,台灣也需要相應的不對稱防禦戰略。與此相關的是,根據美國政府的評估，台灣 2022 年的國防開支僅占 GDP 的 1.6%，而中國不透明的國防開支總計，占這個更大經濟體的 3.8%。[12] 台灣在 2023 年和 2024 年將國防支出提升至超過 GDP 的 2%，但應該考慮比例至少與美國相當（GDP 的 3.5%）。防衛台灣的責任不應由美國人承擔得比台灣人更多，增加從美國購買國防裝備，獲取適當的軍事實力，不僅能展示捍衛台灣的決心並增強威懾，還有可能帶來更平衡的貿易關係（2022 年，台灣對美國的貿易順差達到 510 億美元）。

運用不對稱戰術

隨著時間推移，台灣需要盡最大可能發揮其防衛資源的效率。要實現這一目標，台灣領導人必須清晰地表達其優先事項，並使防衛機構著眼於防衛台灣免受解放軍入侵的核心關鍵任務上。本章早前論述，駐守台灣離岸島嶼的武裝力量配備至少應能夠有效抵抗中共的軍事攻占，同時，要承認以解放軍的強大火力，這樣的行動有可能成功。下一章將說明，台灣的灰色地帶防衛應具耐久力，整合無人情報、監視和偵察平台資源，接受「偵察威懾」的概念。[13] 這些是重要但相對低成本、低人力的軍事需求。

台灣軍方也負責外交和災害應對支援任務，但不應專門配置部隊發展資源（例如購置和訓練），來支持實習航行（敦睦艦隊任務）到加勒比海或參與颱風救援行動。這些附加任務應該借助現有的災防部隊來完成。

因此，台灣軍隊的主力應該是專門用來抵禦解放軍的武裝攻擊。與此同時，台灣應利用其民間人才建立全社會的國土防衛機制。這應該包括在各領域中的兼職人員，例如：網路安全（IT人員）、醫療保健（創傷醫學從業者）、航空（飛行員）、物流（卡車司機）和國土防禦（當地社區居民）。

如果資源允許，台北方面還應考慮維持反制打擊能力。如果解放軍沒有對盟國領土使用致命武力，美國可能會避免對中國領土進行打擊，以降低核戰爭升級風險。然而，台灣有正當理由對武裝攻擊做出回應，例如，打擊解放軍沿海指揮控制中心、港內設施和登陸艦艇。

為了達成這個目的，台灣已經配備了數百枚雄風二型（HF-2E）陸基巡弋飛彈，並且將這些飛彈安裝在可移動式的發射車輛上。台灣目前正積極採購陸軍戰術飛彈系統（Army Tactical Missile System，簡稱為 ATACMS），並計畫大量採購其升級版──精準打擊飛彈（the Precision Strike Missile，簡稱為 PrSM）。如果無法在台灣進行轉場行動，軍方也可以先發制人地將駐紮在美國和台灣的戰鬥機重新部署到第二島鏈基地，準備進行空中對峙作戰，也許台灣戰機將是唯一被授權攻擊大陸目標的飛機。為了支持這個選擇，台灣應該在關島的美國基地上大量採購並預置聯合空對地遠距攻擊飛彈（Air-to-Surface Standoff Missiles，JASSM）和長程反艦飛彈（Long Range Anti-Ship Missiles，LRASM）。如果台灣飛機無法重新部署，美軍可以使用這些飛彈來捍衛台灣。

在海底領域，中國已經投資建設了圍繞台灣水域的水下感測器偵測網路。[14] 與此同時，台灣的潛艇技術落後數十年。日本擁有絕氣推進（AIP）潛艇；美國和現今的中國的潛艇還增加了泵噴推進技術。儘管造價極高，台灣最新的潛艇並沒有這些改進措施，因此成為該地區海域內噪聲最大且最易受攻擊的現代潛艇。[15] 借鑒烏克蘭的經驗，台灣應該開發海上無人機，特別是致命的一次性無人機（例如智慧型魚雷），而不是建造更多載人潛艇。

現代的反艦和防空飛彈系統的成本，僅是建造載人兵力投射平台的一小部分。在現代戰爭中，成本曲線對於防禦方更有利，正如烏克蘭所見的。太平洋地區最突出的例子是中國的反介入／區域拒止網路，旨在防止美國的軍事干預。正如人們所預料的，有效射程越短，射彈成本越低，發射器更具機動性（因此更具生存能力）。台灣必須發展自己的反介入／區域拒止網路，配備足夠的移動式短程和中程空防和岸防系統，以阻止解放軍在 2 個月內登陸的企圖。

另外，主動飛彈防禦和全面強化措施的成本，比相應的進攻性彈道和巡弋飛彈能力更昂貴。舉例來說，一枚愛國者反彈道飛彈的成本為 400 萬美元，這比它要攔截的飛彈還要昂貴。因此，台灣的飛彈防禦策略應該主要依賴機動性，因為固定的高價值目標不太可能在解放軍的打擊下倖存，諸如載人飛機和船隻這種較大的平台也會面臨同樣的情況。即使它們沒有在本土基地上被摧毀，也將很容易受到解放軍在台灣周圍海空中密集的 A2AD 武器的威脅。

為了彌補數量上的劣勢，台灣軍方必須利用具有韌性的感測和武器平台，並精準地選擇目標，以達到最高限度的殺傷力。

中國的封鎖行動和火力打擊可能會結合網路攻擊，以及可能的直接行動和第五縱隊（沉睡細胞）的破壞行動，以實現解放軍登陸作戰的三大戰略前提：資訊、空中和海上優勢。在實施調動和打擊的同時，台灣軍隊必須避免或盡量減少中方這些活動對台灣造成的影響，以阻止對方在三大戰略前提上取得優勢。

解放軍資訊優勢包括試圖蒙蔽敵人並干擾通訊。台灣可以透過分散式指揮和控制來開展行動，降低這些行動的影響。如果戰術層級的操作人員擁有內建的情報、火力和交戰授權，他們可以在近距離內識別和清除符合特定預設特徵的作戰力量（例如登陸部隊）。為了更有效地利用不對稱優勢，台灣不應試圖取得空中或海上的優勢，即使是在有限時間內，因為這樣做的成本和風險遠高於僅僅阻止解放軍在這些領域擁有行動上的自由。延伸式阻絕作戰的核心，在於擁有大量致命的、分散的，和具生存能力的防空和反艦飛彈。

台灣戰爭規畫人員還應該清楚了解，其防禦計畫的「戰力保存階段」在戰爭停止前不會結束。例如，停泊在東岸隧道內的飛機將在整個戰鬥期間無法使用。相反地，台灣的部隊應有心理準備，一旦暴露就可能被解放軍火力壓制，還應接受自己成為「防區內部隊」（stand-in force）的角色。如果戰爭擴展到該地區，美軍在日本西南部和菲律賓北部的部隊也將扮演「防區內部隊」角色。其餘的美軍和盟軍部隊將從更遠的距離推進，並從安全距離介入衝突（詳見後文）。

因此，台灣的訓練計畫應該加強與美國海軍陸戰隊和特種部隊的作戰互通，這些部隊中的任何一支都可能在事前派遣到台灣，擔任防區內部隊或顧問的角色。台灣的 F-16 戰機已透過在亞利桑那州的日常訓練和演習，在很大程度上達到與美方操作互通，並且在突發情況下，能夠參與遠距離作戰行動。作為防區內的國土防衛力量，台灣其他軍事部隊只需與美國及盟國軍隊協調，以避免友軍誤射事件。台灣應該專注將火力集中於近海，避免針對公海進行攻擊。美國不會與台北協調敏感的潛艇作戰行動，因此，台灣應避免在其沿岸水域以外的海底進行此類行動。

綜上所述，台灣的主要任務並不需要攻擊解放軍的遠洋海軍船艦。例如，台灣可以將其人力操作武器平台保持在 12 海浬的領海範圍內，將火力限制在 40 海浬內，並攻擊中國大陸領土範圍內的目標。盟軍部隊可以依此進行協調，以化解衝突。

軍事力量結構改變的建議

台灣的國防機構應加快採購步伐，在未來兩年內達到以下作戰能力（按重要性排序）：

1. 超過 4,000 枚人員攜行式防空飛彈（例如，「刺針」飛彈）
2. 200 輛以上的移動式短程防空車輛，每輛裝備 3 組飛彈補充彈藥（例如，移動式防空統合系統〔MADIS〕、復仇者／刺針飛彈系統〔Avenger/Stinger〕、捷羚防空系統／天弓 1 型〔Antelope/TC-1〕）
3. 40 套以上的反無人機、反火箭砲、火砲及迫擊砲系統，每套裝備 10 次彈藥補給（例如，中程攔截能力系統／天空獵者〔MRIC/SkyHunter〕、鐵穹〔Iron Dome〕、塔米爾飛彈〔Tamir〕）
4. 200 輛以上移動式中程防空飛彈車輛，每輛裝備 5 次彈藥補給（例如，NASAMS 高機動發射器／AMRAAM、移動式天弓二型〔TC-2〕）

5. 超過2,000枚人員攜行反裝甲飛彈，適用於對付登陸艇(例如，標槍飛彈)
6. 200輛以上的移動式岸防巡弋飛彈車輛，每輛裝備3組飛彈補充彈藥（例如，高速巡航防禦系統〔High-speed Cruise Defense System，HCDS〕、海軍陸戰隊遠征艦艇攔截系統〔Navy Marine Expeditionary Ship Interdiction System，NMESIS〕、雄風二型反艦飛彈〔HF-2〕）
7. 超過2,000架小型、可消耗、智慧型的無人飛行器系統（UAS），協助尋找和識別重要的解放軍海軍部隊運輸目標
8. 超過1,000架小型、可消耗、自主表面/水下無人機，用於瞄準泊於中國港口和移動中的兩棲運輸艦
9. 足夠的步槍、手槍和彈藥，以便每位軍事、後備軍人和民防部隊成員都能獲得緊急取用的個人武器，並進行定期功能檢查和射擊測試。
10. 50套以上移動火箭發射器（例如：高機動性砲兵火箭系統〔High Mobility Artillery Rocket System，HIMARS海馬斯〕、雷霆2000多管火箭系統〔RT-2000〕），彈藥量超過1,000發用於海灘防禦的精確武器（例如，導引式MLRS火箭彈〔Guided Multiple Launch Rocket System，GMLRS〕）以及1,000多發用於打擊大陸軍事目標的精準武器（例如，陸軍戰術飛彈系統〔Army Tactical Missile System，ATACMS〕、精準打擊飛彈〔Precision Strike Missile，PrSM〕）
11. 高達200架具有反艦和防空識別及瞄準能力的戰鬥機（例如，F-16蝮蛇戰鬥機〔F-16 Viper〕）
12. 90艘以上的200噸級飛彈快艇（例如，光華六號飛彈快艇）
13. 36艘以上的600噸級飛彈巡邏艦（例如，沱江級飛彈巡邏艦、安平級巡防救難艦〔安平PGG〕）
14. 25架以上的中高空長航時海上監視無人機(例如，死神無人偵察機〔MQ-9 Reaper〕)
15. 用於低空空中監視的浮空器雷達系統
16. 購買衛星監視數據服務
17. 購買低軌道衛星網路通信服務
18. 美軍在第一島鏈外擁有的300多枚長程空對地巡弋飛彈，供台灣戰鬥機重新部署使用（例如，存儲在關島的聯合空對地遠距攻擊飛彈〔Joint Air-to-Surface Standoff Missile，JASSM〕）

19. 美軍在第一島鏈外擁有的 100 多枚長程反艦巡弋飛彈，供台灣戰鬥機重新部署使用（例如，存儲在關島的長程反艦飛彈〔Long Range Anti-Ship Missile，LRASM〕）

結論

為了最大限度地提高戰場生存能力、殺傷力和可持續性，台灣應該擁有數百種武器平台和數千枚飛彈。理想情況下，這些武器平台應基於陸地（或者沿海），並具有高度機動性。發射平台應該在複雜的地形中運作（避免開闊的田野和水域），並且在開火後幾分鐘內轉移到掩護位置（即「打了就跑」戰術）。感測器應經常移動，尤其是在發射信號時。在台灣的城市和山地地形中，堅固的輪式移動平台比重裝甲的履帶式車輛更具靈活性。

台灣軍隊對其有限武器的戰術使用必須冷靜高效率，首要針對解放軍的載人飛機和海上部隊運輸。數百座燃料庫、武器庫和彈藥庫應分布在整個島嶼上，設在受保護的碉堡、洞穴和建築物中。台灣防空部隊應獲接戰授權，這也是不建議在台灣上空進行友軍支援空中作戰的另一個原因。反艦飛彈部隊應使用戰術無人機協助定位並識別優先的海上目標。如果解放軍試圖進行登陸作戰，數百名步兵應隨時準備使用反裝甲武器（如標槍飛彈）瞄準登陸艇，並在運輸機和直升機接近海灘時使用防空飛彈（如刺針飛彈）。

為了有效的實施威懾，必須使北京當局相信台灣在緊急情況下能夠並且會進行相關作戰部署。北京擁有強大的情報能力，可能對台灣的軍事實力和潛力有非常準確的評估。只靠性能良好的武器平台和單純的作秀式聲明是不夠的，只有真正建立作戰能力，包括所有作戰準備元素如人員、訓練、維護、零件、彈藥、後勤等，才能實現威懾效果。為了避免衝突，台灣必須願意且有能力在持續的戰鬥中有效地作戰。

數十年來，中華民國陸軍以裝甲機動旅為核心，海軍以水面作業的隊伍為主，空軍則以戰鬥機為主。然而，這些都不足以抵禦一個在能力和數量上具有優勢、且一意孤行的鄰近攻擊者。所有具可信度的兩岸衝突分析都指出，未來解放軍可以在幾天內摧毀或使台灣大部分的重要軍事設施癱瘓。如果台灣的領導人仍舊將這些大型平台視為防禦力量的核心，那麼一旦這些平台在遭受攻擊後迅速癱瘓，將極大地損害部隊和民眾的軍心士氣，這幾乎可以確信意味著失敗的結果。相反地，新上任的台灣政府應該根據前一章描述的方式推廣全新的軍事文化，採納本章列出的可行戰時防禦戰略，並根據下一章提出的建議，調整其灰色地帶作戰的防禦策略。

第 6 章
反制中國的灰色地帶作戰
簡以榮

當蛇想要吞食獵物時，會先讓獵物沾滿唾液。
　　　　——溫斯頓・邱吉爾（Winston Churchill），1936 年

　　在中國政府決定起草並實施《國家安全法》，終結對香港「高度自治」承諾的幾乎整整 2 年之後，一位中國高階外交官在香港主要的英文報紙上發表了一篇專欄文章。那是 2022 年 5 月，尚未擔任外交部長的秦剛在《南華早報》上發表文章，其目標讀者不是前英國殖民地的民眾，而是台灣人民。

　　秦剛告訴他的讀者，雖然北京將盡最大努力實現「和平統一」，但「並不承諾放棄使用武力」，來威懾「『台獨』分子和外部勢力干涉」。[1]

　　他以綿裡藏針的方式，說起一位來自台灣的健身教練。這位健身教練在中國成為網紅，有數千萬粉絲跟隨他的直播健身。秦剛似乎在說，數位統一不必等待政治統一，「大陸的社群媒體應用程式深受台灣民眾喜愛和使用。」

秦剛寫道,「促進和平統一和不放棄使用武力,如同一個硬幣的兩面。」雖然,秦剛在 2023 年的夏天,被最高領導人習近平神祕清算後,至今音訊全無。但是,他的這句話仍然恰如其份地說明了北京的對台策略。

　　前一章節討論了中國可能使用武力的情況,而這一章要談的,則是秦剛所講的「硬幣的另一面」:中國對台灣採取的非武力方案,包括引誘、恐嚇和壓制台灣。本章將探討一系列步驟,從資訊戰、經濟誘惑,到長期的空中及海上封鎖。另外,本章還提供了反制策略以對抗中國共產黨的這些手段,該策略以耐心和全局觀為原則。具體來說,台灣應該專注於取得最新的技術工具來阻擋網路入侵,以及對抗錯誤和虛假的訊息;調整關於中國空中和海上侵犯行為的敘述方式;獲得持久的情監偵(ISR)能力;並加強長期封鎖下的忍受能力和對外聯繫能力。

　　當然,值得強調的是,中國方面積極的灰色地帶行動仍未能使台灣人民相信,與中國的政治統一將對他們更有好處。但台灣人民不應因此而自滿,因為北京會不斷尋找新方法來達到「不戰而勝」的目的。但這也凸顯了一個不幸的悖論:台灣必須繼續抵制中國的非武力手段。而中共越是對灰色地帶行動的成功失去信心,就越可能不得不採取軍事行動。在前一章已討論過台灣應該緊急採取的步驟,以威懾或挫敗中國的軍事入侵。

資訊戰

　　中共正對台灣發起一場多面向的網路與資訊戰,利用虛擬和人際網路，透過知情和不知情的台灣代理人，在台灣大量散布假訊息並擴大傳播錯誤訊息。[2] 毫無疑問，台灣媒體和網友的辨識力已有所提升，但仍有一些令人擔憂的言論會滲透進來。例如，在 2023 年 7 月，一家主要的台灣報紙發布了一系列假訊息，聲稱美國要求台灣政府協助開發生物武器。[3]

中國也在濫用台灣對言論自由的保護。這些間接受到中國資助的媒體（即因支持中國立場而在中國獲得優惠待遇的台灣企業）在台灣媒體中有相當大的影響力。[4] 尤其是在野陣營（泛藍）的媒體，經常有意放大批評美國的言論或支持北京的敘事。在一個罕見的案例中，台灣的廣電主管機構（即國家通訊傳播委員會）於 2020 年拒絕了親中媒體中天新聞的換照申請。[5] 然而，作為台灣重視言論自由的佐證，這一事件是個例外：政府關閉一個電視頻道引發了公眾強烈反彈，最終導致一項修正草案（即《衛星廣播電視法》）胎死腹中，**該草案原本旨在要求社交媒體平台和網站對內容準確性承擔更大的法律責任**。[6]

同時，重要的是不應誇大中國資訊戰的影響，因為北京時常搬石頭砸自己的腳，反倒削弱這些影響。例如，習近平在 2019 年 1 月關於兩岸關係的談話中，堅持認為備受懷疑的「一國兩制」方案必須用於台灣，這在台灣幾乎引起了全體人民的一致反對。那年夏天，北京鎮壓香港的和平民主抗議活動之後，一項關於台灣統獨問題的民意調查顯示，支持獨立的比例顯著上升，而支持統一的比例則相對下降。[7] 台灣人對國家認同的態度有著代際變化，進一步增加了北京所面臨的挑戰。

事實上，中國的宣傳和影響力行動並未減緩、更不用說扭轉台灣認同不斷加深的趨勢。[8] 因此，雖然大多數台灣人不主張正式宣布獨立，以免激怒北京，但他們越來越認為台灣是獨立於中國的國家。[9] 這引起了北京的警覺，便開始採取更多威脅手段，並減少對台灣的經濟讓利政策。例如，在 2023 年 10 月，中國大陸的省級稅務和土地使用部門對台灣電子製造商富士康的兩家工廠進行了稽查，顯然是為了迫使富士康創辦人郭台銘退出台灣激烈的總統選舉。

儘管如此，台灣仍須對中國的資訊戰保持警惕。中國很可能在 2024 年及以後擴大其影響力行動。習近平政權某些拙劣的對台活動更可能是由於中國政治戰不盡有效，而不是因為台灣內部固有的韌性。無論如何，中共支持的，或與中共口徑一致的假訊息正在台灣擴大影響力，其程度著實令人擔憂。因此，在不斷變化的訊息環境中，特別是隨著人工智慧驅動的深度偽造和演算法技術的成熟與普及（相關案例已在台灣出現），台灣應持續與其他開放社會合作，分享關於威脅的成因和趨勢的訊息，以及最佳因應手段，以對抗中共的政治作戰。[10]

為此，台灣在 2022 年成立了數位部（Ministry of Digital Affairs，MODA），旨在協調政府和非政府組織的努力，以共同對抗假訊息。在成立的第一年，數位部與許多民主國家、地區及親民主組織進行了交流，包括美國、英國、歐盟、以色列以及幾個多邊組織。[11] 台灣應該對來自中國的雲端基礎設施和社交媒體供應商實施禁令，就像十年前對華為和中興的電信基礎設施所做的那樣。雖然這種限制不是萬靈丹，卻能增加台灣政府對數據和演算法的信心，因為數據和演算法能左右民眾所接觸的媒體內容。台灣也應該加強與非中資的私營平台合作，標示並減少推送中共散布的、具爭議性和煽動性的假訊息。

網路攻擊

台灣數位部同樣負責台灣對網路攻擊的防禦與應對。它實施了多項防禦網路攻擊的措施，例如在2022年8月美國眾議院議長南西・裴洛西訪台後發生的相對輕微的網路攻擊。[12] 為了更有效地抵抗中國的行動，台灣必須在所有政府機構和關鍵基礎設施中強化網路安全標準，否則將是嚴重的疏失。2022年的駭客攻擊證明中國的網路攻擊能力，能夠嚴重干擾或損壞台灣的關鍵基礎設施及軍事設施。

但到目前為止，北京並未頻繁在灰色地帶作戰中展現最強的網路攻擊能力。畢竟，高調的網路攻擊會暴露中國的實力，並可能危及未來的行動節點。台灣政府還會就此類攻擊譴責北京，這將加強國內外對中國的反對聲浪，正如在裴洛西訪問後發生的軍事行動和網路攻擊一樣。[13] 因此，北京正在網路領域靜待最佳時機，積累情報蒐集能力，為未來的網路破壞布局。

台灣應積極防範灰色地帶行動的各種試探，因為中國可能會利用這些活動獲取訊息，以協助未來的攻擊。為此，台灣數位部應發起成立一個類似烏克蘭公民組織「資訊科技軍」（IT Army）的志願性團體，該團體不僅能協助關鍵網路防禦，還能在需要時，召集專業志願者參與攻擊行動。[14] 此外，台灣應邀請美國網路國家任務部隊（US Cyber National Mission Force）在全台灣的政府機構、關鍵基礎設施和產業網路中展開防禦性的「前進追捕」(Hunt Forward) 行動。[15] 這種行動要求台灣政府和軍方官員充分信任美方同僚，就如同願意把自家鑰匙交給對方。面對中國強大的網路攻擊力量，急需採取特別措施來增強台灣在這方面的抵抗能力。

經濟上的威逼利誘

中國的資訊戰與經濟戰相輔相成，兩者經常交替使用。中國會對跨國公司施壓，要求它們與其維持一致的政治立場。這一點萬豪 (Marriott)、達美航空 (Delta) 和美國職業籃球協會 (National Basketball Association，NBA) 近年來已深有體會；台灣企業則面臨更大的壓力。中共威脅有支持民進黨嫌疑的台灣企業在中國的子公司，並處以罰款，卻向那些遵循中共路線的企業讓利。[16]

中共代表也支持那些願意附和北京觀點的台灣地方官員，為他們的選民提供投資和商業交易機會。與此相對，北京選擇性地檢查來自民進黨執政縣市的產品和生產者。例如，在得知裴洛西訪台後，北京暫停了超過 2,000 種台灣食品的進口。

當然，經濟脅迫也可能產生適得其反的效果。儘管會造成立即性的痛苦，但長期的經濟制裁會促使台灣生產商降低對中國的依賴。而且，沒有任何證據顯示中國的經濟脅迫會使台灣選民心向北京。事實上，社會趨勢正持續朝著相反的方向發展。

10 年前，當時執政的國民黨與北京進行了祕密的服務貿易協議談判。這項協議將使台灣經濟的大部分行業對中國開放。國民黨政府意識到這項協議會遭到反對，試圖在未經公開審查的情況下，強行推動立法機關通過審議，引發了太陽花運動。學生抗議者占領了立法院長達 24 天，對該協議和國民黨的民意支持度造成了沉重打擊。

自 2016 年民進黨執政以來，台灣採取了不同的發展路線。根據新南向政策（New Southbound Policy，NSP），台灣政府推行經濟多元化策略，鼓勵台灣投資者進軍南亞和東南亞，同時限制與中國大陸的商業往來，特別是在關鍵的半導體產業。這些成功的政策在疫情和更廣泛的地緣政治趨勢影響下得以推動，已減少了中國與台灣的雙邊貿易和投資。[17]

台北應加強經濟多元化，並更有效地與東南亞海洋國家協調，駁斥中國聲名狼藉的南海「九段線」主張（如今為十段線），支持自由開放的印度—太平洋願景及國際法。這些主張源自中華人民共和國成立之前就有的中華民國地圖，這些地圖現在台灣存於檔案中。台北方面可根據 2016 年海牙常設仲裁法院的裁決，闡明其海洋主張，並引用這些地圖的相關內容。該裁決認為，中國在九段線內的歷史權利及資源主張缺乏法律依據。台北方面應該公開接受該裁決，包括由台灣管理的南海地區太平島（Itu Aba）不延伸專屬經濟區。這樣一來，台灣將與國際法接軌，進一步削弱中國的非法海洋主權聲索。最終，台灣甚至可以考慮放棄對東南亞國家所占據的南海島嶼的領土主張。

空中和海上挑釁

解放軍進行的許多空中和海上活動,可以視為政治信號。這通常是北京對美國在東海和南海行動的回應,意在顯示堅定的決心。這些信號同樣針對日本、台灣、菲律賓,以及對有爭議海域提出主權主張的國家(聲索國)。中國在台灣領海(自領海基線向外延伸 12 海浬之海域)以外的活動屬灰色地帶政治作戰,與直接攻擊關係不大。

因此,台灣應準確理解解放軍的海空巡邏及演習。這些活動對台灣並未構成實際威脅,特別是與北京的對抗打擊能力相比。以解放軍火箭軍為例,它擁有數千枚具備精確打擊能力的彈道飛彈,能夠覆蓋台灣島上的任何地方。解放軍陸軍同樣擁有大量低成本、導引式的短程火箭砲彈(也就是短程彈道飛彈)。由於距離較短,對台灣來說,這些陸基武器和解放軍艦艇、戰機所帶來的監測及預警困難度不相上下。此外,在突襲時,解放軍空軍轟炸機和海軍艦艇會從數百英哩外發射巡弋飛彈,避開台灣的防禦系統。

媒體對中國侵入台灣防空識別區(Air Defense Identification Zone,ADIZ)以及所謂中心線的過分專注,實際上是誤導且無助於理解當前局勢。這兩項控制措施是為過去的時代設計的,並且從未獲中國承認。台灣冷戰時期的防空識別區大約涵蓋 400 海浬,幾乎覆蓋了從山東半島到海南島的距離的一半。此外,台灣仍然將其防空識別區的一部分畫在中國領土上,顯然不合時宜。台北主張北京應該尊重台灣的防空識別區,儘管對台灣與中國的防空識別區有重疊卻視而不見。

在 2019 年 9 月，台灣國防部開始公布解放軍的共機擾台，這些事件主要發生在台灣防空識別區的西南角。台灣軍方可能視這些行動為對其在位於更西南的東沙島（Pratas Reef）部隊的威脅。因為東沙島和防空識別區的西南角更接近中國，難以界定這些解放軍的行動屬於「入侵」行為。此外，這一區域超出了台灣戰鬥機的作戰範圍，如果緊急出動去保衛東沙島，台灣戰機只能在那裡盤旋幾分鐘。而解放軍戰機則可從更近的地點出動，並能在空中進行加油。

台北的非正式海峽中心線也源於冷戰時期。這條線是美方軍機活動的西部界線，而根據防衛條約，美方軍機並沒有義務保護台灣的離岸島嶼。直到 2004 年，隨著解放軍擁有更多現代化的戰鬥機，台北才明確將中心線定義為中國的禁航區。[18] 台北所說的中心線同樣有不合理的地方：東北端正好位於解放軍的防空識別區內，而西南端到台灣的距離兩倍於到中國的距離。[19] 解放軍飛機經常飛越中心線的邊緣，通常是為了回應美國及其他外國海軍在菲律賓海上的行動。

我們的建議：汰換與轉讓

在不犧牲因應各種對抗及衝突所需能力的情況下，充分利用部隊組織結構和資源。

1. **放棄兩棲攻擊能力**：在任何實際的緊急情況下，台灣都不需要進行搶灘登陸。台灣海軍應該讓所有老舊的美製兩棲艦除役，並取消對額外本土玉山級船塢運輸艦的採購，只保留 1 艘新的玉山級船塢運輸艦。
2. **除役裝甲部隊**：裝甲部隊適合在開闊地形發揮作用，台灣陸軍應讓所有的舊型裝甲除役，只保留 108 輛新的 M1A2 坦克；而台灣海軍陸戰隊也應讓所有舊型裝甲除役，僅保留 90 輛新的 AAV-P7 兩棲突擊車。
3. **轉移和汰換海上作戰艦艇**：台灣海軍應將拉法葉級（Lafayette Class）巡防艦轉移給海巡署，並用額外的岸防巡航飛彈系統（CDCM）和更多的 200 噸及 600 噸級飛彈快艇，取代這些艦艇以及最近退役的諾克斯級（Knox class）巡防艦。
4. **汰換有人駕駛的飛機**：台灣的戰鬥機應該用於台灣的點防禦。台灣空軍應讓幻象（Mirage）2000 戰鬥機和 E-2 空中預警機除役，以騰出部隊編制，增加無人駕駛、機動防空以及繫留式氣球監測系統。
5. **汰換反潛直升機**：台灣海軍應讓 S-70C 海軍反潛直升機除役，改為使用 P-3 反潛機和更多 MQ-9 死神無人機進行海上巡邏和監測。
6. **汰換潛艇**：台灣海軍應該讓 4 艘海獅級（Guppy）和劍龍級（Zwaardvis）潛艇除役，並取消所有新潛艇的採購，只保留一艘新的海鯤號（Narwhal）本土潛艇。台灣海軍應該改為投資無人水下潛艇和一次性海上無人機，汲取烏克蘭的經驗和教訓。
7. **調撥運輸機**：台灣空軍應該把 10 架或更多的 C-130 運輸機轉移給空中勤務總隊，定期向南海太平島和東沙島的台灣海岸巡防隊據點提供補給。

　　這段中心線的中間帶與台灣的重要戰略節點，如台北港和台灣最大的機場，相距不到 40 海浬。2020 年，中國 2 次越過中心線中段，2 次都發生於美方高層官員與台灣總統會晤的時候，意在傳達明確的政治信號。遺憾的是，這種威脅性高但不算頻繁的中心線越界事件被大量無威脅活動所掩蓋，例如在台灣百餘英哩外中國沿海上空漂浮的觀測氣球。[20]

　　整體而言，中國的灰色地帶策略並未奏效。與 10 年前相比，台灣社會可以說已經難以由於被利誘或脅迫而與中國政治統一。[21] 因此，更有效的應對策略可用兩個詞概括：耐心和遠見。

具體而言，台北應專注於透過資訊行動施行威懾，加強監控能力，並為可能發生的封鎖或隔離做好準備。

透過訊息戰進行威懾

台灣不可能以對稱方式，戰勝中國的灰色地帶行動。有人說台灣能透過增加戰鬥機攔截和水面艦艇巡邏來威懾解放軍的海空「進犯」，此論調不僅令人難以置信，而且誤解了解放軍挑釁的真正目的。由於雙方的軍事力量明顯不對稱，解放軍能持續增加出動次數，並在遇到挑戰時信心滿滿地將行動升級；而台灣卻仍然處於劣勢和資源不足的困境。台灣與解放軍在公海上進行的任何直接交鋒幾乎必然會以中國的「勝利」告終，台灣不是選擇退讓，就是在小規模衝突中遭到中國「教訓」——這都是北京的軍事或政治領導層能所接受的最低底限。

如果台灣對中國在海上的霸凌行為做出武力回應，解放軍將會持續升級對抗，北京甚至可能決定占領東沙群島或某個離島。這樣的行動可能在數小時內結束，並可能導致台灣領土的永久喪失。更糟的是，隨著解放軍不斷現代化，中國領導層可能會在戰術上更加激進。與此同時，習近平可能會更加願意進行戰略升級，下令全面入侵。台灣領導人絕不能給習近平提供進攻的藉口，因為不論事實如何，北京都會說是台灣先發動攻擊。

在公海和國際空域試圖以對稱方式對抗北京的軍事力量，無論是從噸位還是從品質來看，都是對台灣有限資源的濫用，並可能產生適得其反的結果。北京樂於聽到台灣軍方呼籲增加戰鬥機和巡防艦以「威懾」和「防禦」解放軍的灰色地帶作戰行動,因為這樣將分散台灣的有限資源,使其不能全部用於即將到來的真正戰鬥。從客觀的角度來看,台灣的防衛規畫者應當記住,解放軍的陸基飛彈威脅所帶來的死亡與破壞,遠超過所有解放軍戰鬥機、轟炸機和水面艦艇的總和。

那些認為台灣民眾必須看到更多新型先進平台才能對自己軍隊有信心的人,實際上低估了台灣人民的智慧與見識。民調一再顯示,民眾對台灣軍隊與解放軍正面交鋒的前景缺乏信心。台灣前參謀總長李喜明及其不對稱作戰的創新理念受到廣泛支持,這代表許多台灣人更傾向於接受一種切實可行且具成本效益的國防策略來捍衛家園。[22]

因此,台灣政府應以同樣灰色的方式回應解放軍在灰色地帶的政治戰,而不是在公共領域直接與之對抗。軍方應持續發布解放軍的活動消息,但如前所述,這些內容不應涉及防空識別區和中心線。台灣已明智地降低了戰鬥機攔截的範圍標準以節省資源,但也應協調訊息傳達口徑,以削弱解放軍政治作戰的影響。正如攔截行動未能威懾解放軍在台灣周邊日益頻繁的活動,對解放軍演習危言聳聽的報導只會放大對手的聲音,並附和中共所宣揚的「抵抗無用論」。

進一步說,對中國在公海的軍事活動提出挑戰,無論在法律上還是規範上都難以成立,尤其考慮到美國及其盟國在公共領域的行動。台北不應該抗議解放軍那些在地理和軍事上並不構成威脅的「侵犯」行為。[23]強調這些情況只會分散民眾的注意力,使其對真正的威脅感到麻木。因此,國防部應在說明解放軍的活動時，使用台灣的官方海域邊界圖。此地圖並未顯示防空識別區或中心線，但清晰畫定了台北的領土基線和領海。這是台灣必須防衛的關鍵、現實且合法的區域，與《台灣關係法》所涵蓋的領土相符。這個中心區域涵蓋本島與離島，包括西方的澎湖群島、北方的彭佳嶼和東南方的蘭嶼，但不包括中國沿海和南海的外島。[24] 在這種背景下，國防部關於解放軍活動的報告將能夠提供更有用的公開資料，說明解放軍威脅台灣主權領土的方式和時間，以及威脅的演變趨勢。

台北還可以參考美國、日本和韓國等友好國家的政策和訊息。美軍在進入中國和台灣的防空識別區時，並不會提前告知中國或台灣。美國並不要求過境的外國軍機遵循美國的防空識別區程序，而日本比美國更加克制。解放軍飛機高頻率進入日本的防空識別區，但日本並未公開這些侵犯事件。[25] 值得一提的是，美國、日本及其他盟國的軍機經常在中國的防空識別區內執行任務，中國同樣不會強調這些「侵犯」事件。相反地，東京會公開報導中國政府進入尖閣諸島（即釣魚台列嶼）周邊鄰接區和領海的特定事件，而這些島嶼由日本所管轄。[26] 儘管近年來韓國與中國的「中心線」也經常遭侵犯，首爾卻選擇不公開這項經常性變化，或許是因為他們認為抗議會顯得軟弱。

透過偵測進行威懾

解放軍在國際水域的演習和巡邏不會對台灣的軍事、人民、領土或繁榮構成威脅。然而，如果台灣軍方的艦船或飛機靠近中國艦船和飛機,確實增加了意外衝突升級的風險,並增加故意升級的機會。透過減少攔截及其他對稱反應,並重視及早、準確和詳細的情報蒐集,可以降低這兩種風險。因此,台灣應將「和平時期競爭」由周期性、成本高昂的軍力投射平台,轉為持久、低成本的監控平台。

「偵察威懾」的概念指建立一個由重疊責任區組成的監測網路,合作夥伴在多個領域中持續運用各種平台和感測能力。[27] 台灣應該努力成為西太平洋盟國 ISR 網路的重要一環。為此,台灣必須獲取並部署未來的監測能力,而不是過時的技術和設備。台北也應該考慮如何取得這些能力。在可行的情況下,台灣應選擇使用「數據即服務(Data as a service,DaaS)」或租用硬體,而不是購買新的設備。上述選擇能有效縮短採購時間、降低人員訓練需求及升級成本,並為使用者提供更大的靈活性。這些選擇還能讓台灣獲得敏感的先進技術,合作夥伴可能因反情報、智慧財產權或政治考量而不願直接轉讓這些技術。

舉例來說,除了從美國獲得少數 MQ-9 死神無人機外,台灣應該租用更多的空拍無人機,以達成持久的海域感知,並藉助台灣的 P-3 機隊來增強能力。擁有更多加長續航時間的平台,將能擴大監測覆蓋範圍,並提早預警時間,有助於提升威懾效果。裝載合適的傳感器設備,死神無人機可以執行反艦和反潛作戰的監視任務,包括投放聲納浮標。[28] 台灣應該投資建立一個長續航(以月為單位,而不是小時)的水面無人機網路,以便為空中平台提供偵測和目標引導功能。[29]

在這兩種情況下,選擇購買數據和操作控制權,而不是硬體和訓練,將使台灣能更輕鬆地與美國及其盟國協調執行監視任務。由美國承包商擁有並經營的 ISR 平台可以在台灣、日本、菲律賓、關島運行,也可透過某種組合的方式運行。這將有效增強威懾,因為中國在干擾或攻擊這些資產時,必須考慮對第三方的影響。

在空域方面,台北的每日防空識別區報告顯示,台灣可以利用其地面系統輕鬆偵測、識別和追蹤解放軍的飛機。台灣還需有效偵測超視距的直升機及可觀測低空飛行目標,如巡弋飛彈和小型無人機。台灣應該採購多套先進的繫留式氣球(浮空器)監測系統,以填補這一關鍵的監視漏洞。與空中早期預警平台相比,這些系統成本更低,而且更能持久。為了獲得持續的空基 ISR 覆蓋,包括對解放軍飛彈的預警和追蹤,台灣也應該有可提供數據即服務的衛星業者。

為應對封鎖或隔離做好準備,也是一種威懾

至此,本章主要討論了灰色地帶行動的低階方案。然而,中國在非動能(非物理殺傷)方面還有高階方案。封鎖是最激進的選擇,北京可能透過多種方式來壓制台灣,包括全面實施空中和海上的封鎖,並同時發動具破壞性的網路和電子戰攻擊。中國也可能對特定類型的船隻或貨物實施部分封鎖(即隔離),這可能包括在海上進行檢查或要求改道至中國港口。

不論北京選擇哪種方案,封鎖和隔離都屬於域外經濟制裁,正如聯合國對北韓、美國對伊朗所實施的制裁。無論是哪種情

況,軍事強制手段從未取得太大的成效。

與上文討論的解放軍灰色地帶作戰策略一樣,台灣在面對中國的封鎖或隔離時無法取得軍事上的「勝利」。台灣若試圖用海軍力量突破封鎖,可能會引發實質衝突——這將為中國提供了使衝突升級的藉口。再者,北京擁有軍事優勢,不會在與台灣的對抗中退縮。正如上一章所討論的,北京在未完全準備好發動入侵之前,不太可能會實施封鎖。

同時,我們不應低估北京試圖封鎖台灣時,所面臨的挑戰和權衡。舉例來說,實施有限的隔離會使北京付出政治和經濟代價,但不一定能迫使台灣屈服。畢竟,如果某些民用飛機或船隻可以自由進出台灣,中國就無法檢查或控制乘客和貨物。所以,只要飛機能在台灣和日本西南部之間頻繁往返,台灣的半導體產業將能夠保持相對的財務穩健(這與 1948 年至 1949 年期間柏林空運的情況相似)。

相反地,如果中國發起全面的空中和海上封鎖,試圖囚禁和餓死台灣境內 2,350 萬自由的民眾,它將不得不面對國際上的政治反彈。任何封鎖行動都將對全球貿易體系的合理性、正當性構成挑戰,因為該體系將台灣視為一個獨立的經濟體。同時,北京必須對困在台灣的數十萬外籍人士負責。封鎖的時間越長,北京在家庭分離、醫療照護及其他人道關切方面,所承受的國際壓力就越大。

對台灣進行海空全面封鎖,還將造成全球晶片供應短缺,而晶片是全球供應鏈中不可或缺的產品。由於台灣在全球經濟中有著不可替代的地位,全球範圍的半導體存量短缺將使中國面對越來越多的國際譴責。因此，儘管台灣世界領先的半導體製造產業無法威懾中國入侵，因為中共早已決定讓中國與自由世界在經濟上迅速脫鉤，但台灣的「矽盾」（silicon shield）確實能有效阻止解放軍某些相對持久但不那麼激烈的行動，如封鎖或隔離。

從軍事角度來看，實施封鎖將給解放軍和中國海警帶來壓力。要在台灣領海外對多個港口和航道實施海上封鎖或隔離，中國必須長期投入大量的海上力量。空中封鎖幾乎無法實施，因為戰鬥機需要攔截來自東方的飛機。解放軍需要部署大量飛機，包括加油機，進行長距離飛行，以確保空中戰鬥機的全天候巡邏，這將消耗龐大的資源並迅速降低戰備能力。只要沒有空中封鎖，盟軍的運輸機可以毫無阻礙地從沖繩飛往台北，而中國的航空母艦能力則仍需數年的時間才能應對這一挑戰。

隨著時間的推移，持續封鎖或隔離在政治、經濟和軍事上將越來越困難，中國只有在確認如下兩點情況才會採取這一措施：台灣不太可能挑戰封鎖，且可能在幾周甚至幾天內屈服。因此，為了阻止中國的封鎖，台灣必須毫不含糊地展示其抵抗的能力、決心以及耐力。

應對封鎖措施

雖然基於上述原因，封鎖的可能性不大，但台灣仍需為這種突發情況做好準備。值得慶幸的是，這些準備同樣能有效抵禦全面入侵，因為全面攻擊將伴隨著嚴厲的封鎖措施。在封鎖或隔離下，台灣的主要目標是生存和保持對外聯繫。為確保與外界聯繫，台灣應該投資多個美國及盟國的低軌衛星網路系統。為了提高生存能力，台灣應儲備更多能源，並準備定量配給食物、能源和網路頻寬使用。

　　台灣能夠抵抗封鎖的時間越久，此類行動對外籍人士、全球供應鏈以及世界經濟的影響將越深遠。在短期內，台灣人民展現出的決心越強，就越能獲得自由世界的同情。如果發生封鎖，台灣應該向國際社會呼籲對中國施加政治壓力和經濟制裁，就像烏克蘭總統弗拉基米爾・澤倫斯基（Volodymyr Zelenskyy）在2022年俄羅斯入侵後所做的那樣。中共戰略家承認中國自身也難免受到封鎖的影響，這一現象被稱為「麻六甲困境」＊（Malacca Dilemma）。[30] 盟國可行的反封鎖威脅增強了威懾力，若付諸實行，將進一步消耗中國的海軍資源。

　　從長期來看，專家預測封鎖台灣的首要影響將使全球生產總值每年減少超過2兆美元，可能導致世界經濟衰退。[31] 各大經濟體將很快意識到結束封鎖的重要性，特別是當台灣的半導體供應鏈受到破壞。因此，台灣應做好準備，將其半導體產業作為反制中國的武器，以應對各種封鎖情況。

＊ 譯者註：麻六甲困境是2003年，時任中國共產黨總書記胡錦濤所定義的。中華人民共和國嚴重依賴外國能源進口，其中70%以上必須通過麻六甲海峽。馬六甲海峽可以說是中國的「海上生命線」，但中國海軍卻鞭長莫及。一旦有突發事件很容易導致海峽通行受阻而運輸中斷，對中國的能源安全也將造成極大隱患，形成所謂的麻六甲困境。因此，北京一直在設法開發替代貿易路線來改善這項脆弱性。

局部封鎖或隔離

中國可能會決定不限制空中交通,以降低國際上的反彈。在此情況下,外籍人士及台灣居民將有機會離開台灣,這或許能減弱國際對中國併吞台灣的抵制。中國領導人可能會選擇這一方案,因為他們相信,如果不再受到外國煽動者和頑固分離主義者的影響,台灣人民將會接受與大陸的統一,而這些人可能會在脅迫下逃離。或者,北京可以宣布按產業實施部分封鎖,限制特定商品的進口,例如武器。

在正常情況下,台灣的半導體產業幾乎是滿載運作,許多客戶都在等交貨。因北京採取的措施而異,台灣的晶片廠可能會遭遇一系列挑戰,包括網路攻擊、破壞、零部件和耗材短缺、能源不足以及勞動力流失。無論如何,隨著國家面臨的威脅日益嚴峻,台灣政府應該促使國內產業對客戶做出戰略性選擇。

即使是有限隔離,台灣也不能接受北京提出的條件,因為這等於放棄主權,實質上走向「和平統一」。相反地,台灣政府應該以同樣方式回應部分封鎖,限制對中國的技術輸出。台灣應建立嚴格的出口管制體系,允許將晶片(透過空運)遞送到經批准的第三國,並施加再出口限制,以確保只有友好的供應鏈和最終用戶能持續從台灣獲得晶片。當友好國家,最有可能是由美國主導,開始譴責和制裁中國時,台北應根據各國的需求,優先保障他們獲得台灣晶片的機會。此策略強烈依賴於保證台灣半導體產業的主導地位。因此,為國家安全考量,除上述對關鍵基礎設施網路韌性的大量投資外,台灣還應考慮盡早在半導體製造廠採用

台灣的緊急空運行動將類似於 1948 年至 1949 年的柏林空運，該行動為西柏林提供補給。當時，西柏林的陸路和鐵路交通被蘇聯封鎖。
照片來源：貝特曼（Bettmann），由 Getty Images 提供。

先進的小型模組化核電機組。

全面封鎖

在更嚴厲或全面封鎖的情況下，進出台灣的空中運輸受限，政府應將商業航空機隊國有化並接管經營。雖然在台灣的國家動員計畫中有這個方案，但台北應定期進行民用飛機控制權的轉交演習，以增強備戰和威懾能力。由於解放軍可能無法在台灣東部持續進行作戰和空中巡邏，台北可以啟動空運行動，用半導體交換呂宋（菲律賓）、琉球（日本）或馬里亞納群島（美國）等地的人道物資救援及其他物資。在無法派遣戰鬥機的情況下，中國將不得不使用海軍的地對空飛彈來對付非武裝民用飛機，進一步使衝突升級。雖然無法預測中國將會下達什麼指令，但台灣應注意，自十多年前解放軍宣布東海防空識別區以來，並未實際執行該區域的管控。台灣可以引用 2021 年 C-17 運輸機在國內降落的先例，請求美軍參與空運行動。

同樣，台灣政府應該做好準備，接管幾艘大型貨櫃船和油輪的控制權。這些船隻可由台灣所有和經營，但懸掛友好國家的國旗，以增加中國的應對難度。若台北方面決定選擇挑戰海上封鎖，以進口能源或其他生活必需品，這些船隻應該在沒有軍事護航的情況下行動。根據總噸位法則（或牛頓物理學），中國海警船或解放軍軍艦在試圖攔截或衝撞噸位大其數倍的商業船隻時，將會遭受重創。中方將不得不登船或發射飛彈，由於這些行動針對在公海航行的非武裝船隻，所以中國也將承擔使衝突升級的責任。登船行動將增加中方的資源需求，並需增派海軍直升機和特種部隊，以確保全天候有效守衛台灣的港口。在可行的情況下，台灣的運輸船應安裝衛星通信設備，以便船員能夠及時直播他們的遭遇。

最後，台灣應準備組建一支志願漁民船隊。這些漁船從台灣沿海的數十個漁港出航，其主要任務是從附近島嶼的友好物流中心運送食品、燃料、藥品和其他必需品。即使有中國海上民兵的協助,解放軍和中國海警也無法在公海上成功攔截和登上數百甚至數千艘的台灣漁船。如果中國的船隻或飛機進入台灣的領海或領空,台灣必須進行攔截和追究責任,必要時使用致命武力,如第 5 章所述。

與商業飛機和大型商船類似,台灣政府已具備動員漁船的權限,但應在實際操作層面進行演練,以展示其能力和意圖,進而增強威懾力。對於這三項能力,交通部應該是負責應對非殺傷性封鎖或隔離的主要機構。如上所述,封鎖本質上是一種經濟戰爭形式,台灣應避免以軍事方式回應,因為這樣可能會強化北京的論述,削弱國際社會的支持,並給解放軍提供使衝突升級的藉口。台灣立法院應檢討相關法律規定,必要時進行修改和澄清,確保民選領導人在全國動員的各個層級擁有最終決策權。

結論

台灣已經擁有許多必要的工具和措施,用於阻止中國在灰色地帶行動中取得成功。在訊息領域,除了防止中國有機會接觸台灣的數位基礎設施外,台灣人民還需配備最新工具,以識別、解讀和篩除假訊息及錯誤資訊。在經濟和技術去風險化及擺脫中國影響的許多方面,台灣一直處於領先地位。台灣應該擴大這些努力、加速行動,並堅定地與夥伴聯手對抗中國的非法海洋聲索主張。此外,台灣必須進行深度投資,以應對在網路安全和能源依賴上的問題。

為了挫敗中國作為政治戰的灰色地帶軍事挑釁,台灣應調整訊息傳播策略，聚焦關注中國最具威脅性的行動，而非中國所有沿海的演習。為了盡早獲得關於解放軍活動的詳細情報，台灣應建立持續的情監偵（ISR）數據蒐集能力，監視範圍包括水下、低空平台與武器，以及陸基火箭發射。如果部署得當，這些工具將有助遏止灰色地帶行動的升級或惡化。

儘管不太可能，但如果北京宣布封鎖或隔離，台北方面應將此視為軍事行動或入侵的前兆。然而，在領土尚未遭受侵犯或攻擊之前，台灣無法承受被視為挑釁者的風險，因此應避免在其領海和領空之外使用軍事手段。台灣應將促進國際社會對中國武力侵犯的回應視為首要任務，因此，必須保持與國際社會的溝通聯繫，以及透過實施資源配給政策來保障自身生存。台北方面可以針對中國將半導體出口武器化，並國有化民用運輸資產，以挫敗或突破中國的封鎖行動。

為了達成併吞台灣的目標，中國正在雙管齊下。本章討論了中國共產黨在「和平統一」方面的努力。隨著中國對台灣的政策日益強硬，這些政策越發依賴於來自武力統一的有效威脅。因為前者越發變得不可行，北京將越來越傾向於嘗試後者。與中國前任領導人不同，習近平不能聲稱在其任內對台灣問題取得了任何進展，他已指示軍隊準備最早在2027年發動入侵。不幸的是，正如本章提到的，台灣有效的灰色地帶行動防禦措施會招來中共的報復。因此，台灣軍方當前最迫切的任務是為中國最終升級至全面入侵做好更充分的準備，正如前一章所建議的。

PART 3

應急工作之二：
美國篇

第 7 章
擊沉中國軍艦

羅伯特・哈狄克／馬克・蒙哥馬利／艾薩克・哈里斯

> 因此，在進行戰爭規畫時，首要任務是確定敵人的作戰重心，並盡可能瞄準鎖定這個的重心。其次是確保部隊集中力量針對該重心展開主要攻擊。
>
> ——克勞塞維茨，《戰爭論》

爭奪台灣控制權的戰爭，對參戰各方來講都會是一場腥風血雨。然而，這樣的場景可能不會讓習近平和中共的領導人退縮，如果最終結果是中國得以控制台灣。對中共而言，為實現其千年夢想，解放軍進攻台灣的代價和面臨的風險也許不值一提。

因此，美國及盟國必須展示軍事實力，證明有能力直接挫敗中國任何旨在武力奪取台灣並安撫其倖存人口的行動。這就是「拒止式威懾（deterrence by denial）」策略——即讓對手明白，其軍事圖謀不可能成功，從而打消發動戰爭的念頭。

第 7 到 9 章主要聚焦於台灣局勢中的軍事實力對比。此議題之所以重要，是因為軍事實力可以決定事關重大的地緣政治較量結果，比如：台灣的未來。如果利害攸關，而其中一方又擁有足夠的軍事力量，它就會有強烈的動機，期望透過決定性的軍事行動解決衝突。拒止式威懾的目的是讓對手確信，此類方案並不存在。第 7 到 9 章將討論美國及盟國如何在台灣實現拒止式威懾，從而避免一場關乎台灣命運的戰爭。

如今的解放軍可以在台灣及其周圍部署強大的兵力。自 1930 年代以來，中國在和平時期的軍力擴張速度超過所有主要國家。[1] 解放軍目前擁有的戰艦數量超過世界上任何國家的海軍，並且擁有亞洲最強的空中力量和印太地區最大的飛彈庫存。此外，解放軍已經具備執行現代高科技和高強度軍事行動所需的指揮與偵察能力，並建立了一個覆蓋整個區域的作戰網路，結合感測器和長程飛彈，專門用於摧毀美國海軍在關島及第二島鏈上的作戰力量，並重創美國在西太平洋的空軍和海軍基地。[2]

即便如此，美國和其盟國仍能構建一套戰略並發展軍事能力，集中自身的優勢力量來攻擊中國的弱點；一樣重要的是，不給解放軍同樣的反制機會。如果美國及其盟國迅速實施以下所述的改革，便能夠戰勝解放軍對台灣的兩棲攻擊或長期的空中和海上封鎖。美國主導的聯盟必須進行緊急的投資，以確保其在西太平洋的作戰網路能夠打擊解放軍的弱點，不給解放軍任何可乘之機。

拒止式威懾的必要性

「拒止式威懾」與「懲罰式威懾」有所不同，在大國競爭中拒止威懾被視為是更有力和更可行的。如果有能力直接擊敗或

「拒止」對手軍事策略和軍事力量，將使對手失去任何有效的軍事方案或成功的機會。[3] 當雙方都明瞭這種狀態存在時，拒止式威懾也將隨之奏效。

如果防禦方無法擊敗或「拒止」侵略者的軍事圖謀，防禦者便不得不採取措施，對侵略者造成痛苦，以打擊其侵略意圖。願意承受多少痛苦侵略者可以自己決定，而正如歷史上許多士兵遭遇所顯示的，這種痛苦忍耐度往往是非常高的。採取懲罰式威懾的人將主動權讓給被懲罰的對象，然後只能祈盼最終會有好的結果。遺憾的是，僅僅依賴祈盼並不是最好的策略，更好的策略是有能力直接擊敗對手的策略和部隊，使其失去主動權以及好的選擇。[4]

為挫敗解放軍的進攻，台灣的應為與不為

美國及其盟國的軍事規畫者應制定作戰方略，並獲取足夠的軍事實力，以挫敗解放軍武力入侵台灣的作戰計畫和參戰部隊。儘管這個概念看似不言而喻，但經過深入分析後，它變得更加複雜。過去 30 年來，解放軍深思熟慮的軍力擴張揭示，中國的軍事指揮官和戰爭規畫者非常清楚他們的作戰任務，對飛速發展的軍事技術及應用也有深刻的理解。

解放軍可用於對台灣發動攻擊的軍事力量規模之大，令人感到震驚。例如，根據保守估計，解放軍的空中武力可針對盟國的基地和艦艇，每日持續發射超過 1,400 枚精確制導的反艦和對地巡弋飛彈，打擊範圍可達距中國海岸 3,000 公里外的第二島鏈。[5]

這些解放軍的空對地巡弋飛彈的數量並不為外界所知，但鑒於解放軍的迅速擴張及中國擁有強大的軍工業，解放軍的攻擊戰鬥機部隊可能擁有數千枚飛彈。

另外，在2023年10月，美國國防部指出，解放軍擁有2,800枚陸基的地對地彈道飛彈和巡弋飛彈（根據五角大廈2022年的報告，這比之前增加了70%），其中有一些能夠對關島和在航行中的水面軍艦進行精準攻擊。[6] 解放軍海軍的水面艦船和潛艇也布署了大量的長程對地攻擊和反艦巡弋飛彈。一些分析人士懷疑，中國可能已經有能力發射隱藏在標準貨櫃內的巡弋飛彈，這有利於對全球任何地點發動突襲。[7] 美國及其盟國的指揮官和規畫者面臨嚴峻的挑戰，必須在如此龐大的精確制導火力下捍衛台灣。

美國及其盟國的軍事規畫者可以如何應對這一挑戰？美國國防部的《聯合作戰計畫第5-0號》（*Joint Publication 5-0*）是五角大廈的官方軍事作戰規畫準則。《聯合作戰計畫第5-0號》建議軍事規畫者確認並攻擊對手的「作戰重心」，該出版物將其定義為「是使軍隊得以實現目標的力量源泉，也是對手可以集中打擊並致其失敗的核心」。[8]

作戰重心是參戰者必需擁有的關鍵軍事能力，而失去這一重心就可能意味著戰敗。失去政治軍事象徵，例如航空母艦及其搭載的飛機和乘員的損失，可能會打擊決策者和民眾的意志，進而導致敗局。解放軍特意構建了其「反介入」作戰結構和長程作戰網路，旨在發現、攻擊並摧毀美國在西太平洋的空軍和海軍基地及航空母艦打擊群，以防止其介入並反制解放軍對台灣的攻勢。

《聯合作戰計畫第 5-0 號》建議美國軍事規畫者在攻擊敵方作戰重心的同時，避免暴露美國和盟國的作戰重心。要實現這一目標，在西太平洋對抗解放軍絕非易事。

解放軍海軍是作戰重心

根據《聯合作戰計畫第 5-0 號》作戰重心的指導篇章來設計軍事戰略，意味著為了阻止中國征服台灣，並不需要擊敗整個解放軍，或者其全部入侵兵力。美國及盟國的規畫者只需找出並摧毀解放軍入侵部隊的作戰重心，這是解放軍成功攻擊台灣所需的關鍵能力。解放軍海軍正是這一關鍵重心目標。[9] 中國需要維持海軍的完整和行動自由，以運送數十萬士兵和數百萬噸設備及物資，從而實現對台灣的征服和長期控制，而僅依賴空運無法滿足運輸需求。戰勝中國海軍將會使中國無法取得軍事上的成功。

既然解放軍的跨區域作戰網路將保護解放軍海軍，以對抗美國及盟國干預，美國和盟國的軍事力量該如何進入台灣海峽抵近解放軍海軍？在 2022 年 8 月，美國戰略與國際研究中心的一個研究團隊進行了 24 次兵棋推演，模擬解放軍對台灣的兩棲登陸攻擊。該團隊及兵推參與者透過不同的重複推演來調整模擬的假設和參數，揭示了一些值得注意的兵推結果。該研究團隊在 2023 年 1 月公布了這些結果，這是極少數嚴謹且關於進攻台灣的公開研究之一。[10]

從台灣、美國及盟國的角度來看，好消息是，只要擊敗了解放軍海軍，美國主導的聯軍幾乎總是能成功挫敗解放軍的進攻企圖。壞消息是，美國在西太平洋的軍艦、戰鬥機、基地和人員損失非常慘重。解放軍對美國空軍和海軍基地以及正在航行的艦隊，發起密集、持續的反艦和對地飛彈攻擊，造成了嚴重損失。其中包括：試圖前往台灣援助的 2 個美國航空母艦打擊群全軍覆沒；多個試圖將美軍部隊送往台灣的兩棲部隊被摧毀；在西太平洋基地的數百架美國空軍和海軍陸戰隊的戰鬥機被摧毀；以及在為期 3 周的飛彈戰鬥中有超過 1 萬名美軍陣亡。[11]

這可能是為了保護台灣所必須付出的沉重代價。美國及其盟國可能會打擊中方脆弱的作戰重心——即中國海軍，然而，這樣一來將使盟國自己的作戰重心暴露在解放軍的火力之下。如此巨大的損失若在短短幾周內發生，將令美國民眾感到震驚，並可能影響美方的參戰意願。如果中方決定延續戰爭的話，美國軍事規畫者應為決策者提供戰爭方略，以擊潰解放軍海軍而不必冒高傷亡的風險。

組建各軍種團隊擊敗解放軍海軍

這一章將會說明，美國各軍種都可以為擊敗解放軍對台灣可能的登陸攻擊做出貢獻。當各軍種皆參與其中，解放軍的指揮官和策畫人員將面臨越來越多的作戰困境，這將使入侵部隊橫渡台灣海峽的行動變得更加複雜和困難。值得慶幸的是，現在美國各軍種都在為解放軍的威脅做準備。即便如此，這些準備中仍然存在不足之處並錯失了許多機會，華盛頓及其他地方的決策者和規畫者必須加以解決。

美國的太空部隊以及政府和私營企業的太空情報蒐集設施，將在挫敗解放軍對台灣的攻擊中最先發揮作用。影像和信號情報衛星有可能提前數個月偵測到中國的戰爭準備。這些跡象可能包括：解放軍對台灣進攻所需的飛彈和彈藥產量大增；建設新基地、倉庫和運輸基礎設施，用於運送和部署軍事設備、物資和人員；軍事人員的訓練和設備的維護周期模式變化；海岸基地和裝卸區軍隊的調動；指揮所轉移到戰時地點；通常用於民用的渡輪、貨船、卡車、鐵路設備和飛機被轉用於軍事用途；燃料、食物和其他物資在裝載區附近的轉移和儲備；以及後備部隊的動員和部署。[12]

太空中的情報蒐集設施將能夠探測到這些及其他即將發動軍事行動的跡象，這樣的預警將讓美國和盟國的政治領導人能夠做好外交、經濟和資訊等準備。當然，美國及其盟國的軍事指揮官可以利用這段時間來準備和重新部署軍隊。如果中國領導人決定對台灣發動攻擊，美國海軍的攻擊潛艇部隊可能會率先參戰。美國海軍已將其49艘攻擊潛艇中的24艘派往太平洋，每艘潛艇攜帶超過20枚MK-48重型魚雷。[13] 美國海軍的攻擊潛艇被認為是全球最佳，是美國在水下戰爭中取得絕對優勢的基礎。[14] 因此，它們很適合對抗試圖橫越台灣海峽的解放軍海軍兩棲部隊。

美國空軍的轟炸機部隊有141架轟炸機，具有高彈載量、可以空中加油及全球飛行能力，非常適合用來對付解放軍海軍。[15] 美國的轟炸機部隊駐紮在解放軍無法觸及的地區，可在解放軍攔截範圍之外的空域進行空中加油，使用長程飛彈襲擊台灣海峽或中國港口的解放軍海軍，然後撤退到安全的基地準備執行更多的

美國洛杉磯級攻擊潛艇春田號（USS Springfield）停靠其位於關島北極星角的母港。春田號是美國在太平洋地區超前部署的潛艇力量之一。
攝影：美國海軍馬克・帕夫利（Mark Pavely）

任務。美國的轟炸機部隊每天可出動約三分之一的飛機，每架飛機能攜帶和發射 16 到 24 枚長程精確導引對地攻擊和反艦飛彈，每天可對解放軍的攻擊部隊發射大約 800 枚這樣的飛彈。[16] 美國最新適用於發射長程反艦飛彈的飛機是美國海軍的 P-8 海神式（P-8 Poseidon）海上巡邏機。這些經過改裝的波音 737 飛機可以空中加油，庫存超過 100 架，將大幅擴增對解放軍海軍的各種攻擊選擇。

　　解放軍的指揮官和策畫人員，將不得不考慮駐紮在太平洋的數十艘美國海軍飛彈驅逐艦。美國海軍的驅逐艦很快將能夠發射海上打擊型的長程戰斧巡弋飛彈（Tomahawk cruise missile）。此外，海軍還改裝了驅逐艦發射的標準六型（SM-6）長程空中防禦飛彈，用於打擊水面目標。[17]

美國陸軍也在建立自己的岸基反艦能力。美國陸軍正在購置精準打擊飛彈，未來將可以攻擊航行中的水面艦船。[18]美國海軍陸戰隊正在調整組織，準備從第一島鏈的前哨地點透過飛彈戰對抗解放軍。該部隊正在添置海軍打擊飛彈（Naval Strike Missile），以裝備其岸基反艦力量。[19]

西太平洋飛彈戰的考驗

各軍種的戰力發展顯示，美國國防部越來越注重應對可能的中國的軍事敵對行動。儘管如此，解放軍的龐大飛彈火力和有效射程、美國及其聯盟夥伴需要攻擊的大量目標、西太平洋的遙遠距離，以及相對有限的島嶼地形可供美國軍隊部署等因素，都對美國各軍種試圖達成的目標造成限制。如前面所提到的，2022年8月戰略與國際研究中心的台海戰爭兵棋推演結果，說明了解放軍飛彈對試圖從第二島鏈向西作戰的美軍及盟軍可能造成的毀滅性打擊。

這種毀滅性攻擊發生原因有三：首先，如前所述，解放軍的空中力量每天能發射超過1,400枚反艦和陸基攻擊巡弋飛彈，再加上解放軍的2,800枚陸基飛彈和眾多艦載飛彈。

其次，解放軍的光電感測、合成孔徑雷達和近300顆在軌電子偵察衛星，將持續提供全天候且不分晝夜的偵察，精準監視在解放軍飛彈打擊範圍內活動的美國及其盟國的部隊。該打擊範圍涵蓋自中國海岸延伸超過3,000公里（現今的空間合成孔徑雷達已可以精準解析 50 公分甚至更小的圖像，足以在任何天氣下辨識不同類型的船隻和車輛)。解放軍擁有完善並具後備的指揮和通信系統，包括 60 多顆通信衛星和 49 顆導航衛星，解放軍指揮官將透過這些系統來控制戰區範圍內的飛彈攻擊行動。[20]

第三，美國及其盟國部隊沒有隱蔽之處：海面無處藏身，而解放軍的空中偵察系統能持續監視西太平洋的各個小島。

因此，對抗解放軍對台灣的兩棲攻擊任務，將主要由美國及其盟國的攻擊潛艇，和部署在解放軍飛彈射程之外的美國空軍長程轟炸機承擔。此外，美國陸軍和海軍陸戰隊的反艦飛彈系統將使解放軍的作戰計畫變得更加複雜。但是，位於第一島鏈上的部隊可能很難保存戰力，目前不太可能發揮很大作用，這也是戰略與國際研究中心研究小組得出的結論。[21] 短程戰術飛機和水面海軍作戰艦同樣面臨極大風險。戰略與國際研究中心的戰爭兵棋推演顯示，美方指揮官部署在台灣附近的海軍和戰術航空部隊越多，對美國的結果就越不利，因為這將使更多目標暴露在解放軍飛彈的直接攻擊之下。[22] 美方的指揮官必須權衡這些部隊對戰局的貢獻，以及它們可能面對的迅猛毀滅性攻擊。

成功所需條件與能力缺口

美國和盟國的作戰規畫者可能必須面對超過 1,000 個船舶目標，包括 300 多艘解放軍海軍的「灰船」軍艦，以及來自準軍事的中國海警、「海上民兵」，和數百艘可用於跨越台灣海峽運輸軍事車輛和補給的大型先進渡輪及民用貨船。[23] 挫敗解放軍的兩棲攻擊，可能還需要打擊解放軍用於運送登陸台灣部隊的港口、碼頭和倉庫。美國和盟國的部隊可能還需要壓制解放軍的空軍基地和防空系統。這就形成一長串的目標，可能意味著數千個個別軍事打擊對象。

對美國來說，其太平洋艦隊攻擊潛艇可能會率先攻擊解放軍軍艦和兩棲突擊艦隊。這些先進的隱形潛艇，將對封鎖台灣海峽或企圖向台灣東部移動以獲取海空控制的解放軍戰艦造成嚴重損失。其潛艇所攜帶的戰斧巡弋飛彈亦可攻擊岸上防空目標，自 1991 年波斯灣戰爭以來，美軍潛艇已多次執行此項任務。

可惜的是，維修問題限制了潛艇的持續可用性；美國海軍三分之一的攻擊潛艇目前停靠在維修船廠，處於閒置狀態。[24] 考量這個限制因素，部署於太平洋的潛艇中，僅剩 15 艘可用於所有的任務，包括應對俄羅斯和北韓的突發情況。決策者或許會調動太平洋以外地區的攻擊潛艇支援，但這樣做存在風險，包括在其他地區可能發生投機式的敵對活動。

在應對台灣危機時，15 艘美軍攻擊潛艇可攜帶約 375 枚魚雷，足以摧毀大量解放軍海軍的艦艇及輔助船隻。魚雷用完後，倖存的潛艇必須返回運作正常的海軍基地重新裝填。考慮到解放軍的飛彈攻擊，距離最近的美國基地將是夏威夷，如果夏威夷基地也已遭到破壞，則是美國西岸的基地。在盟國有更近的海軍基地，但如果這些國家參戰，這些基地很可能也會遭到破壞；如果這些國家沒有參戰，這些基地也可能會因為美國的軍事行動而關閉。美國潛艇重新裝填後再返回台灣戰區，可能需要 2 周到 3 周的時間。

美國轟炸機部隊將不得不承擔對抗對解放軍艦隊的主要責任。與潛艇艦隊一樣，維護問題限制了轟炸機部隊可執行任務的飛機數量。2022 年，41％的 B-1B 轟炸機、59％的 B-2A 轟炸機和 59％的 B-52H 轟炸機被判定為「可執行任務」。[25] 將這些百分比應用到目前的轟炸機部隊，得出的結果是，可能有 73 架轟炸機可以執行任務，包括應對戰略核威懾和其他突發事件。根據保守估計，每天有 40 架轟炸機可準備就緒並被派到台灣戰場，轟炸機部隊可以每天發射大約 800 枚長程對地攻擊和反艦飛彈。

彈藥是問題所在

美軍戰略轟炸機在海上打擊行動中，彈藥的短缺仍然是最嚴重但可以解決的問題。最適合用於攻擊解放軍戰艦的美國飛彈是空射型長程反艦飛彈。長程反艦飛彈具有隱形特性，可用於辨識並攻擊航行中艦隊的特定艦艇。其 375 英哩的射程使得發射飛機能夠保持在大多數解放軍防空射程之外。長程反艦飛彈是聯合空對地遠距攻擊飛彈增程型（Joint Air-to-Surface Standoff Missile Extended Range，JASSM-ER）的一種不同型號，用於精確攻擊陸地上的固定目標。洛克希德・馬丁（Lockheed Martin）公司在同一生產設施內組裝這兩款飛彈。聯合空對地遠距攻擊飛彈增程型和長程反艦飛彈都已經完成全面測試並開始生產。[26]

很遺憾地，美國空軍計畫只購買極少量的長程反艦飛彈，同時卻計畫大量儲備不同型號的聯合空對地飛彈。空軍在其 2024 財政年度預算提案中，要求購買僅 27 枚長程反艦飛彈，相比之下，聯合空對地遠距攻擊飛彈增程型的購買量則為 550 枚。近十年來，空軍計畫獲得的反艦長程反艦飛彈僅達 488 枚，而預計最終的聯合空對地飛彈庫存將達到 12,323 枚。[27] 美國空軍的 B-1B 轟炸機僅需執行 20 次飛行任務，就能耗盡所有計畫中的長程反艦飛彈庫存，只夠在台灣海峽上空作戰 1 到 2 天。

美國海軍和空軍對長程反艦飛彈的採購計畫，不足以阻止解放軍對台灣的兩棲攻擊。在這種情況下，美國轟炸機部隊是唯一能夠發射所需大量反艦飛彈的工具，以應對潛在規模達到 1,000 艘以上的解放軍入侵艦隊。[28]

除了長程反艦飛彈以外，還有其他適合的空射反艦彈藥可以補充目前數量不多的庫存嗎？美國的轟炸機部隊需要射程至少達到中等距離（最遠 300 英哩）的彈藥，能夠根據目標的不同（包括陸地上的固定或移動目標、航行中的艦艇）靈活配備不同類型的感測器。供應商需要具備大規模生產和穩定供貨能力，以便美國空軍和海軍能夠以合理的價格大量採購。聯合空對地飛彈和長程反艦飛彈雖然射程遠且效果優異，但價格昂貴（一枚長程反艦飛彈價值 325 萬美元）且難以大量生產組裝。

波音公司為了解決這個問題，開發了動力聯合直接攻擊彈藥（Powered Joint Direct Attack Munition，PJDAM）。動力聯合直接攻擊彈藥是一組套件，包括一個小型噴射引擎、一對彈出式機翼、燃料、小型發電機和精密導引感測器，可以安裝到標準的 500 磅炸彈上。動力聯合直接攻擊彈藥從發射點射出後，射程可達 300 英哩，並能精確命中移動目標，包括航行中的艦船。[29]

雖然不及聯合空對地遠距攻擊飛彈增程型或長程反艦飛彈那

般精密,動力聯合直接攻擊彈藥是「價格合理、可大量製造」的武器典範,美國轟炸機部隊可以用於長期持續的作戰。轟炸機每天出動 40 次,每架飛機裝備 30 枚較小的動力聯合直接攻擊彈藥,每天可打擊 1,200 個目標點,並且在距離上大幅降低了轟炸機被中國防空系統攻擊的風險。

為支援轟炸機的海上打擊行動,美國及其盟國的攻擊潛艇可以集中力量,以魚雷先攻擊在台灣以東海域的解放軍海軍防空巡洋艦、驅逐艦和巡防艦,包括大約 100 艘解放軍艦艇。[30] 潛艇也可以發射戰斧巡弋飛彈,打擊解放軍的防空目標。[31]

太空偵察和指揮

除提供解放軍對台軍事行動的早期預警外,美國及其盟國的太空部隊還可以在台灣戰區上空提供光學、紅外線、合成孔徑雷達和電子監視及偵察,為轟炸機和潛艇指示攻擊目標。太空部隊還可提供關鍵的通訊管道,在指揮官、「射手」、轟炸機和潛艇之間傳送數據和指令。[32] 美國太空部隊還需具備自衛能力,以抵禦解放軍的反太空作戰,同時應有能力控制危險的解放軍太空資產,以威懾中國將衝突引入太空領域。[33]

鑒於解放軍強大的反太空作戰能力,要在太空領域取得成功,必須加快組建由數十甚至數百顆衛星組成的新一代衛星星座(Satellite constellation)。隨著太空成為軍事爭奪的「主戰場」,美國及其盟國需要太空能力來監控敵對活動,並保護美國和盟國的太空資產。

美國太空部隊目前正在部署其「增強作戰人員太空架構」（Proliferated Warfighter Space Architecture，PWSA），該架構最終將組建成一個整合的網路，包括最多 500 顆低軌通信和飛彈預警衛星。增強作戰人員太空架構將覆蓋全球，安全可靠地將目標數據和指令傳送給參與戰鬥的空軍、海軍和陸軍單位。[34] 解放軍將很難對付分布廣泛且具自我修復能力的太空架構網路。

美國太空部隊和其他政府機構在打造自製的分散式通信和偵察衛星星座時，與眾多民營太空服務提供商有合作和支援的關係。例如，在星盾計畫（Starshield program）中，太空探索技術公司（SpaceX）為美國太空部隊提供安全通信、地球觀測和專業發射服務。[35] 其他民營太空公司也向美國國防部和其他政府機構提供電子光學和合成孔徑雷達影像、電子情報，以及專門的太空域感知和對手追蹤能力。雖然在目前的情勢下這是必要的，美國國防部和情報機構官員應該評估這些民營供應商在戰時壓力下的可靠性，以及在政府完成自己的衛星星座之前應該採取哪些風險管理措施。

美國太空部隊和其他機構正在調整方案，從運作由少數昂貴且極易受攻擊的傳統衛星組成的星座，過渡到由數百個網路化資產組成的新型抗干擾衛星星座。面對解放軍的反太空能力及西太平洋地區一觸即發的對抗，在這方面加強實力迫在眉睫。

積極備戰

美國的決策者應向在西太平洋的軍事指揮官提供指示，明確闡明他們在調配軍事力量方面的自主權範圍，包括決定投入戰鬥的美軍數量、武器種類及作戰範圍。

決策者和軍事指揮官應預料到，解放軍對台灣的兩棲攻擊將非常迅猛激烈。負責擊退攻擊的指揮官們將幾乎沒有多少時間去思考交戰規則的替代方案。戰略與國際研究中心的兵棋推演顯示，如果美國不能及時決定參戰，將會顯著增加解放軍取勝的機率，同時也會增加參戰美國軍隊的損失。[36]

因此，在危機發生之前，美國總統及其顧問應盡早確定美國軍事指揮官在各種情境下將遵循的權限和交戰規則，考慮是否授權攻擊中國的港口、碼頭、登船設施和防空設施。在兵棋推演時，扮演美國決策者角色的人們通常對於打擊中國大陸持保留態度，擔心這會導致局勢升級。這也是空軍反艦飛彈庫存量嚴重不足的另一個原因。這限制了美國總統的選擇，可能迫使他面臨一個本來不會遭遇到的困境：若不率先使用更多充足的陸基攻擊飛彈來擊退解放軍的入侵，就不得不面對美國的重大軍事挫敗。

無論如何，若等到戰爭打響後才開始討論和決定授權範圍和交戰規則，將有利於解放軍並增加美國及其盟國的損失。決策者可能認為戰略預警（前面討論過的）將給予他們足夠的思考時間，但此種認為總是會有充足預警時間的想法是危險的。當然，應該讓北京對美國總統在戰爭中的戰略模糊立場保持疑慮。但在試圖進行最大限度威懾時，提前透露美國總統不願意採取的行動是重大的策略錯誤。

負責轟炸機部隊的美國第八航空隊，應該定期在美國及太平洋地區各分散和前哨地點進行演習。指揮官應準備將轟炸機部隊分散成小單位,並應建立體系,在戰時支援和維護這些小分隊。美國空軍的空中加油聯隊也應做好類似準備,以支援未來的轟炸機橫跨太平洋的轟炸行動。指揮官應確保建立有韌性的指揮系統,以協調戰爭的各個要素。這一切應該納入美國空軍的「敏捷作戰部署」(Agile Combat Employment)概念中,該計畫的目的是迅速將美國飛機分散到多個臨時機場,這些機場配備了可部署空軍基地組(Deployable Air Base Sets,DABS),包括燃料附加油箱、跑道修復工具包、臨時空中管制,以及特殊的維修和武器處理設備。

美國本土的軍事力量和相關國防工業應該做好戰爭準備。雖然解放軍打擊美國本土的能力有限,但並非完全不存在。如果缺乏準備,從潛艇和貨櫃發射的巡弋飛彈,或事先在美國本土部署的滲透者可能會對關鍵目標造成損害。易受攻擊的地點可能包括飛機和飛彈生產設施、海軍基地和空軍基地。這些地方賴以運作的電力供應設施,也可能成為攻擊目標。居住在無防護區域的轟炸機機組人員及其家屬,以及關鍵的國防工業工人可能會成為與解放軍有關聯的滲透者的攻擊目標。美國國內的指揮官和管理人員應該為最壞情況做好準備。

為了攻擊台灣,解放軍必須讓其兩棲攻擊艦隊暴露在美國和盟軍的作戰網路中。美國的指揮官和策畫者可以設計和組織所需裝備,集中力量打擊中方這個脆弱的作戰重心,並避免造成大量美軍傷亡。然而,美國的能力和準備依然不足。美國的決策者和軍事策畫人員應立即集中注意力,確保他們的團隊已準備好應對解放軍的兩棲進攻。

兩年行動計畫

美國的決策者和軍事規畫者在短期內應該採取哪些行動,來確保其部隊準備好應對解放軍對台灣的兩棲攻擊?

1. 美國國防部和國會應該緊急撥款,改革和加強美國的潛艇工業基礎,解決目前潛艇因等待維修而閒置的問題。國會還應增加維護轟炸機的資金,以改善轟炸機的戰備狀態。
2. 決策者應指示美國轟炸機和空中加油聯隊的指揮官,將在印太戰區的海上反制任務視為常規軍事首要事項。轟炸機和加油聯隊的指揮官、策畫人員、機組人員和支援人員應專注於印太地區的訓練和後勤準備,特別是與台灣相關的情況。轟炸機部隊指揮官和支援單位應該演練從各種分散和前哨基地出動執行任務。
3. 負責採購的官員應立即盡可能多地採購「可負擔且大量」的精確制導空對地彈藥,例如動力聯合直接攻擊彈藥。工程和測試團隊應迅速對這些武器進行檢測認證,確保其感測器和精確制導功能運行良好,可在各種天氣、照明和電子戰條件下準確無誤地打擊海上目標。利用已在其他武器系統中證實可行的技術來執行這項任務是可行的。
4. 美國海軍和空軍負責聯合空對地攻擊飛彈和長程反艦飛彈採購的計畫部門應該與供應商合作,大幅且迅速增加不同型號長程反艦飛彈的產量,儘管這意味著減少聯合空對地攻擊飛彈的生產,但空軍已經擁有成千上萬枚這種飛彈。
5. 美國空軍的決策者應該召回在 2021 年退役的 10 架 B-1B

「槍騎兵」轟炸機（B-1B Lancer bombers），並請求國會撥款約 3 億美元，用於使這些飛機恢復飛行狀態。[37] 這一舉措將加強轟炸機的飛彈發射能力，可多發射 240 枚聯合空對地攻擊飛彈和長程反艦飛彈，以及超過 300 枚動力聯合直接攻擊彈藥或類似飛彈。

6. 美國的決策者和國防規畫者應該考慮，在台灣預先部署美國陸軍和海軍陸戰隊的反艦武器和作戰補給，以便在突發情況發生前或發生之時迅速將這些美軍部隊派往台灣。

7. 美國太空部隊的採購官員應該加速部署「增強作戰人員太空架構」衛星星座，為美國和盟國的聯合部隊，提供不受解放軍反太空能力影響且可靠的全球通訊網路。

8. 美國太空部隊和美國情報部門的領導者應該審查與民營太空影像和衛星通信公司的合作關係，這些公司目前提供詳細的電子光學、合成孔徑雷達、紅外線和電子情報影像以及通信服務，確保這些關係在戰時是可靠的，並且將這些供應商有效整合到戰鬥情報蒐集和作戰計畫中。[38]

9. 美國太空部隊應該採購機動靈活且能搭載武器的太空裝備，美國太空司令部應該部署這些裝備。這些系統應能夠密切監控對手的太空設施，並具備潛在的太空軍事能力，以威懾威脅美國和盟國太空能力的行為。

10. 美國決策者應該指示美國印太司令部和美國空軍全球打擊司令部的指揮官，定期在西太平洋地區進行大規模和臨時通知的「武力展示」演習，向中國和盟國領導人證明，為應對可能在台灣發生的緊急情況，美軍有能力迅速動員龐大的作戰網路和部署足夠的火力。這些演習不僅是良好的訓練機會，還能向潛在的對手和合作夥伴展示能力和意圖，對於維持威懾力和安撫盟國至關重要。
11. 美國本土軍事設施的指揮官、關鍵國防工業基地的管理者，以及美國關鍵基礎設施的民營企業所有者和經營者，應該做好設施和人員的準備工作，以應對可能伴隨台灣危機而來的網路攻擊、長程飛彈打擊和滲透者破壞。應特別關注的是保障軍事機動能力的關鍵基礎設施，包括鐵路、航空和港口系統，以及支持它們的電網及其他設施。
12. 美國海軍應該加快海上打擊戰斧巡弋飛彈進行操作認證和交付，這將為美國艦隊的指揮官增添 100 個以上長程打擊平台。
13. 美國的軍事規畫者必須與台灣的對應單位進行規畫和演習，以了解台灣水面艦艇、潛艇、飛機和地面部隊擊沉解放軍艦船的能力和規模。台灣擁有大量的飛彈，但它們將受到解放軍的猛烈攻擊。這項規畫工作將有助於在動態衝突中達到最大程度的軍力協調，並有助於防止誤傷友軍事件。

總而言之，美國及其在該地區的盟國能夠擁有擊敗解放軍對台灣兩棲攻擊的工具，而不必像 2022 年戰略與國際研究中心台海戰爭兵棋推演所揭示的那樣，將大量易受攻擊的軍事力量暴露在解放軍的火力攻擊之下。這些工具包括美國海軍的攻擊潛艇、美國空軍的戰略轟炸機和空中加油機、廉價且易於製造的精確制飛彈藥（如動力聯合直接攻擊彈藥），以及來自美國太空部隊和其他隱形戰略偵察單位的高空偵察、目標指示和通信支援。

　　決策者應立即傾力實現上述目標，這將更有力地威懾解放軍對台灣發動兩棲攻擊。而那樣的攻擊，在未來十年內，對美國、台灣和盟國利益的威脅會日漸升級。

第 8 章

隔離與封鎖

羅伯特・哈狄克／伊萊恩・路里亞／馬克・蒙哥馬利

> 防禦性的戰役可以透過進攻性戰鬥來進行⋯⋯防禦戰的方式不是普通的盾牌,而是一個由精確打擊組成的盾牌。
>
> 克勞塞維茨,《戰爭論》

　　中國共產黨的領導人是否有其他軍事方案,來迫使台灣屈服?解放軍對台灣實施封鎖,不僅試圖阻斷外援的武器,還包括:食物、燃料及其他商品,這將是另一種行動方案。確實,正如本章所述,解放軍對台灣實施封鎖將對台灣、美國及其盟國構成挑戰,因為此舉彰顯了中國在軍事上的「主場優勢」,許多在第 7 章中討論的美國能力無法抵消這種優勢,而這些能力原本在挫敗兩棲攻擊時極其有效。

　　台灣作為島國特別容易受到封鎖的影響。台灣消耗的原油、液體燃料、煤炭和液化天然氣等能源有 93％ 依賴進口,[1] 台灣每日攝取的食物熱量約 65％ 來自進口(儘管台灣也出口大量食物,並且擁有規模龐大且多元化的漁業和農業)。[2] 台灣可以透過建立燃料和食物等必要物資的儲備，有效提升國家安全。不過，無論儲備多麼充足，也僅能為台灣爭取一些時間。台灣要長期生存，必須突破可能的解放軍封鎖。

對於美國和盟國的軍事規畫者來說，解放軍的封鎖不僅僅是兩棲攻擊行動中的「次要的附帶事件」（Lesser and included case）。封鎖行動具有獨特的特徵，因此，對軍事規畫者和政治決策者而言，意味著不同的挑戰。要阻止封鎖，將需要不同的軍事能力，這些能力並非用於對抗解放軍對台灣的兩棲登陸攻擊，而是必須能應對更加複雜的作戰任務，也更難構建和發展。美國和盟國在這方面的能力遜於反兩棲攻擊的能力。

基於這些原因，對台灣和由美國主導的聯盟而言，針對台灣的封鎖行動非常危險，因為這不僅消弱了美國的不對稱軍事優勢，同時還存在升級至全面戰爭的高風險。中國的決策者和規畫者似乎明白這一點，中方於 2022 年 8 月圍繞台灣進行的空軍、海軍和飛彈演習是最好的印證。

中國的領導層為何更傾向採取封鎖行動？

對於中國的領導者而言，透過封鎖對台灣發動軍事行動有若干好處：第一，中國的領導層將封鎖台灣視為合法的主權行使，他們辯稱有權對台灣合法行使主權，因為台灣是中國的領土（此說法目前很少遭到正式反駁）。[3] 中國政府能以海關和監管檢查為由開始實施封鎖，以防止禁運品和非法商品（如武器）進入台灣。若台灣拒絕解除武裝，中國可能會將封鎖升級，涵蓋更多的商業

第 8 章 隔離與封鎖 181

2023年春，台灣總統蔡英文（左）與美國眾議院議長凱文·麥卡錫（Kevin McCarthy）（右）會晤。中國當時宣布將對兩岸商船和起重機船隻進行3天的登船檢查。雖然福建省海事局未實施報復性威脅，但這一宣示顯示出封鎖前奏的可能性。
照片來源：馬里奧·塔瑪（Mario Tama）攝影，由 Getty Images 提供。

活動，最終可能會進行全面封鎖，包括食物和燃料。2014年俄羅斯開始軍事侵略以來，儘管烏克蘭是國際承認的主權國家，並擁有聯合國席位，但國際社會在支持烏克蘭方面一直困難重重。想像一下，要為台灣爭取支持會多麼困難，因為只有少數幾個小國家正式承認台灣並與台灣建立了外交關係。[4] 與第 7 章討論的兩棲攻擊場景相反，中國的檢查隔離可能在毫無預警的情況下實施，這會使美國及盟國決策者措手不及，不得不緊急尋找可行的方案和對策。

第二，中國可以在不採取軍事行動的情況下，開始檢查隔離。那麼，接下來將由台灣及其他地方的決策者，以及為商船和飛機保險承保的公司，來決定如何「對付」封鎖。如果北京能在不使用武力的情況下實施封鎖（這種假設引起廣泛爭論，稍後會詳細討論），那麼，決定是否以武力行動回應的責任將落在台灣或其盟國身上。中國的領導人也能因此聲稱，是台灣或其盟國在反對中國主權聲索的戰爭中「打響了第一槍」。[5]

第三，如果中國願意使用武力，它有能力對台灣實施完全封鎖，而不必將其主要的作戰重心（即解放軍海軍）暴露在中國領土以外、美國和其盟國的槍口之下，這與發動兩棲攻擊時的情況相反。這是因為中國可以運用以中國大陸為基地的空中力量和飛彈部隊，還有海警艦艇和解放軍海軍潛艇，來對台灣進出的商船和航空交通實施封鎖。解放軍並不需要直接部署其大部分海軍或空軍資源。

位於中國東南的飛機和運輸暨起發射車（transporter-erector-launchers，TEL）上的反艦飛彈，目前有能力攔截進出台灣各港口的商船（這些能力的相關說明請見第 7 章）。同樣地，位於東南方的解放軍戰鬥機和移動式地對空飛彈，可以威脅試圖進出台灣的貨機。解放軍不必對台灣進行轟炸，或攻擊該地區的美國或盟國軍隊，就可以扼殺台灣的生存空間。

第四，中共和解放軍領導人或許將封鎖戰略視為一種漸進式的非常規戰爭，這種戰爭已多次令美國的決策者和軍事戰略家感到困擾，並考驗了美國公眾的決心。解放軍的封鎖行動可能不如

1941 年 12 月偷襲珍珠港和 2001 年 9 月的基地組織恐怖襲擊等那樣令人震驚，這些「偷襲事件」激怒了美國人，並激發了美國人民的鬥志。如果沒有這種戲劇性的開端，美國公眾可能不會對上述情況做出反應，而美國的決策者將不得不對公眾解釋必須出兵干預的原因，這可能會讓決策者感到為難。近幾十年來，美國的決策者和公眾在應對有限戰爭方面一直感到棘手。對戰爭失控升級和資源短缺的憂慮已經影響了有效戰略的制定，而中國領導人將很願意利用這種心理弱點。

第五，封鎖可能會為解放軍創造機會，威脅動用其軍事作戰網路，這是解放軍的競爭優勢，來對付美國和盟國易受攻擊的海上目標。如果解放軍對台灣實施全面封鎖，台灣就要依靠救援船隊，而這些船隊必須突破解放軍的陸基封鎖火力並倖存下來。

如第 7 章所述，在商船船隊前往台灣港口時，解放軍的作戰網路旨在以壓倒性力量挫敗試圖護航的海軍護航艦隊。解放軍早已為這種情況做好準備，這會使試圖將食物、燃料和其他產品運送至台灣的艦隊，面臨極大的挑戰。

從封鎖走向戰爭

解放軍的封鎖行動最終可能迫使美國決策者做出選擇：不是放棄對台灣的非正式安全承諾而導致台灣戰敗，就得面對與解放軍進行大規模飛彈戰爭的風險。

如先前所述，解放軍的封鎖行動可能會從宣布海關監管和檢查隔離開始，重點是扣押運往台灣防衛部隊的武器。中國海警將試圖攔截並登上商船，同時解放軍空軍可能會要求一些飛往台灣的飛機改飛至中國的機場接受檢查。

台灣政府將必須決定如何應對。在決策中，它不僅要考慮台灣自身的抵抗意願，還要考慮美國政府和國際社會對台灣的支持程度。中共和解放軍領導人也會密切關注事態發展，同時以可見的方式集結更多兵力，準備進行下一步行動。

如果台灣激烈抵制中國海警艦艇和戰鬥機的隔離舉措，台灣的海岸巡邏艇和戰艦可能會遭到中方的飛彈攻擊，也可能引發在台灣上空和周邊的空戰，以及解放軍對台灣全面的海上與空中封鎖行動。

形勢發展至此，隨著燃料和食品儲備不斷減少，台灣將面臨一場人道危機。不出幾周，台灣就會需要救援船隊來維持物資供應，以及基本的經濟運轉。美軍將是唯一能挑戰解放軍封鎖的力量，美國的決策者將必須決定是否要冒這樣的風險。如果他們決定不介入，台灣及其 2,400 萬民眾最後將不得不選擇投降。

如果美國政府介入，將會組織由美國海軍戰艦和軍用飛機護航的救援船隊，同時期望得到來自該地區盟國類似的軍事支援。當救援船隊接近台灣時，中國領導人將面臨兩個選擇：不是讓船隊停靠台灣並卸貨，就是攻擊並摧毀船隊。允許救援船隊通過，將顯示中國封鎖企圖只是虛張聲勢。這或許能讓台海危機落幕，但可能在中國內部引發另一場危機；在美國海軍面前如此丟臉之後，習近平在其政治競爭對手和中國普通百姓眼中的地位可能會被削弱。

美國和其盟國領袖應該明白，中共和解放軍領導人在實施隔離之前，必定已深思熟慮其步驟和後果。自 1990 年代中期第三次台灣海峽危機以來，解放軍已經為這種情況設計並建立了「反介入」作戰網路。中國領導人將在他們確信解放軍能夠挫敗由美國主導的海上救援行動時，開始對台灣隔離封鎖。美國和盟國領袖不應認為中國領導人只是在虛張聲勢，而應預判救援船隊可能引發飛彈相互交火，並造成船隊中的美國和盟國人員嚴重傷亡。

為什麼突破解放軍對台灣的封鎖如此困難？

歷史上，各國會在通往敵國港口的航道上部署中型戰艦，如海岸巡邏艇、巡洋艦和驅逐艦等，以阻止貨船進出。如今，解放軍在台灣危機場景中所部署的長程作戰網路，包括位於中國東南部的基地和移動飛彈發射器，已經足以阻止貨船進出台灣的碼頭。解放軍西太平洋跨區的作戰網路將透過多重高空影像資源，持續追蹤支援船隊、商船及其護航艦隊的位置和動向。解放軍的感測器和指揮網路連結各種長程精確制導反艦武器，例如：中國陸基反艦彈道飛彈和空射反艦巡弋飛彈。

要突破對台灣的封鎖，遠遠不止需要擊沉游弋在台灣港口外的中國海警艦艇、巡洋艦和驅逐艦，要徹底挫敗封鎖，還必須壓制解放軍在中國東南部廣泛部署的分散作戰網路。[6]

這意味著美國高層決策者必須首先有意願授權對中國大陸進行大規模、長時間的轟炸。在第 7 章討論的 2022 年戰略與國際研究中心的兵棋推演中，美國軍事指揮官拒絕採取這樣的行動。根據兵棋推演報告，這些指揮官認為不必採取這樣的行動來阻止解放軍對台灣的兩棲登陸攻擊。此外，這些美國指揮官認為，與飛機損失和衝突失控升級的風險相比，擊敗解放軍對台灣的入侵可能帶來的好處是得不償失。[7]

然而，戰略與國際研究中心的兵棋推演報告並未具體考慮封鎖情境。[8]如前所述，封鎖與兩棲攻擊的情況有所不同，兵棋推演模擬封鎖的進展將反映這些差異。美國和盟國的決策者將面臨一個戰爭底限問題，即是否授權對中國大陸進行大規模攻擊，以壓制解放軍的陸基反艦能力。如果沒有這樣的授權，將無法採取有效的軍事手段，直接挫敗解放軍對台灣的封鎖。如果美國的決策者不願批准此類軍事行動，解放軍將迫使台灣在飢荒中屈服。

假設中國對美軍發動攻擊，並且美國及其盟國的決策者批准對中國大陸進行反擊，那麼美國和盟國軍隊將會攻擊哪些目標，以壓制解放軍的反艦力量，並恢復台灣的航運？要優先打擊的目標清單相當長，而且不容易成功。其中，解放軍在中國東南部的綜合防空系統是至關重要的打擊目標之一。這些系統包括解放軍戰鬥機和攔截機的基地和解放軍移動地對空飛彈部隊，而連接這些部隊的龐大傳感器和指揮網路，則是更為優先的打擊目標。

削弱解放軍的防空能力將為美國及其盟國的空中力量創造更大的機動空間，以打擊解放軍的陸基反艦力量，包括能夠發射反艦巡弋飛彈的戰鬥攻擊機和轟炸機。解放軍海軍潛艇部隊的港口、碼頭和輔助設施也是重要目標。應該在打擊清單上的，還包括用於發射反艦彈道飛彈和巡弋飛彈的運輸豎起發射車，以及這些武器的基地和輔助系統。

美國及其盟國的空中力量和海軍長程陸基攻擊巡弋飛彈，需要打擊並周期性重複打擊這些目標,總計可能包括數千個中國境內的攻擊點,以確保支援船隊能夠抵達台灣的港口。這項努力需要美國及其盟國的領導人投入重大的軍事力量對抗中國。同時,這需要軍隊能發現中國境內的移動目標、突破中國的防空系統並持久發揮作用,長時間有效地對目標進行火力打擊,而打擊持續的時間可能難以預料。

威懾封鎖

好消息是,儘管中國擁有軍事優勢,北京實施封鎖對政治和經濟所造成的負面影響也同樣不可低估。即使對於像中國這樣擁有龐大海警和海軍的國家來說,使用非致命手段來執行封鎖也極為困難。台灣可以將商用船隻和飛機徵用為國有,以確保進出台灣的貿易暢通。貨櫃船比最大的中國海警艦艇還要大得多,因此在公海上的「懦夫賽局」(games of chicken,意即進行「硬碰硬」),中國的海警船將處於劣勢。台灣作為全球高端半導體的主要製造國,在遭封鎖時可以發揮被入侵時無法發揮的優勢。晶片通常是透過空運運送,而且台灣的產品可以轉向友好國家,同時避免向中國出口。美國及其盟國可以透過禁令、關稅和出口管制同時壓制中國晶片廠的輸入和輸出,從而對中國經濟造成嚴重打擊。美國、日本以及其他友好國家可以協助突破封鎖,這將引起民主國家的同情,並使人們把這些行動與冷戰時期成功的柏林空運作比較。經濟和金融制裁和與西方加劇的貿易戰將隨之而來,儘管中國積極推動自給自足的經濟策略,但仍然高度依賴對外貿易。

如果北京對美國採取武力行動，那將意味著戰爭不可避免。然而，美國及其盟國可能無意或無力直接打擊中國大陸的目標，以挫敗解放軍對台灣的封鎖，因此無法利用可信的「拒止式威懾」來對抗解放軍的戰略。不過，美國及其盟國仍可採取「懲罰式威懾」策略。

如第 7 章所討論的，「懲罰式威懾」比「拒止式威懾」弱，並非最理想的替代方案，但它可能是防止解放軍透過封鎖征服台灣的唯一方案。

顧名思義，「懲罰式威懾」的目的在於對侵略方的決策者施加痛苦，以期改變其行為，朝對防守方有利的結果發展。在「懲罰式威懾」策略下，主動權在侵略方手中，因為它可以決定願意承受多少痛苦，這是防守方事先不知道的，甚至在衝突期間也可能無法得知。懲罰式策略成功的條件，可能比防守方當初設想的更殘酷；被定為懲罰對象的領導者則可能認為衝突事關生死，這就減少了透過談判結束衝突的選擇。

儘管存在這些缺點，美國主導的聯盟可能會得出結論，懲罰是唯一可用的方案。在這種情況下，美國和盟國的決策者將需要尋找能夠施加壓力的弱點，以迫使中共領導人接受對美國主導的聯盟來說，可接受的台灣衝突解決條件。

中共領導人的首要目標是維持對中共的掌控，及其對中國政治系統、解放軍以及廣大中國人民的獨裁控制。美國及盟國的決策者和軍事策畫者可能會兼顧軍事和非軍事行動，包括像前面討論過的經濟措施，這些行動將削弱中共的控制力，危及中共領導人最看重的東西。

依據這一理論，潛在的目標可能包括中共成就的象徵性標誌，例如解放軍海軍的主力艦艇和中國的太空港，在中國發動敵對行動後，這些也將成為合理的軍事打擊目標。透過網路和訊息戰，擾亂中國對訊息的控制，可能會削弱共產黨對人民的控制力。公開曝光、查封和摧毀中共高級官員的個人財產，可能會在黨內引發異議；類似1999年在科索沃（Kosovo）衝突中，北約採用這一策略來對抗塞爾維亞領導人，有助於結束當時的戰爭。[9] 最後，美國及其盟國政府可以運用資訊作戰來分化中國人民與中國共產黨。

有一種具爭議性但可行的做法，可以反制解放軍可能切斷台灣的食物和燃料供應的行動，那就是對中國實行「反包圍」。無論如何，大多數商船會避免進入西太平洋的飛彈交戰區，這可能導致對中國大陸形成至少部分的反包圍。美國及其盟國軍隊可以在中國的港口或進入港口的航道附近布設水雷，進一步加強這種封鎖。這是對解放軍封鎖台灣行動的回應，目的在於促使中國民眾反抗中共對台灣的戰爭政策。

懲罰策略常常在道德上具有爭議，其後果難以預測，而且過去常常以失敗告終。由於中國有陸地邊界而台灣沒有，並且，中共可能比台灣更能夠忍受長時間的封鎖，所以對中國實施反封鎖比解放軍對台灣的封鎖更難以奏效。[10]

因此，決策者和軍事策畫者更青睞可直接挫敗對手軍事侵略行為的軍事能力。當這些能力得以展示，並被所有各方決策者意識到，防守方就會達成「拒止式威懾」的目標。

目前，美國及其部分盟國已有計畫，可建立有說服力的軍事能力，能夠擊敗，甚至威懾封鎖行動。可惜的是，這些努力大多應在十年前就已展開。目前的迫切挑戰是，決策者和軍事策畫者必須在短期內竭盡所能，阻止解放軍對台灣可能實施的封鎖。

任務需求和實力差距

如果中國以武力強制封鎖台灣，美國及盟國的軍事力量是否具備足夠的裝備、訓練和作戰理論，來有效壓制解放軍的陸基反艦力量？正如前面所說的，這將是一項極具挑戰性的任務，比擊敗解放軍的兩棲攻擊還要棘手。美國和盟國部隊在某些關鍵能力上仍有所欠缺。

美國和盟國的部隊首先要有全面且可靠的 ISR 網路，能覆蓋中國東南部。考慮到解放軍綜合防空系統的威脅，這些網路最好設在太空。ISR 網路的任務是近乎即時監控解放軍的空軍、海軍和陸上飛彈基地。更具挑戰的是，要近乎即時地監控解放軍的運輸豎起發射車的具體位置和動態，這些運輸豎起發射車用於發射地對地及地對空飛彈。美國太空軍與國家偵察辦公室（National Reconnaissance Office）有計畫利用太空中的地面移動目標指示器（ground-moving target indicator，GMTI）系統來追蹤軍事車輛，如發射車的定位及其移動情況。而在太空的地面移動目標指示器技術，目前尚處於發展階段。[11]

接下來，美國和盟國需要穩定可靠的區域與全球指揮、控制與通信（C3）系統，以便在 5 個作戰領域（太空、空中、海洋、陸地及網路）的各單位和系統之間傳遞數據和指令。這些 C3 系統必須在遭受物理、電子和網路攻擊時仍能維持正常運作，也就是說這些系統需要分布於數百或數千個節點，在遭到攻擊時具有自我修復能力，在設計上需有備用的組件或功能備援系統，並能抵禦信號的干擾、敵方的解碼攻擊以及各種欺騙策略。如第 7 章所述，美國太空軍目前正在部署其「增強作戰人員太空架構」衛星星座。

為了壓制解放軍在中國東南部的移動式陸基反艦力量，美國和盟國需能夠對 ISR 網路識別出來的快速移動目標迅速做出反應。這表示必須有隱形轟炸機在附近持續巡邏，並裝備高超音速空對地武器，能在目標散開和再次隱藏之前進行有效打擊。美國空軍將逐步用新型的隱形轟炸機 B-21「突襲者」（Raider），來補充並最終取代其現有的 B-1B 和 B-2A 轟炸機部隊。但是，這款飛機目前尚處於初步測試飛行階段，要以實質作戰能力對抗中國還需數年時間。而高超音速空對地武器的研究與開發，目前仍在進行。

五角大廈內的各個專案辦公室已提出了大量低成本、自動駕駛的飛機和水下載具構想，這些載具能夠搜尋並攻擊由武器感測器識別的具體目標。工程師們在 20 多年前就已成功開發了這項技術的部分內容，這些技術對於壓制解放軍的陸基反艦力量將極為有用。[12] 不過，美國決策者對致命的自主無人搜尋與打擊武器的批准，實施了嚴格的審查流程（這些流程絕對比解放軍的更加嚴格）。[13] 這些政策使得低成本自動攻擊武器的部署變得緩慢，而這些武器在本章所討論的情境中尤為重要。

最後，美國和盟國的部隊將需要擊敗大量的解放軍海軍攻擊潛艇，這些潛艇將會襲擊往返台灣的商船。盟軍還必須不斷清除解放軍為阻礙航運而在台灣港口附近公開或祕密布設的水雷，台灣和盟國的工作人員需要具備相應的技術和設備，以便在缺乏碼頭和港口基礎設施的情況下，將大宗貨物運送到台灣，因為他們應該預設解放軍會摧毀這些設施。

這是一份極具挑戰性的任務清單，美國及其盟國部隊必須完成所有任務，以確保台灣的貨物流通，從而直接挫敗解放軍的封鎖策略。對抗解放軍封鎖台灣所需要的包括：目標識別、穩定可靠的通信系統、足夠的隱形轟炸機、快速反應武器以及自主搜索攻擊武器。目前，如要直接威懾解放軍可能採取的行動，美國及盟軍的軍事力量比應有的水準落後了 10 年。

兩年行動計畫

在未來兩年內，美國及其盟國的決策者可以採取哪些措施來使軍事力量有所準備，以應對解放軍對台灣的封鎖？

1. 目前是戰前階段，美國高層決策者應指示軍事指揮官及其幕僚制定戰爭計畫，這些計畫應涵蓋在解放軍封鎖台灣的情況下，對中國大陸進行全面且持續的軍事和非軍事行動。為了反擊中方的封鎖，對中國大陸進行打擊是必要的，美國的決策者和軍事規畫者應該事先制定應對計畫。為了有效威懾解放軍的封鎖，美國的決策者應該把採取此類行動的決心和為此做的準備告訴中方。
2. 美國印太指揮部和該地區的盟國應定期進行救援船隊的操作演習，為台灣可能發生的情況做準備。美國運輸部（US Department of Transportation）的海事安全計畫（Maritime Security Program，MSP）擁有一支在國際貿易中活躍的、具有商業價值和軍事用途的商船艦隊，這些船隻可能成為救援船隊演習和行動的核心力量。[14] 訓練將包括快速動員MSP船隻，並協調在可能敵對區域內展開的船隊和軍艦護航行動。美國政府應邀請盟國參與這些演習。
3. 美國的高層決策者應頒布政策，以加快研發與部署有效且低成本的自主搜尋打擊武器。美國及盟軍將需要大量的這類武器，以壓制解放軍在中國東南部的地面反艦力量。儘管五角大廈目前的政策並未禁止開發致命自主武器，也不要求在武器發射後持續進行人為監控，但現行政策設立了繁複的審核程序，拖延了武器開發和部署。由於封鎖台灣的威脅迫在眉睫，現在急需變革，以加快部署這些具殺傷力的自動武器。
4. 美國和盟國的國防決策者應加速開發和部署可靠、備援充分且不易損壞的目標識別系統，以支援對中國東南部解放軍作戰系統的壓制。這些系統應包括空中和太空中的感測器，用於識別地面和海上的移動目標。這些目標獲取系統應包括高空長航時無人機、衛星星座，以及低成本的一次性無人機和水下無人艇。
5. 美國及盟國的國防決策者應加快部署分散式和網路化的衛

星通信星座，例如美國太空部隊的「增強作戰人員太空架構」後續部署的部分，這是美國及盟軍在中國東南部進行壓制行動所必需的。

6. 美國國防決策者應加速發展並部署經濟實惠的高超音速空對地武器，使美國轟炸機能迅速介入，打擊中國東南部地區解放軍機動的地面反艦力量。這些武器在技術上是可行的，但需要美國國防部對國防工業基礎的支持與承諾。

7. 美國及其盟國的海上力量應與台灣協調，為如下事項做好準備工作：清除台灣港口進出水域的水雷、對抗解放軍海軍潛艇的反潛作戰，以及在港口基礎設施無法正常運作時，設法將大量的貨物從船上轉運到岸上。

8. 美國和盟國的高層決策者及軍事規畫者應提前做好準備，制定可能的懲罰性方案，目的是在沒有軍事威懾方案時，迫使中共領導人接受合適的條件，結束衝突。為了實現這一目標，決策者和規畫者應研究如何對中共領導人施加有效的威脅性影響力，並制定相應的軍事和非軍事計畫，以利在衝突中施加這種威脅性影響力。

這是一份執行難度極高的行動清單，尤其是在時間緊迫的情況下。這些軍事準備，特別是針對中國大陸的目標，技術上非常具挑戰性，已達到當前軍事科學和工程學的極限。政策挑戰也同樣艱鉅，在使用致命機器人武器、對中國大陸的持續轟炸行動，以及可能需要對中國領導層公開施壓等方面，決策者需要承擔令人不安的道德爭議和戰爭升級的風險。

第 9 章
動員與裝備

羅伯特・哈狄克

> 政治家與指揮官必須做出至關重要的判斷是,確定所要參與的戰爭類型和形式。
>
> 克勞塞維茨,《戰爭論》

美國及其盟國的決策者和軍事規畫者應考慮到,未來與中國的戰爭可能會持續很長時間,甚至可能沒有結束的時刻,且戰爭強度可能時強時弱。這些決策者和規畫者應該立即為此做好準備,這樣才能在衝突爆發時占上風。更為重要的是,為長期且無止境的衝突做好準備,並讓中國領導人了解這一點,將是強化威懾態勢的關鍵所在。如果威懾奏效,將可防止戰爭爆發。

儘管如此,戰爭動員或在軍事衝突發生前準備進行動員,都是危險的舉措。如果把資源浪費在不適當的軍事能力上,或使己方的作戰重心更容易受敵人攻擊,這種不明智的動員方式可能會削弱國家的戰爭準備,使效果適得其反。如果動員引發通貨膨脹、社會動亂或民眾抗拒,這種拙劣的動員會使國家變弱,而不是變強。

美國及其盟國需要加強準備,以面對與中國的持久戰爭。如果現在就著手準備,將可強化威懾力,即使威懾不奏效,也可為戰爭勝利創造有利條件。然而,決策者和規畫者需要慎重考量他們的動員準備方式,避免使戰略局勢惡化,而非得到改善。

為何美國決策者應假設與解放軍衝突將是持久戰

美國及其盟國的決策者和規畫者應假設對中國的戰爭將是一場持久戰,因為戰爭通常不會輕易結束。戰爭的基本目的是向交戰雙方揭示戰爭前未能獲知的訊息,亦即隨著戰爭的進展,哪一方會變得更強,哪一方會變得更弱。就是因為交戰雙方對這一評估存在不同看法,否則,較弱的一方就很可能願意透過讓步來避免戰爭。戰爭之所以會爆發,是因為雙方都相信己方有勝算,或者認為戰爭是相對不錯的選擇。而隨後的戰鬥和損失,則可以說明哪一方的判斷更準確。[1]

即便如此,透過戰爭來獲取新訊息以解決不確定性和分歧,並非最佳方式且過程緩慢。[2] 此外,即使一位領導者知道自己必定會失敗,他仍可能不願意結束戰爭,因為這對他及其權力圈來說,或許會是致命的。

中共的領導人之所以可能會發動對台灣的戰爭,是因為他們有信心,能夠以可接受的代價取得戰爭的勝利(無論這種信心是否正確)。而他們願意承擔的代價,可能遠遠高於其權力圈之外的人所想像的。例如:奪取台灣是中共的千年大計,也是中共的面子工程。

此外,這些領導人會認為,奪取台灣能顯著削弱日本和美國等區域對手的戰略地位,因為這將使解放軍掌控西太平洋的海上和空中交通線。這一結果甚至將確立中國在歐亞大陸以東的主導地位,這對中共的領導人來說,冒著高風險是值得的。在公開表明他們要為此而發動戰爭之後,他們將難以回頭。

中共和解放軍領導人所選擇的戰爭形式,將決定戰爭持續的時間。第 8 章探討了為什麼封鎖策略對美國及其盟國來說較難應對,以及中國領導人為何可能更偏好這種方式而非兩棲登陸作戰。封鎖可能將是解放軍的長期戰略,其本質在於對台灣逐步施行持續升級的窒息戰術。若要反制封鎖,美國及盟國的決策者和規畫者應對戰爭持續的時間有相應的預期。

中國領導人若認為,兩棲攻擊比封鎖更能「一戰定勝負」,或是為了避免持久戰,認為他們可以透過強勢占領來迅速造成既成事實,那麼他們會選擇兩棲攻擊。

然而,如果這一方案失敗,中國領導人將面臨艱難的抉擇。可能造成失敗的原因之一,是在解放軍試圖發動攻擊時,中方的海軍力量遭到沉重打擊(這在第 7 章討論過)。在成功保衛台灣,使其免遭直接攻擊後,美國、盟國及台灣的領導人可能會希望迅速停火並緩和局勢,避免更大程度的破壞。此時,中國領導人將不得不選擇是否就此「下台階」。

對中國而言,接受迅速停火的理由在於,這將為中國提供一段幾乎不受干擾的時間,可能長達數十年,使其能夠重建解放軍,並將台灣問題留待未來解決。重建工作將是技術上和生產上相對簡單的任務，解放軍領導人可以從剛結束的戰爭中歸納經驗教訓。若台灣和盟軍對中國本土的攻擊相對較少（如第 7 章中提到的 2022 年戰略與國際研究中心兵棋推演所示），中國領導人可能有意降低風險，以免本土遭進一步破壞，以便進行重建。

然而，還有一種更糟糕的可能性，那就是即使兩棲攻擊失敗，內部的政治壓力可能迫使中共和解放軍的領導人不願停戰。即使在失敗後，他們仍掌握著封鎖台灣所需的陸基反艦力量。如第 8 章所述，封鎖台灣的種種好處仍然會存在。

對中國領導人來說，風險在於衝突升級，導致中國大陸遭到大規模轟炸，由美國主導的盟軍可能試圖壓制解放軍的陸基封鎖力量，或對中共領導層展開懲罰性攻擊。如果中國領導人算準了美國及其盟國領導人，無意為了避免台灣被封鎖絞殺而將行動升級──攻擊中國大陸，或無法長時間持續作戰，他們就有可能選擇將戰爭以這種方式繼續下去。

無論哪一種情況，美國及其盟國，還有台灣，都將面臨與解放軍潛在軍力的戰略對抗。這種競爭是長期的，看不見盡頭的。其中一種結果是，它成為避免台灣被封鎖的長期鬥爭，而強度會時強時弱。

另一種結果是雙方停戰，隨後中國歸納戰爭中的經驗教訓，建立更強大的解放軍。無論哪條路徑，美國及其盟國都需要制定明智的動員策略，並有效整合產業和財政資源，以落實該策略。

1944年，柳樹跑道（Willow Run）廠每小時生產1架B-24。美國戰前的動員為其在二戰軍事生產競賽中的勝利奠定了基礎。

照片來源：貝特曼（Bettmann）攝影，由Getty Images提供。

動員是一種競爭行動

動員不僅僅是徵召預備役和國民警衛隊士兵。在本章中，軍事動員包括透過徵兵或招標，對一國的勞動力、財政和工業資源進行重大且特殊的調配，而這些資源原本是用於非軍事用途。在戰爭中，交戰各方通常會動員資源。這是一種競爭行為，通常會使其中一方獲益更多，而受益的方式可能出乎意料。

動員可以在戰前進行（可以說解放軍正在這樣做）。例如，隨著國際局勢惡化，美國國會在 1941 年 12 月美國參加第二次世界大戰之前，通過了幾項重要的軍事法案。首先是 1938 年的《海軍法案》(*Naval Act*)，該法案批准將海軍的軍艦預算增加 20%，批准建造配備 16 吋砲的愛荷華級（Iowa class）戰艦，並大幅擴充海軍的巡洋艦和驅逐艦艦隊。[3] 接下來是 1940 年 7 月通過的《兩洋海軍擴張法案》(*Two-Ocean Naval Expansion Act*)，該法案授權為艦隊新增 7 艘戰艦、18 艘航空母艦、29 艘巡洋艦、115 艘驅逐艦、42 艘潛艇和 15,000 架飛機。[4] 1940 年 9 月，富蘭克林・羅斯福總統簽署了《1940 年遴選訓練及兵役法》(*Selective Training and Service Act of 1940*)，該法案批准美國首次在和平時期進行徵兵，允許一次徵召多達 90 萬名男性。[5]

這些措施，尤其是提前訂購建造周期較長的戰艦，使美國在戰爭爆發後處於更有利的地位。同時，它們也為美國工業做好了充分準備，以應對隨後壓垮軸心國對手的大規模戰時動員。美國參戰並全面動員後，盟國輕鬆贏得了動員競爭；而軸心國領導人決定向美國宣戰，這顯然是錯估了形勢。

動員是一種危險行動

動員的目的在於迅速增強國家的軍事實力。但如果決策者未考慮國家的經濟狀況或社會背景，動員可能會帶來風險。若處理不當，動員可能會適得其反。

美國政府為參與越南戰爭所進行的動員就是一個例證。1965

年，詹森（Johnson）政府決定在南越展開大規模的地面戰爭，以抵禦北越軍隊和當地的共產黨游擊隊。詹森總統相信，軍事動員將使美國在越南戰爭中占有「升級優勢」，就如同 20 多年前在第二次世界大戰中，美國的成功動員使其在對抗軸心國時占據上風。

1965 年 3 月，2 個美國海軍陸戰隊營在南越的峴港（Da Nang）登陸。截至 12 月，美國在越南的軍事人員數量達到 184,300 人，並在 1968 年增至 536,100 人。[6] 為了支持這場地面戰爭，五角大廈將美國陸軍和海軍陸戰隊的人員從 1964 年 6 月的 1,163,015 人擴增至 1968 年 6 月的 1,877,595 人，增幅達到 61%。[7]

為了滿足人力動員需求，美國兵役登記系統（Selective Service System）的徵召人數是之前的 3 倍，此舉遭到強烈反對，並引發了廣泛的公民不服從運動。[8] 此外，1965 年時，美國勞動力市場和整體經濟已經在滿負荷或超負荷的狀態下運行。對人力和軍工生產的額外需求，導致迅速加劇的通貨膨脹，這種狀況通常會引發政治動盪。[9]

在不到 3 年的時間內，詹森總統的戰爭政策失去了政治支持，他決定不再尋求連任。到了 1968 年，唯一在政治上可行的政策是從戰爭中脫身並停止動員，這一政策由詹森的繼任者理查·尼克森（Richard Nixon）落實。

詹森總統及其顧問未能充分考量國家的宏觀經濟和社會背景。對於越南戰爭而言，動員創造了失敗而非勝利的條件，這是決策者應該銘記的教訓。

動員什麼？為什麼要動員？

根據第 7 章討論過的美國國防部《聯合作戰計畫第 5-0 號》，為越南戰爭動員 50 萬名地面部隊並將其置於敵方火力範圍內是魯莽的策略。按照該作戰計畫的觀點，美國輕率地暴露了自己易受攻擊的作戰重心，徵召了來自全國各地的步兵，將他們置於敵人的槍口之下。而這個敵人掌握著戰爭的主動權，能決定戰鬥何時開始，或以什麼方式進行。同時，美方沒能找到敵人的作戰重心，更未能制定有效的攻擊策略。

此事件的教訓是，決策者和規畫者應先基於作戰重心分析，制定可行的戰略，並形成能執行該戰略的作戰理念。然後，根據戰略和作戰理念的具體需求，謹慎地制定動員計畫。

第 7 章詳細討論了美國及其盟國，為戰勝解放軍對台灣兩棲攻擊所需的軍事能力；第 8 章則分析了挫敗解放軍對台封鎖所需的條件。這兩份清單參考了《聯合作戰計畫第 5-0 號》的建議，即找到並打擊敵人的作戰重心，同時避免被敵人以同樣的方式反制。在進行對抗解放軍的戰前及戰爭動員時，美國及其盟國所動員的軍事資源應該符合這些理念。

挫敗兩棲攻擊和封鎖的首要條件，是擁有制空權和制太空權。美國及其盟國在尚未掌握這兩方面的絕對優勢之前，將無法安全地進行大規模的海上或地面作戰。因此，在可能的衝突發生前和衝突期間，由美國及其盟國組成的聯盟首先應規畫的，就是動員空中和太空的資源和能力。

值得慶幸的是，美國及其盟國在航空和太空領域的研究、工程及工業能力上具有顯著的優勢。美國本身就掌握了全球一半的航空太空工業能力。此外,在推進技術、電子技術、太空系統和無人系統等先進航空太空技術的發展上,美國也處於全球領先地位。雖然中國的航空太空工程和生產能力正在提升,但仍遠遠落後美國;美國每年的航空太空產業的產量幾乎是中國的 7 倍。[10]

相較於中國,聯盟在軍事航空太空領域擁有持久的競爭優勢。正如第 7 章和第 8 章所述,航空太空力量可用來對付解放軍作戰重心,包括解放軍海軍及中國東南部的解放軍陸基反艦力量,是對抗解放軍的最佳方案。這些章節說明了盟軍如何運用航空太空力量,應用《聯合作戰計畫第 5-0 號》的基本原則,打擊敵人的作戰重心,同時避免敵人以同樣手段反制。

對台灣局勢來說,由美國及其盟國組成的聯盟幸好擁有最有效的工具,那就是長程空中力量和制太空權。與對手相比,美國及其盟國在這兩方面有著顯著而持久的優勢。聯盟的軍事策略、作戰模式及動員計畫,應該充分利用這一優勢。

美國的國防決策者和規畫者可參考上述分析,在一場有可能發生的戰爭之前採取措施、威懾衝突,並在威懾無效時,加快關鍵能力的產出。

整體來說,這些措施應該擴大長程打擊平台的裝配能力並使其多樣化。這些能力包括:B-21 突襲者轟炸機;長程空對地飛彈,如聯合空對地遠距攻擊飛彈和長程反艦飛彈;經濟實惠的高超音速空對地武器和中程武器(如動力聯合直接攻擊彈藥);額外和多樣化的低軌衛星發射能力;額外的小型衛星,用於偵察、通信和加強太空領域感測;以及負擔得起且一次性的無人空中和水下載具,用於偵察和自主攻擊。

美國在全球航空太空產業中已經占據了主導地位,因此,有充分的優勢來擴展這些領域的裝配能力。美國已有航空太空企業的工程技術、管理經驗和勞動力,這些資源可以擴大現有的軍工裝配能力,或在國家動員計畫需要時,將現有的民用航空太空能力轉移到有需要的軍事項目上。

這是根據軍事策略和作戰理念所制定的動員計畫,該策略和理念最適合用來打擊解放軍在兩棲攻擊和封鎖時暴露出的作戰重心。這項動員計畫將加快最有效武器平台和彈藥的生產速度,並發揮美國和盟國在航空太空領域的競爭優勢。

同樣重要的是,這將避免美國在不具競爭優勢或與軍事問題無關的領域動員力量,從而浪費資源並增加社會風險。例如,美國海軍情報局(Office of Naval Intelligence)指出,中國的造船產能比美國高出232倍;在海軍動員方面,美國無法與中國抗衡。[11] 2022年戰略與國際研究中心的台灣戰爭兵棋推演顯示,美國地面部隊在台灣局勢中的作用有限,不應將易受攻擊的作戰重心暴露在敵人的砲火之下;因此,地面部隊不應成為台灣局勢中的優先動員對象。[12]

動員的代價

美國的宏觀經濟與財政狀況限制了決策者的動員方案。在目前美國經濟已滿載運轉的情況下,類似第二次世界大戰時期的大規模動員,包括徵兵和大量軍事裝備採購並不可行。此外,美國國會預算處（Congressional Budget Office）預測，在 2024 年，聯邦政府的財政赤字將達到國內經濟總量的 5.8％，並推算政府的長期財政狀況在未來幾十年內將顯著惡化。[13] 大規模動員所帶來的額外財政負擔可能會導致金融危機。美國既缺乏足夠的勞動力，也缺少實施大規模動員所需的財政資源。因此，前述具針對性的動員方案更符合本章所建議的軍事策略，並在經濟和財政上更具可行性。

五角大廈的 2024 財政年度預算，為針對台灣局勢而啟動的精準戰前動員所需成本提供初步估算基礎。

下頁表列出了五角大廈 2024 財政年度預算中，與台灣最相關的部分武器，即在第 7 章至第 9 章中討論過的武器項目。右側欄位顯示了如果將這些項目的產能增加 50％ 並使其多樣化所需的成本（數額以十億美元為單位，已四捨五入）。[14]

美國國防部可以將這些額外資金應用於擴充裝配能力；建造後備且分布於不同地理位置的裝配設施；招聘和留住更多研究、工程及製造專才；支持新企業進入國防產業基地；以及加強關鍵武器和系統的組件供應鏈。

對於最有助於應對台灣局勢惡化的項目，額外的年度支出約為 75 億美元，這在美國整體國防預算（2024 財政年度 8,630 億美元的 0.9％）或 2024 年預計美國經濟總產出（27.238 兆美元的 0.03％）中，都顯得微不足道。[15]

美國政府和納稅人能夠承擔這筆費用。值得注意的是，這將代表一種全新的、精確的和有針對性的動員方式，目的是阻止戰爭的發生。

計畫	2024 財政年度預算需求（十億美元）	額外的 50%
B-21 突襲者隱形轟炸機（B-21 Raider bomber）	$5.3	$2.7
聯合空對地遠距攻擊飛彈（Joint Air-to-Surface Standoff Missile）	$1.8	$0.9
長程反艦飛彈（Long Range Anti-Ship Missile）	$1	$0.6
各類聯合直接攻擊彈藥（Joint Direct Attack Munition）	$0.2	$0.1
高超音速空對地飛彈研究（Hypersonic air-to-surface research）	$0.5	$0.3
無人戰鬥機研究（Unmanned combat aircraft research）	$0.1	$0.1
水下無人機系統（Unmanned underwater systems）	$0.4	$0.2
衛星通信、太空防禦（Satellite communication, space defense）	$5.2	$2.6
總計	$14.6	$7.5

當前所需：可持續作戰理念和軍工政策

美國及其盟國的決策者應在潛在衝突發生之前，盡早制定戰時動員計畫。時間對交戰各方都至關重要，動員遲緩的一方可能面臨更高的戰爭成本，甚至失敗。而制定動員計畫意味著必須提前制定軍事策略和作戰理念，以確保動員計畫能夠有效支持這些策略和理念。

美國在第二次世界大戰中的動員經驗提供了寶貴的教訓。本章先前說明了美國如何通過1938年的《海軍法案》、1940年的《兩洋海軍擴張法案》和1940年的徵兵制度，來為即將爆發的衝突做好動員準備。

雖然有這些前瞻性措施，小羅斯福和他的主要軍事指揮官直到1942年11月底，即美國參戰近一年以後，才形成全面的作戰理念並制定配套的軍工生產計畫。戰前原有的動員計畫是基於第一次世界大戰和十九世紀的概念，旨在建立一支以步兵為主的美國軍隊，包括215個陸軍師，空軍和海軍則扮演輔助性角色。而為填補陸軍的兵力，則使軍工業勞動力短缺。[16]

但在1942年夏秋之際，小羅斯福總統新任命的軍事參謀長威廉・李海（William Leahy）上將建議將動員計畫轉向以空軍和海軍為主的軍事力量。根據小羅斯福自己對戰爭的觀察，以及他擔任海軍助理部長期間的經驗，他早已偏好李海上將的建議。

小羅斯福和李海上將認為，相較於以地面部隊為重心的動員計畫，這個作戰理念基於美國覆蓋全球的海空主導地位，能更有效地發揮美國的技術和工業優勢，並顯著減少美方的傷亡。[17]

到1942年11月底，小羅斯福和他的軍事顧問制定了一項動員計畫，要在1943年建造107,000架軍用飛機（美國在戰爭期間總共建造了299,293架軍用飛機），並將海軍建設重點放在航空母艦和兩棲運輸船上，但將陸軍的動員規模縮減至90個師。[18]這種先進的作戰理念和軍事力量，不僅成功地擊敗了軸心國，而且與戰前動員計畫相比，大幅減少了美方的傷亡。[19]

小羅斯福及其顧問值得讚許，因為他們在戰爭開始前數年就提前啟動了海軍動員。他們還應獲得更多讚許，因為他們制定了一套極為有效的動員理念，在戰術以及海空機動性方面，利用美國在技術和工業上的優勢對抗對手的弱點。

然而，令人感到遺憾的是，這個計畫是在美國參戰的 11 個月後才確定的。這種延誤使強大且完成全面動員的美國軍隊直至 1944 年才到位，從而增加了戰爭的成本。今日的決策者可以從這個歷史事件中汲取教訓，為現在的不確定情況做好全面準備。

最後，美國的決策者需認識到，即使威懾成功，避免了與中國的戰爭，地緣戰略競爭仍可能持續至本世紀末。這些決策者制定的策略、作戰理念和準備動員政策應符合美國社會的期望，獲得不同政治陣營的支持並且負擔得起，同時在情況發生變化時保持靈活性，以確保長期可持續執行。本章及前兩章所述的概念和動員計畫符合這些標準，因為它們可利用美國的優勢，來對抗中國的弱點。

兩年行動計畫

美國及其盟國現在應為對抗中國的軍事動員採取哪些行動？

1. 美國及其盟國的決策者和軍事規畫者應在預期的戰前階段，針對可能面臨的台灣防禦情勢，制定軍事戰略、作戰理念和動員計畫。根據第 7 章至第 9 章的討論，這些戰略、理念和計畫應充分發揮美國和盟國的持續優勢，針對中國的弱點，同時在經濟和政治上保持長期可持續性。提前制定這些政策將有助於加強威懾力，並在緊急情況下節省時間，這是一個重要的競爭變數。
2. 美國及其盟國的決策者和規畫者應與航空太空和海洋產業的領導者會談，商討在必要時如何準備動員產業資源以達成預期的戰爭目標。
3. 美國國會應撥款在奧克拉荷馬州的廷克空軍基地（Tinker Air Force Base）建立第二個 B-21 突襲者轟炸機的裝配中心，該基地與加州的主要裝配中心相隔甚遠，且為轟炸機的全程維護和持續保障的指定地點。[20] 建立第二條 B-21 突襲者轟炸機裝配線將提高轟炸機的生產速度，為澳洲等盟國提供更多轟炸機，並使生產基地遠離解放軍的打擊範圍。[21] 在對中國的長期軍事行動中，美國空軍需要擴增轟炸機生產能力、加快速度、補充不可避免的轟炸機損失，並提供充足的轟炸機力量，以威懾可能在其他地區發生的投機性侵略行動。
4. 美國國會應為本章所談及的武器系統研究及擴大產能增加資金投入，這些系統涵蓋空對地武器、可自主的無人空中或水下載具及武器，以及太空通信和偵察能力。在戰前為這些系統提供資金可擴大產能，增加工程人才儲備、深化供應鏈，並支持新企業進入國防工業領域。

綜上所述，美國及其盟國的領導人應打消中國共產黨領導人的諸般念頭：即中國能在動員競爭中獲勝，或更有耐力應付長期甚至無限期衝突。美國及盟國領導人有能力做到這一點，如果他們在戰前就確立致勝策略並實現該策略的有效作戰理念。或許，美國及盟國領導人可以採取的最有效威懾措施，就是立即開始動員準備，並向中共領導人展示這一準備情況。這將有助於讓中共領導人認識到，他們並沒有奪取台灣的有效軍事方案。

PART 4
應急工作之三：
日本篇

第 10 章

日本的「關鍵角色」

格蘭特・紐夏

> 台灣有事就是日本有事,也就是美日同盟有事!
> ——日本前首相安倍晉三

引言

　　習近平的攻台評估中,日本的態度和能力將是關鍵因素。日本是威懾習近平的關鍵,如果最壞情況發生——威懾失敗,那麼日本的行動無論是現在還是未來,將可能決定台灣,以及美國和自由世界的成敗。

現狀不盡如人意

　　幾十年來,日美防衛策略可形容為「盾」與「矛」的關係:日本充當保護基地的「盾牌」,而美國則是執行實際作戰的「矛槍」。雖然美國在日本的基地對於西太平洋的整體行動,尤其是針對台灣的應急情況至關緊要,但日本需要承擔更多的責任,而不僅僅是提供基地和有限的後勤及防禦支援。

中國對台灣的攻擊,可能伴隨著在區域內的其他地方,甚至全球範圍內發動的「配合」行動。這些行動可能包括:北韓在朝鮮半島引發衝突、對日本的直接攻擊、中國海軍在麻六甲海峽的活動、俄羅斯對日本領土的入侵或在歐洲進行挑釁,甚至可能包括伊朗在中東發動軍事行動。

美國的同時多線作戰能力有限,因此需要強而有力的盟國,不但能自我防衛,而且能在美軍需要採取進攻行動時提供有力的支援。

日本需要做得更多,這包括採取具體措施來提升軍事能力。這不僅是為了日本自身的安全,也為了更有效地支援美國和其他合作夥伴,並在必要時能夠分擔作戰責任。

最重要的是,日本必須展現出作戰的決心。沒有顯示這種決心,即使東京方面擁有再多高價值的武器系統,也無法提高其軍事威懾效果。

日本不能再僅維持有限的防衛能力,關於日本將如何應對可能在台灣發生的緊急情況,東京方面也不應因為擔心冒犯中國,而繼續持模糊態度。日本不能繼續過度倚賴美國的軍事力量,相反地,日本必須積極地為集體安全做出貢獻。建立更強大的日本自衛隊(Japan Self-Defense Forces,JSDF)不僅至關重要,而且本身也是一種政治宣示。日本的政治人物也應喚起人民的支持,充分利用國家的經濟實力來加強國防。

毫無疑問,日本的許多決策者,甚至普通民眾,最初會對日本直言不諱的新立場感到不安。然而,日本越能展現強大的作戰能力和積極的意願，實際參與戰爭的風險就會越低。日本應該記住，越是展示自身對安全的承諾，美國，這唯一的正式盟國，就越願意為日本而戰。

確實，日本自衛隊統合幕僚長吉田圭秀上將最近在《日經亞洲》(*Nikkei Asia*)的一次採訪中，揭示了他對這一局勢和日本需要採取行動的深刻洞察：

> 到目前為止，我們可以依賴美國的威懾力量應對危機。但是，如果我們過度依賴美國，那麼美國內部可能會出現質疑聲音，懷疑是否值得為美國與日本的聯盟付出高昂的成本。我們將透過提升日本自身的能力來增強聯盟的實力。[1]

只要將問題清楚闡明，日本的社會大眾就會加深對國防的了解，認識到日本有必要加強自我防衛，並成為可依賴的盟國。時任首相安倍晉三推動「集體自衛權」的修訂解釋時，的確出現了一些民眾抗議，且公眾對於大幅增加國防開支的必要性（尤其是具體措施）持懷疑態度。然而，即使在卸任後，安倍及其他人仍然堅持推動這些變革。僅僅幾年後，當岸田文雄成為首相時，他幾乎沒有遇到任何民眾反對，就順利推進了所有相關議程。

美日防衛關係 60 年

在 1977 年至 1988 年擔任美國駐日本大使的麥克・曼斯菲爾

德（Mike Mansfield）經常表示，「美日關係是最重要的雙邊關係，絕無僅有。」[2]

這一觀點至今仍然屹立不搖。美國與日本的緊密合作，無論是軍事上、政治上、經濟上，還是心理上，都是亞太地區自由與安全的基石。在過去 25 年裡，中國迅速的軍事擴張和日益強硬的姿態，讓曼斯菲爾德的話語再次得到驗證。北京的區域霸權目標包括奪取由日本控制的尖閣諸島（Senkaku Islands，即釣魚台列嶼），並削弱日本對琉球群島無可爭議的主權控制。恰如毛澤東所言：「槍桿子裡面出政權。」

許多日本自衛隊官員多年前就已意識到中國的風險，指出「台灣防衛等於日本防衛」。如果台灣淪陷，日本大部分貿易和能源運輸必經的南海航道將被中國控制，解放軍的艦船、潛艇和飛機可以從台灣出動，輕易地孤立、騷擾或包圍日本。

例如，在東京與華盛頓就此問題達成共識之前，時任海上自衛隊自衛艦隊司令官的海軍中將香田洋二，早已對中國在南海的造島活動及其對日本的威脅提出了警告（香田洋二也是本書下一章的作者）。[3]

大約從 2010 年開始，即使是最樂觀的觀察者也難以完全忽視中國的威脅，特別是在中國開始加劇對尖閣諸島（釣魚台列嶼）周邊施壓之後。中國開始頻繁地以海警船和漁船侵擾，並伴有解放軍空軍的入侵，這些行為常使日本海上保安廳的船隻和其他自衛隊力量疲於奔命。這是一種近乎潛移默化的占領，類似於北京在南海的成功策略。許多日本漁民因擔心中國的騷擾，已經不再前往那些區域的日本傳統漁場捕魚。

為響應習近平所說的「我們的領土一寸都不能丟失」，中國海警已計畫，2024年全年365天維持其艦船在尖閣諸島（釣魚台列嶼）的日本領海巡邏，這比以往任何一年都要頻繁。
照片來源：日本共同通訊社（Kyodo News），由Getty Images提供。

除了中國強大的海警和海上民兵部隊外，有時與俄羅斯海軍艦艇共同巡弋的解放軍海軍艦艇也會進入日本領海，甚至環繞日本本島航行，以展示實力。

數據顯示：解放軍海軍擁有超過370艘潛艇和水面艦艇（預計到2025年底將增加至400艘），而日本海上自衛隊則僅有約154艘艦船，這些艦船不僅要負責整個日本的防衛，還需監視北韓和俄羅斯的活動。[4]

難怪日本海上保安廳和日本海上自衛隊的官員，偶爾會承認他們對解放軍的行動感到「不堪其擾」；日本航空自衛隊同樣因為解放軍空軍頻繁的入侵行為而感到不堪負荷。

中國的軍力擴張是多方面的——包括海軍、空中及兩棲部隊；太空、網路、電子及核武器；以及數千枚長程飛彈，還有長期針對日本的政治作戰。如果沒有日本的支持,美國很難成功保衛台灣——即威懾中國的攻擊,其希望微乎其微。然而,如果沒有美國的幫助,日本根本也無法保衛自己。

長期以來,日本對美國在傳統軍事和核武保護方面的承諾一直存有疑慮。觀察家指出,日本的擔憂在「日本被抨擊」(要求日本承擔更多的防禦責任)和「日本被忽視」(美國和中國達成協議,讓日本孤立無援)間搖擺不定。今日,日本並不擔心被「捲入美國的戰爭」,其真正擔心的,是美國在防衛日本方面是否值得信賴。

日、美兩軍除海軍外互不熟悉

美日防衛同盟已經成立超過 60 年。人們會認為,兩國軍隊應該對彼此非常熟悉,並且能夠「妥善應對各種事務」。當然,也有一些令人振奮的消息:首先是飛彈防禦系統,其次是美國海軍和日本海上自衛隊。美國和日本在飛彈防禦能力的整合與提升方面表現卓越,兩國海軍之間擁有穩固的作戰關係。

如果台灣發生戰爭,日本海上自衛隊與駐橫須賀的美國海軍第七艦隊之間的協調,可能成為關鍵力量的重要支柱。

儘管有這些值得稱道的例外,但經過這麼多年的接觸,日本自衛隊和美國部隊的聯合作戰能力仍遠遠未達到應有的水準。

這在 2011 年大規模地震和海嘯襲擊日本東北地區後得到了證實。除了美國海軍和日本海上自衛隊迅速協同投入救災工作外,日本和美國的其他部隊都急忙建立最基本的合作關係,似乎對彼此的能力所知甚少。至於聯合作戰，即相關國家的多軍種部隊合作，則更具挑戰性。更何況目前在日本國土上，並沒有即時的敵情威脅。

2011年，為應對地震和海嘯，美日雙方首次組建了臨時的「美日聯合任務部隊」（joint US-Japan task force）。然而，自「友人行動」（Operation Tomodachi）開始以來的14年中，其進展始終不盡如人意。

在2015年，安倍首相成功推動了對「集體自衛權」的重新解釋和《美日防衛合作指南》（*Guidelines for Japan-U.S. Defense Cooperation*）的修訂，加強美國和日本部隊的聯合訓練和協同行動。安倍還建立了同盟協調機制（Alliance Coordination Mechanism，ACM），該機制具有潛在的優勢，但仍然模糊且難以操作，在實際衝突或緊急情況下幾乎無法發揮作用。目前，日本和美國軍隊已增加雙邊演習次數，並且比以往更加積極「聯合」他們的指揮和控制系統。然而，進展仍然緩慢，在聯合規畫方面，尤其是針對台灣緊急情況的準備，幾乎沒有取得實質成效。

日本自衛隊

據某些數據，日本自衛隊是全球第五大軍事力量。日本自衛隊共有約25萬名成員，包括約15萬名陸上自衛隊成員，以及各約5萬名海上自衛隊和航空自衛隊成員。他們擁有現代化、高效率的硬體設施，人員也訓練有素。然而，其整體實力可能比不上各個部分相加之和。

日本自衛隊原本是作為美國軍隊的附屬部隊而建立的。它擁有能夠支援美國作戰的特定能力，但並非一支能夠進行多領域和聯合兵種作戰的全面軍事力量。2023 年 8 月，日本統合幕僚長吉田圭秀在被問及日本自衛隊是否具備保衛日本的能力時誠實地表示：「我們目前的能力無法保障日本的安全。」[5]

陸上自衛隊中，防備俄羅斯入侵北海道的部隊，裝備過重且機動力不足。在過去 10 年中，陸上自衛隊已將重點轉向機動性更強的部隊，這些部隊能在南日本海域作戰，那裡的中國威脅最為嚴峻。這需要與海上自衛隊合作，特別是隨著陸上自衛隊成立了第一支兩棲部隊（即水陸機動團）後更是如此。

日本的海上自衛隊具有高度專業性，在潛艇和反潛作戰、水面作戰、海洋監偵以及水雷作戰等方面更是卓越獨到。自 2011 年以來，海上自衛隊除了開始與陸上自衛隊和航空自衛隊發展聯合作戰能力外，還在精進兩棲作戰技巧。

儘管擁有一些令人印象深刻的作戰能力，一位曾與海上自衛隊合作的外國高級軍官指出，日本海上自衛隊尚未裝備或訓練過「多領域艦隊行動」（multi-domain fleet actions），這類戰法可能在有效對抗中國時發揮重要作用。他還補充說：「這不是一支能力全面的部隊，其反潛能力不在話下；不過，它還缺乏一支艦隊航空部隊。」[6] 此外，它也難以維持足夠的人力，更不用說按需要擴充人力了。最近，日本自衛隊甚至考慮將 500 名陸上自衛隊人員調入日本海軍，以便為 2 艘計畫中的新驅逐艦提供所需船員。

日本航空自衛隊同樣非常專業，但依舊人力不足，也常常與其他軍種分開作業。自衛隊確實需要額外的經費，岸田政府（以及自 2012 年安倍總理上台後的前任政府）也已經意識到了這一點。實際上，計畫已經在推進中，預計在未來 5 年內將國防開支增加到目前的 2 倍。到 2025 年，日本將建立一個統合作戰司令部（Permanent Joint Headquarters），首次統一指揮自衛隊陸、海、空三個部門的行動。

重要的是，日本以前對執行「攻擊性」行動的自我限制似乎已經不復存在。東京方面已認識到，在更大規模的戰略防禦中，有必要擁有更遠射程的致命打擊能力，甚至可以針對敵國領土內的目標。

在日本的軍事現代化的計畫中，東京方面必須像重視硬體設備一樣重視日本自衛隊人員的問題。多年來，日本自衛隊的招募目標約有 20％ 未達標，因此，部隊老齡化問題嚴重且人力不足。原因不僅是日本人口減少這一眾所周知的事實，還包括自衛隊服務條款的問題，如薪水低、住房破舊和對家庭成員的醫療照顧不足。即便如此，自衛隊仍然受到公眾支持，基地開放日和其他對公眾開放的演習廣受歡迎，就可以證明這一點。

日本自衛隊是一支專業的部隊，若能制定適宜的軍隊發展政策並增加投資，相信它在短期內就有潛力能成為世界一流的軍隊。

緊急建議

2022 年底，日本政府更新了 3 份基本的國家安全文件：《國家安全保障戰略》（*National Security Strategy*）、《國家防衛戰略》（*National Defense Strategy*）、《防衛力整備計畫》（*Defense Buildup*

Program)。這些文件涵蓋了所有安全面向，並明確地指出了日本面臨的威脅，特別是中國。以下建議針對日本防禦能力中最急需改進的問題。

這些建議旨在快速提升日本自衛隊的作戰效益，增強部隊的能力，並使其能夠在「戰鬥最前線」成為全面合作夥伴。這些建議也希望帶來政治效益，例如向中國以及區域內外的其他國家展示日本的防衛決心，同時為日本公眾帶來影響。

這些建議旨在遵循前首相田中角榮於 1970 年向美方提供的建議，當時華盛頓考慮要求東京允許美國海軍在橫須賀海軍基地停泊航空母艦。他建議美方，「告訴我們你們需要什麼，並且不要妥協。」

日本自主採取的步驟

1. 最高政治領導層應大力發聲，公開討論外部威脅以及日本的防禦缺陷。只要日本人民認識到這些風險，他們會減少抱怨並支持改善的政策。日本自衛隊能及時地公布和揭露中國（及俄羅斯）在日本周邊的軍事活動以及其他惡意活動。這種出色的表現應該持續下去，並得到加強。北京當局的威脅將使日本政府強化防衛的政策更有說服力。例如，在 2022 年，北京對美國眾議院議長南西・裴洛西訪問的反應，促使東京的 3 份新防衛文件成功通過。
2. 應公開強調台灣有事就是日本有事。日本的專家應該關注的是，日本如何能夠為台灣防禦做出更大貢獻，而不是建議美國必須為了支持美日聯盟而保衛台灣。
3. 使日本自衛隊和日本人民做好應對台灣戰爭的身心準備，日本不能僅限於提供後勤支援和保衛本土的軍事基地。
4. 將於2025年啟用的統合作戰司令部應獲得適當權限，能夠有效地改善日本自衛隊的備戰狀態。有人擔心，該機構設立後可能不會有太大作為。這個新設的司令部需獲預算批准權限，以及領導日本自衛隊各獨立部門的權力。在組織、能力和設備方面，這個司令部應被賦予實施統合的權力，即使航空自衛隊不願意，也必須使其參與。
5. 透過允許增加冒險程度，為務實且有效的訓練提供更多空間和資源，來擴展日本自衛隊的「實戰思維」。自衛隊的成員沒必要遠赴澳洲接受嚴格訓練，可以在日本設立兩棲訓練場地。日本自衛隊的訓練需要更具實戰性，並且不應受到過度安全的束縛，這些限制阻礙了其專業化發展。應該讓自衛隊自行決定冒險程度。
6. 應妥善安排彈藥儲備、作戰後勤、傷亡處理事項，並且保證有足夠預備役人員，來填補戰鬥傷亡。日本顯然尚未做好打仗的準備。至於民防，日本擁有扎實的基礎，這得益於長期建立並完善的地方自然災害應對網路。應在此基礎上進一步發展，以備應對更廣泛的突發情況。
7. 強化基地和設施（特別是日本的南部島嶼，但不僅限於此）。應做好準備，以保證在遭受敵人攻擊時仍能正常運作。應能夠迅速完成修復工作，這需要頻繁且有真實感的訓練才能做到。

8. 派遣自衛隊醫療人員前往東歐，如波蘭或甚至是烏克蘭，既提供支援，也能學習戰場傷亡處理及治療。
9. 將自衛隊預備役部隊建設成為一支能發揮實際作用的有效力量。同時，應確定哪些現役活動和任務，在緊急情況下需要立即支援，並將這些作為預備役部署的重點。
10. 優先強化日本海上自衛隊的負責水雷作戰的掃海隊群，包括防禦和攻擊水雷作戰。與韓國合作，在未來的突發情況時確保航道暢通無阻。
11. 擴大海外安全援助，特別是與菲律賓的合作。同時擴大對太平洋島國的援助，特別是帛琉（Palau）、馬紹爾群島（Marshall Islands）和吐瓦魯（Tuvalu）──這三個在該區域仍承認台灣的國家。支持這些國家不僅在軍事上有好處，而且還能展示支持台灣的國家能夠獲得利益。應優先處理能源、運輸和通信問題。與美國、韓國、澳洲、台灣、印度及其他國家進行協調合作。
12. 針對中國在日本的顛覆活動及第五縱隊的活動，展開有針對性反情報行動。這也包括打擊中國支持的反軍事、反基地團體在沖繩及其他地區的活動。調查日本的地產交易，特別是那些靠近敏感地點和涉及敏感產業的購置情況。
13. 放寬對夥伴國的訓練限制。為了保衛日本，美軍部隊得經常離開日本，前往其他地方訓練。這些限制應該迅速解除，而且不難做到。此外，應該繼續在日本接待其他友好國家的軍隊進行有實際意義的演習。
14. 透過提高薪資、福利以及加強宣傳來解決自衛隊招募不足的問題。政治和文化領袖應大力宣揚在日本軍隊服役的好處，並提醒大家這是一份值得尊敬的工作。同時，應該鼓勵製作提升士氣的電影（例如《捍衛戰士》〔*Top Gun*〕的效應）。

15. 依照功能重組陸上自衛隊，為直升機部隊、步兵部隊及其他專業軍種設立基地，以提高運作效率。廢除幾十個僅有小單位駐紮的小規模基地。除舉行櫻花祭等地方慶祝活動外，這些基地幾乎沒有什麼作用。日本政府可能會辯稱這是他們保持自衛隊與當地民眾聯繫的方式。如果是這樣的話，從自衛隊訓練仍受到的嚴格限制來看，這些部隊的表現不佳。
16. 在自衛隊中採用北約標準。澳洲的經驗顯示，非北約部隊採用北約標準後獲益良多。

日本與美國合作的具體步驟

1. 在日本設立美國與日本的聯合作戰總部。同時，組建美日南西諸島聯合特遣部隊（日本的「南西諸島」包括琉球群島），並將總部設於沖繩。這些指揮部應聯合進行詳盡的台灣應急計畫，並考慮在尖閣諸島（即釣魚台列嶼）部署聯合部隊。
2. 開放更多日本的民用機場（這些機場有100多個，大多數利用率低）供自衛隊、美軍及其他友軍使用。
3. 重新讓美國（和日本自衛隊）使用在尖閣諸島（即釣魚台

列嶼）及附近的空中和海軍射擊場。美軍在 1970 年代經常使用這些射擊場，而美國在與日本的防衛條約下仍擁有使用權。

4. 允許台灣軍隊在日本領土內訓練，就像美國允許他們在美國領土訓練一樣，這樣可以促進雙方的協同作戰能力並展示政治意識。
5. 擴展飛彈防禦合作，除了美國外，還要納入韓國和台灣。
6. 提高資訊安全協定至「五眼聯盟」（Five Eyes）標準，並進一步加強與美國及其他夥伴的情報共享。[7] 考慮到建立整個政府的安全審查系統可能需要很長時間，應該先行實施嚴格控制，允許少數日本文職和軍事人員獲取與台灣應急計畫有關的美國機密數據。
7. 落實香田洋二中將的船舶維修方案，使美國海軍艦艇在和平和戰爭期間能正式利用日本的船廠及修護設施。日本在這類工作上擁有高超的技術，而美國的造船廠卻遠在數千英哩之外。
8. 準備在戰時提供全面的醫療支援，包括透過民用醫院，對美國及盟軍部隊提供援助，傷亡人數可能會成千上萬。
9. 增加反飛彈和長程飛彈的採購。整合相關的情報、監視、偵察和目標識別系統，與美國軍隊協同作戰。中國軍方將會害怕日本和美國飛彈能力的整合。
10. 透過美國主導的三方外交，繼續改善日本與韓國之間的關係，特別是在防務領域的合作。
11. 確保美國對「延伸威懾」的承諾堅若磐石，這個承諾指日本受美國核保護傘的保護。並且，要使日本民眾及美國的敵人充分了解這一承諾。東京與華盛頓應安排美國將核武器由美國海軍艦艇運送到日本，並在日本政府要求的情況下，在日本境內儲存這些核武器。
12. 開放所有美國在日本的基地，使之成為聯合軍事基地，並由日本部隊負責提供安全保障。
13. 建立美國顧問計畫，對自衛隊的關鍵對應人員進行指導、輔導和訓練。例如，每個陸上自衛隊部隊已經設有美國聯絡官。應擴大這些辦公室的規模，增加士兵、海軍陸戰隊、軍隊外事聯絡官、美國陸軍特種部隊，以及其他具備地面、火力、物流和航空專長的專業人員。
14. 派遣美國戰爭規畫人員直接協助自衛隊規畫人員了解戰爭所需，包括硬體設備和作戰能力，以便為美軍提供最有力的支持。這還將帶來額外好處，有助於確保日本增加的國防預算得到合理的運用。

日本對台灣的單邊支持行動

1. 幫助台灣擺脫外交孤立。雖然執政的日本自民黨高層政治家到台灣進行的訪問已經發揮了一定作用，但還需進一步努力。日本的政府官員應該親自訪問台灣，並歡迎台灣官員的回訪。
2. 透過制定類似於 1979 年美國《台灣關係法》的日本版，來確認日本對台灣防禦的支持。這將有助於塑造日本的思維，並作為日本關切台灣命運的權威（法律）聲明。
3. 建立台灣和與那國島及其他南方島嶼之間的商業運輸聯繫。
4. 舉辦政府間的台灣與日本安全會談，若有需要，亦可邀請美國參與。台灣多年來一直在向日本提出這一要求，啟動這些會談將顯示出日本的「決心」。
5. 派遣現役軍官到台灣，擔任正式武官和訓練顧問；台灣的軍官也到日本進行交流。有媒體報導稱，除了退役武官之外，日本還將派遣一名「防衛官員」到台灣。該措施雖好，但僅有一名人員，且可能是文職人員，這遠遠不夠。

結論

「潛力」是個關鍵詞，日本自己需要做得更多，與美國以及其他盟國的合作也需加強。值得慶幸的是，儘管許多政治精英猶豫不決，日本的愛國者，無論是平民還是軍人，多年來默默地發展了一支能保衛國家的軍隊。並且，這支軍隊有望成為美國不可或缺的夥伴，能威懾或在必要時贏得對中國的戰爭。

如果領導者有決心完成本章所述的各項工作，我們將會發現一個更具備能力的日本——一個能夠並願意與美國並肩戰鬥的國家。就在中國看來正在加速其軍事準備的時候，這將發揮穩定作用。軍事能力的增強會帶來相應的政治和心理影響，從而進一步提高威懾力。

如果日本處理得當，並正視它所面臨的威脅，它將成為防止台灣衝突的「關鍵角色」。

第 11 章
太陽依舊升起

香田洋二

有三個國家正在挑戰東亞和印太地區安全與穩定：中國、北韓和俄羅斯。這三個國家均懷有復仇主義的領土野心，蔑視現行的國際規範和國際慣例，並且奉行專制主義甚至威權主義的政治體制。這三個國家都擁有核武器，且都是日本的鄰國。

這三個國家中，中國的影響力最為深遠，並且在可預見的未來，這種情況大概仍會持續。

2017 年，中國在南海的非法填海造地和基地建設已大致完成。自此，美國對中國狡猾的安全策略有了清醒的認識，態度由緩和轉為強硬，並推出一系列更具競爭性的政策。川普總統在 2018 年發起了貿易戰，反映人們對中國不公平貿易手段的廣泛失望和不滿，這使美中關係更為緊張。

因此，美國與中國之間的激烈對抗和競爭，已經演變為重大的安全問題，很可能升級為真正的安全危機和衝突。這是兩種截然不同的價值觀之間的衝突，一邊是民主自由，另一邊是專制威權，而衝突的焦點是在台灣及其周邊水域。

在遏制北京透過戰爭征服台灣的努力中，日本應擔任什麼角色？本章就此提出建議，並列出了應該立即採取的措施，以展示日本具備足夠的政治、後勤和作戰實力，能在戰爭爆發時有效支持主要盟國——美國。日本自衛隊的職責，包括保障領空安全、強化彈道飛彈防禦系統、保護海上交通線（SLOC），並在日本本土以外進行空中和海上情報、偵察及監視，範圍包括：琉球群島、日本海和東海。日本政府還應協調並制定計畫，以協助大量增加的駐紮或途經日本的美軍。這就需要確定哪些地區可以快速建成空軍基地、訓練場地，以及燃料和彈藥儲備設施。

本章同時建議日本自衛隊與韓國及美國部隊進行協調，以防止北韓和俄羅斯等對手趁台灣局勢緊張另闢新戰線。

台灣：美中對抗的中心舞台

台灣地位的問題，常被錯誤解讀為只是中國的領土問題。得出這樣的結論並不奇怪，因為北京數十年來一直堅稱台灣是中國「不可分割」的一部分，並把這個問題視為「內政」，不容外國干涉。習近平身為中國共產黨總書記及中共中央軍事委員會主席，擁有至高無上的權力，他曾多次宣稱，包括在 2022 年 10 月的中國共產黨第 20 次全國代表大會上表示，台灣與中國的統一「一定要實現，也一定能夠實現」。

台灣問題並不僅是領土問題。從國際安全的角度，台灣的命運與全球領導地位的爭奪密切相關，一邊是自由民主國家，另一邊是封閉專制國家。這就是為什麼自本世紀初以來，美國與中國之間的競爭變得越來越引人注目且日益激烈。在這一背景下，**台灣成為了美中戰略競爭的主要舞台**。

習近平明確宣示，他不會放棄用武力來「解決」他所謂「台灣問題」的權利。如果中國對台灣發起軍事行動，美國很可能會進行軍事干預。日本作為美國最重要的盟國，可能會對美國的軍事行動提供支持，因此也可能遭到解放軍的攻擊。在這樣的情況下，日本的西部島嶼鏈，包括：與那國島、沖繩到九州，以及本州的西半部分，將成為作戰區的核心區域；菲律賓北部也將面臨同樣的情況。

從戰略規畫的角度來說，美國的前瞻涉台軍力部署應基於可能出現的最糟糕情況，即解放軍發動入侵並占領台灣。同時，危機可能不僅僅限於台灣這個「主要舞台」。北韓可能會受到誘惑（甚或受到中國的慫恿），在朝鮮半島開闢第二戰線。在這種情境下，美國可能需要將軍力用於兩線作戰，以便同時保衛台灣和韓國。美國應提前與日本、韓國，或許還有澳洲和英國，合作制定聯盟戰略和行動計畫。隨著地緣政治情勢的即時演變，其他盟國及志同道合的國家可能也參與其中。在這種情境下，韓國應做好準備，承擔朝鮮半島上盡可能多的防衛任務，讓美國可以將更多的部隊投入到台灣戰場中。同樣，即使戰爭只在台海發生，這種戰略規畫也能發揮作用，因為韓國的強硬姿態將威懾北韓，阻止其開闢第二戰線。

沖繩戰役的經驗教訓

　　1945 年的沖繩戰役作為島嶼爭奪的戰例，至今仍有借鑑意義。儘管防守方在這場戰役中敗北，但對北京而言，仍有警示作用，也為台灣帶來了希望。奪島行動的首要條件是取得目標島嶼附近的制海權和制空權，以及擁有可靠的海上後勤補給線。在太平洋戰爭期間，美軍經歷從 1942 年中期到 1945 年初的 2 年半作戰，幾乎完全掌握了制海權和制空權，消滅了太平洋上的日本帝國海軍和陸軍部隊，這使得美軍攻擊部隊能夠在沒有太大阻礙的情況下進行登陸作戰。日本帝國僅存的抵抗方式就是以「神風特攻隊」（Kamikaze），對美國兩棲登陸部隊進行自殺式攻擊。

　　戰役開始時，日本防守部隊的規模為 6 萬名正規軍和 5 萬名在當地招募的人員。美國攻擊部隊的規模為 18 萬名登陸部隊（包括美軍陸軍和海軍陸戰隊）以及 35 萬名支援部隊（包括美國海軍和美國陸軍航空軍）。除偶爾遭到日本潛艇襲擊外，美軍前線補給區的物流路線也得到安全保障。但儘管形勢極為有利，美軍還是用了將近 3 個月的時間，才奪下沖繩這座小島。

　　對於台灣而言，解放軍可能很難在台灣海峽以及台灣周邊海域掌握制空權和制海權，因為美軍和日本自衛隊可能會進行干預。此外，台灣的地形和面積與沖繩大相徑庭。台灣的土地面積約為沖繩的 30 倍，而人口約為沖繩 1945 年人口的 50 倍。[1] 最後，1945 年的日本是完全孤立的，而今天的台灣擁有許多盟國，特別是美國和日本。

　　這段歷史可以說明當下中國的戰爭規畫者所面臨的難題。若要成功入侵台灣，中國必須快速增派大量兵力，部署將近 100 萬名解放軍參與各項聯合行動，至少包括奪取制海權和制空權；摧毀台灣、美國及日本的軍隊；對台灣進行猛烈轟炸；並發動兩棲攻擊以奪取台灣。所以，對中國來說，入侵台灣並非易事，而是一個龐大且艱鉅的行動，需要全面深入的政治與軍事協調、精確的規畫、密集的訓練、充足的物資準備，以及能為所有中國軍隊提供靈活機動的後勤支援。

日本在台灣危機中的作用

在台灣危機中，日本和日本自衛隊必須承擔基本的國家保衛責任，也要保護來自夏威夷、美國本土、韓國及可能其他地區的美軍增援部隊。關於日本的國家防衛，除了國土防衛和空域的整體防護外，還要保護西南島嶼、彈道及巡弋飛彈防禦、保障海上交通線的安全，以及控制海上交通咽喉（如台灣與菲律賓之間的巴士海峽），這些都是最基本的任務。

但日本還有其他任務，其中之一是為增援該地區的大量美軍提供全方位的後勤支援。例如，為數百架的美軍軍機提供基地，並及時分配燃料、補給品、彈藥和提供醫療護理。若日本基礎設施不足，在台灣危機中，美軍將無法展開行動。

在台海危機中，日本需為大量增加的美軍提供支援。以下清單列出了日本要承擔的責任：

1. 日本自衛隊在國土防禦方面的基本任務包括：

- 國土防衛、領空防衛、保障海上交通線（SLOC）和彈道飛彈防禦（BMD）

2. 日本自衛隊在台海危機中的額外任務包括：
   - 島嶼防衛，以及控制西南諸島島鏈上的要塞
   - 在西太平洋進行海上控制以保障增援美軍的安全
   - 針對解放軍的東風-21/26（DF-21/26）反艦彈道飛彈進行彈道飛彈防禦，以保護增援美軍
   - 對西北太平洋、東海以及日本海進行空中和海上監偵

3. 以下是日本政府為支持增援美軍作戰所要承擔的任務：
   - 提供足夠的機場供飛機使用
   - 在危機發生前和戰鬥開始前，為飛機的地面支援設備提供足夠倉儲設施
   - 為海軍艦艇提供足夠的港口停泊設施
   - 為部隊各單位提供足夠的戰時物資儲存設施
   - 提供足夠的維修設施，以進行船舶維護，並對戰時損壞的船舶進行修理
   - 提供足夠的燃料和彈藥儲存設施，以滿足海軍和空軍各單位的戰時需求
   - 確保及時將所需物資從倉庫和補給站運送到前線各單位，包括海上部隊
   - 在派遣基地附近為美軍人員提供足夠的安置設施
   - 為美軍人員提供基本的醫療設施

4. 以下是日本政府為增援美軍提供全方位後勤支援的任務：
   - 提供全天候（24/7）不間斷運作的港口和機場，用於美軍補給和物資的裝卸
   - 在日本及其周邊海域，提供充足的、全天候運作的實戰訓練場地
   - 授權日本海上自衛隊的艦艇，為往返於日本港口和前線的美國海軍艦艇護航
   - 必要時，由日本海上自衛隊的後勤艦艇向美國海軍部隊提供後勤支援
   - 必要時，由日本航空自衛隊的空中加油機向美國空軍部隊提供空中加油支援

這些是日本作為美國主要盟國的任務和使命。如果日本無法履行這些職責，在台灣問題上，美國對中國的威懾或打擊行動可能會受到阻礙，甚至可能會失敗。在台海危機情況下，日本的支援任務和責任遠遠超過現在的常規行動規模。

日本在後勤支援中的職責和任務，可以比擬為30多年前沙烏地阿拉伯在支援美國及其他盟軍進行「沙漠之盾」和「沙漠風暴」行動時所擔負的職責和任務。關於日本目前的態勢，情況好壞參半。上述清單中第1和第2部分所列的任務，對日本自衛隊目前的行動態勢和理念至關重要，不僅符合日本現行的安全法律，也符合「和平主義」的憲法。不過，也存在不少不足之處，包括：持續戰鬥的能力和適應能力，以及自衛隊的後勤支援態勢。這些重大缺陷是日本政府在未來軍力建設中應該優先考慮的

問題。

清單第 3 部分的任務與日本的民用基礎設施密切相關,但遺憾的是,政府幾乎沒有進行過相關的評估。可以說,東京方面尚未制定相關計畫,以便在台海危機期間接納並安置大量駐日美軍。值得慶幸的是,日本擁有約 100 個跑道長度超過 8,000 英尺(2,500 公尺)的非軍用機場,能夠容納各類型的美軍飛機,並且擁有多個水深超過 60 英尺(20 公尺)的港口。然而,東京尚未查明實際的運作需求。為了彌補這些不足,日本政府需立刻採取包括立法在內的必要措施,時間至關重要。日本地少人多(約 1.2 億人),可用於增建燃料和彈藥儲存設施的地方極為有限,日本政府將需要說服當地社區來協助解決這個問題。

清單中第 4 部分為關鍵的行動支援任務,但不像第 3 部分中的直接戰鬥支援任務。然而,東京方面也同樣沒有採取任何具體措施來解決這些問題,除了自衛隊對美軍單位提供的後勤支援外。

總之,本節所列的任務,是日本政府為做好應對台海危機的準備而必須承擔的緊迫責任。東京方面除了雄心勃勃地推動近期公布的自衛隊擴建計畫之外,還有許多其他工作亟待完成。

北韓:不確定因素

在台灣危機中,朝鮮民主主義人民共和國(Democratic People's Republic of Korea,即北韓)是否會獨自或與中國聯合發起軍事行動?這種可能性難以預料。如果北韓當局認為,美國為了應對中國而在台灣周圍投入過多兵力,從而無法在朝鮮半島部署足夠的部隊,那麼北韓發起軍事冒險行動的可能性會升高。

雖然北韓政權擁有強大的飛彈和火箭部隊,但軍事能力在持續性和韌性方面表現相當薄弱——北韓的經濟狀況不佳、國民營養不良,說明軍隊持久作戰的能力不足。北韓當局了解己方的這些弱點,因此,將不得不嚴重依賴對韓國部隊和駐朝鮮半島美軍的首輪打擊。然而,這些問題將成為其在未來長期作戰中的致命弱點。此外,北韓的海軍和空軍將無法在高端戰爭(high-end war)中對抗韓國軍隊和駐韓美軍。

無論朝鮮半島危機是單獨發生還是與台海危機同時爆發,韓國的角色仍然不變。像台灣一樣,韓國必須為抵禦大規模的首輪飛彈和火箭打擊做好準備。這些措施應包括加強關鍵軍事設施的防禦,加強迅速反擊的能力,能夠擊潰北韓的後續攻擊。

此外,韓國應該在日本海中發現並摧毀北韓當局的「戰術」核武潛艇。北韓潛艇發射的彈道飛彈(可能搭載核彈頭)會距離首爾和東京很近,將難以攔截。因此,日本和韓國應在日本海展開持續的協同反潛巡邏,以減輕這一威脅。

日本海的這種新戰略情勢將帶來新的挑戰,日本急需組建一支海上自衛隊的反潛作戰特遣部隊,在日本海展開全天候的反潛行動。

遏制俄羅斯的突襲

俄羅斯也可能以軍事行動響應中國對台灣發起的攻擊。然而,俄羅斯東部鄰近朝鮮半島、日本島鏈、千島群島(Kuril

自下而上黑色星形標記的地點為：對馬海峽（Tsushima Strait）、津輕海峽（Tsugaru Strait）和宗谷海峽（Soya Strait，又稱 La Pérouse Strait）。
圖片來源：彼得・赫爾梅斯・弗里安（Peter Hermes Furian）／PIXTA圖庫

Islands）以及勘察加半島（Kamchatka Peninsula）。由於俄羅斯太平洋艦隊總部設在符拉迪沃斯托克（Vladivostok，即海參崴），其活動範圍在地理上受到限制，主要集中在日本海。勘察加半島東岸的彼得羅巴甫洛夫斯克—勘察加斯基（Petropavlovsk-Kamchatsky）有另一個大型俄羅斯海軍基地，這是一個戰略核彈道飛彈潛艇基地，因此這支部隊只能為中國入侵台灣做出有限的貢獻。

日本應該做好準備，透過封鎖3個具戰略意義的海峽（對馬海峽、津輕海峽和宗谷海峽）來限制俄羅斯艦隊在日本海域的行動。這種部署可以阻止俄羅斯介入中國對台灣的入侵。

結論

台海危機對美國和中國來說，都不意味著簡單的軍事行動。美國及其盟國需完成許多緊急任務，才能有效威懾中國，並在萬一威懾失敗時，確保作戰勝利。然而，美國、日本和韓國等盟國目前尚未制定聯合行動計畫，甚至沒有共同的戰略來應對台海危機。作為美國在應對台海危機中的最重要盟國，日本將扮演無可替代的關鍵角色。日本應準備承擔許多任務，但日本還沒有做好準備。

美國和日本政府必須盡快制定針對台海危機的詳細聯合行動計畫。否則，中國就會在危機中利用聯盟行動的遲緩、混亂和低效率，繼續保持其優勢地位。

PART 5

應急工作之四：
澳洲和歐洲篇

第 12 章

澳洲的當務之急

羅斯・巴貝奇

勝兵先勝而後求戰。

——孫子,《孫子兵法》第 4 篇〈軍形〉

如何使澳洲的威懾力最大化

澳洲常以不嚴謹、不連貫的方式施加威懾。防禦及其他戰略系統的選擇、規模和實際運作通常受下列因素影響:現有能力的更新需求、作戰習慣、軍事部門的偏好、國內政治壓力或預算分配。往往只有在事後,所選擇的方案才被宣稱能夠增強威懾。如果主要目的是威懾某大國的軍事行動,這種方式顯然不妥。

決策的精確度非常重要,尤其是當澳洲的決策者考慮如何最有效地威懾特定事件發生的時候,例如中國對台灣發起攻擊。最大化戰鬥力或達成其他目標固然值得肯定,但這與準備強化威懾力並不相同。威懾是透過自身的行動對敵方的決策層施加最強烈的心理影響,以說服他們停止、延遲或改變行動,從而使己方受益。為了使效果最大化，威懾行動應將重點放在以令人信服的方式，將對方領導層高度重視或認為特別敏感的事物置於危險之中。這種威脅或壓力不一定需要明顯或直接，威懾能力也不必經常展示。在某些情境下，僅僅聲明或暗示有能力威脅對手的高價值目標，可能就足以產生威懾效果。對於像澳洲這樣的中等強國而言，向對手的領導層施加威懾是一種複雜的信號傳遞方式，大多是透過綜合使用軍事和非軍事手段，令人信服地傳達訊息，從而使對方的決策者擔心，如果他們的行為違背了澳洲及其盟國利益，將會產生何種後果。

威懾的方式各有不同，一般可分為兩種類別，第一類是進攻性威懾。其最基本的形式是威脅：「如果你打我，我會狠狠地還手，讓你後悔當初打我。」這種方式可稱為「眼鏡蛇式威懾」（cobra deterrence）；第二類是防禦性威懾。這種方式傳遞的訊息是：「如果你打我，你的手臂就會嚴重受傷，你就會後悔打我。」這種方式可稱為「豪豬式威懾」（porcupine deterrence）。這兩類威懾方式都與澳洲的安全挑戰相關，但需要精心規畫才能實現平衡。

與此相關的，還有槓桿（或力量）的影響等級，即透過某種工具或行動，迫使對手改變路線。某項措施會給對方決策層帶來多大槓桿作用？在打算威懾中國攻擊台灣時，「方案 A」是否會比「方案 K」對習近平及其同僚造成更大的心理衝擊？需要強調的是，我們不應假設中國領導層的看法與盟國領導人的一致。中共關鍵決策者的思維方式與澳洲及其他盟國的國家安全規畫者截然不同，因此，在這個領域的任何決策都必須格外謹慎。評估威懾方案時，應參考專家分析人士的建議，這些專家密切關注中國領導人的活動，能揣度他們的價值觀和思維方式，並準確預測他們的下一步行動。

接下來需要考慮的是某項威懾措施的強度以及表達方式。例如，如果澳洲政府文件提到，一旦台灣遭到軍事攻擊，澳洲就會向台灣武裝部隊提供實質支持，那麼該威懾措施的強度可能只有1分（滿分10分）。不過，如果澳洲總理多次公開強烈表達保衛民主台灣的承諾，那麼該措施的強度可能會上升至3分。如果透過協調，這種承諾與美國總統和日本首相強有力的聲明同時發布，則威懾強度可能會上升至7或8分。因此，在評估各種澳洲威懾力方案時，除了關注要具體行動外，還要考慮表達方式、執行方式以及由誰執行。

在評估威懾方案時，成本效益以及實施的難度和速度也是重要的考量因素。有些方案顯然會比其他方案更耗費人力和資金。首選方案可能會依賴現有的技能和資源，並能以適宜的成本，迅速達成強有力的威懾效果。

在評估威懾方案時，最終也是最關鍵的考量是，該方案給對方的決策者造成心理衝擊的強度，是否足以促使威權主義國家的決策者中斷攻擊計畫。是否具備某種方案，能夠出其不意地使對手失去重要戰略支柱，或者使這個支柱無法發揮作用？澳洲及其盟國是否具備某種能夠出人意料地改變「規則」的方案，從而在無法有效反制的情況下使對手防禦的關鍵部分失效？換句話說，澳洲透過與盟國合作，是否有「第三次抵消戰略」（third offset）的方案？這類似於美國主導的1950年代「第一次抵消戰略」（first offset）和1980年代的「第二次抵消戰略」（second offset）策略。[1] 如果答案是「可能有」，那麼這應該成為澳洲威懾政策的首選目標。

這裡要討論的是，澳洲要最大限度威懾對台灣發動戰爭並非易事，這不太可能是無意間實現的，而是要謹慎權衡威懾類型、各種方案能施加的影響和強度、成本效益、實施速度，以及對敵方關鍵決策者所能造成的心理衝擊，是否能迫使敵方放下武器。

許多威懾方案需多方參與，不僅包括澳洲國防和國家安全機構，還包括其他政府部門、商界領袖、澳洲社會的各個層面。在多數情況下，還需要盟國和安全夥伴的支持。與澳洲在過去半個世紀的軍事承諾相比，要最大限度地威懾中國的擴張，將遠遠超過澳洲國防軍的能力。這需要對新興的多領域方案進行詳細分析，在公眾知情、支持並主動參與的社會環境中，培養更具創新精神和快速發展的文化，並改革一些組織及其運作方式。

這些都是可能實現的，但與現行做法相去甚遠。本章簡要探討了10個重要投資方案，這些方案若能有效實施，將非常有助於澳洲威懾中國攻擊台灣，並防止衝突升級為大規模的印太戰爭。關鍵問題在於，哪一種建議組合最具威懾力、成本效益以及更加及時。

1. 目標明確並嚴格執行戰略計畫

澳洲2020年的《國防戰略更新》（*Defence Strategic Update*）指出，該國的國防戰略目標為塑造戰略環境、威懾危害澳洲利益的行為，並在必要時以令人信服的軍事力量進行回應。[2]《2023

年國防戰略檢討》(*The Defence Strategic Review of 2023*) 認可了這些目標,但指出需要從拒止戰略的角度來解讀。[3]

雖然這份戰略目標聲明是有益的,但只有原則性的指導,尤其是,這份聲明沒有闡明透過優先投資達成最佳效果的內在邏輯,特別沒有講清楚達成最大限度威懾的道理。

為了在各種緊急情況下做有效抉擇和部署,決策者顯然還需要更具體的建議。在政府、業界及民間社會中,決策者應如何判斷哪些需求是迫切的,哪些是次要的?至目前為止,不論透過正式的管道,還是非正式的方式,幾乎沒有見到任何明確的建議。

既然威懾策略是澳洲的主要戰略目標,而且國家戰略就是執行拒止政策,那就有必要探討當中涵義,了解這對於澳洲國防單位、政府其他部門、商業界,以及更廣泛的社會層面意味著什麼。澳洲的安全挑戰是多面向的,因此,其威懾規畫也應是多面向的,並涵蓋整個國家,在許多情況下,也包括整個聯盟的資源。

這是因為,透過拒止政策進行威懾,不僅需要阻擋對手透過物理手段、電子方式或其他途徑侵入,還必須防止對手實現更廣泛的戰略目標,例如擾亂澳洲及盟國的經濟、破壞國際供應鏈,以及破壞關鍵通信系統。如果想要威懾對手,使他們擔心入侵或破壞行動會遭到慘敗,或擔心會招致強有力的反擊,就要精心制定詳細計畫,並在適當的時機,向威權對手清楚地傳達這些威懾訊息。

例如,澳洲在國際貿易中的地位有著巨大的戰略影響力,這是潛在的強大威懾力量。澳洲本身在貿易上有其弱點,但澳洲是多種戰略物資(如鐵礦石和天然氣)的主要生產國,而中國嚴重依賴穩定的進口供應。[4] 若澳洲及其他夥伴突然中斷貿易，幾周內，中國的一些產業就可能陷入停滯，而其經濟衝擊程度可能在數月內顯著擴大。即使只是暗示中國攻擊台灣將引發這樣的破壞效果，也可能促使北京當局更加謹慎。

如果需要動員政府、商界以及澳洲更廣泛的社會各界，以威懾威權大國，則必須找到適當的方式向社會充分說明，並幫助相關部門了解可能需要採取的行動類型和時機。某些國家在這方面表現非常出色，尤其是斯堪地那維亞（Scandinavia）地區的國家，有許多經驗可供澳洲借鑑。

至今，澳洲在進行全國性規畫、準備、測試和展示威懾能力與拒止策略方面做得很少。主要原因在於，澳洲和其他盟國的領導人不願意因討論重大衝突風險和需要做準備，而使選民感到不安。一些特殊利益團體經常也使局勢變得更加複雜，他們極力阻撓將預算、人力和技術資源，配置到強化威懾力的優先事項。因此，只有當國家領導層採取主動，向公眾解釋這些措施的重要性，並實施具體步驟，澳洲對重大印太危機的威懾能力才會得到有效提升；否則，只會毫無必要地處於弱勢。

進一步釐清國家的戰略目標並啟動相關的組織和程序步驟，將有可能向國際社會發出強烈的信號，彰顯澳洲正積極準備增強盟國的威懾力量。其中一些舉措可能會令威權國家領導人感到十分意外，並使他們更加謹慎。

2. 成立常設的澳洲－美國（及其他盟國）戰略規畫機構

澳洲、美國及其他親密盟國之間，有著完善的戰略運作協商與合作機制。各個領域的協調非常緊密，人員經常被派遣到彼此的機構中任職，彼此之間非常信任。幾乎無可置疑的是，如果形勢需要，美國、澳洲、英國，以及其他一些盟國的防禦和更廣泛的安全系統，可在極短時間內有效地協同運作。

然而，在應急計畫的協調方面確實存在局限性，主要原因在於，每個國家的領導層都猶豫是否提前承諾本國將參與應對衝突。就澳洲而言，政治領導人意識到未來危機的情況難以預測，因此他們希望根據當時的具體情況，來決定如何從國家利益出發再採取行動。

儘管這種立場是可以理解的，但它確實限制了盟國採取某些威懾行動的及時性和有效性。在危機發生前，這種立場也會局限盟國之間應急計畫的制定和測試。

如果澳洲及其盟國希望最大限度地威懾中國對台灣的軍事攻擊，那麼就需要更加廣泛地規畫聯合應急行動，尤其是在發布威懾警示方面亟待加強。各國政治領導人當然有權批准戰役目標、常規部署、交戰規則等事項，但有必要授權盟軍的指揮官及其他安全事務的負責人盡早提前制定聯合規畫。在危機突然爆發時，他們需要能夠迅速且強有力地應對，而最有效的方法是先建立一個常設的澳洲—美國（可能包括其他盟國）戰略規畫機構。

公開宣布這個聯合規畫機構不僅可以增強盟國之間的聯合作戰協調，還會向潛在的對手發出明確威懾信號，顯示盟國在印太地區團結一致、組織有序，並隨時準備以真正強有力的方式，反擊任何專制威權國家的軍事冒險行為。

3. 鞏固並展現區域安全夥伴關係

與印太地區志同道合的國家進一步發展安全合作夥伴關係，將有助於積極地塑造該地區的戰略態勢，並且增強澳洲及盟國的威懾力。

澳洲歷屆政府一直致力於建立國際網路，與願意共同抵抗專制威權政府的顛覆、威脅及領土入侵的國家攜手合作。新興的印太架構由一系列層次分明且相互重疊的夥伴關係構成，能夠滿足特定的需求，也能充分尊重各國差異。在最高層次和最親近的關係中，澳洲與美國及其他五眼聯盟國家（英國、加拿大和紐西蘭）之間尤為密切。緊隨其後的是「四方安全對話」機制（Quad），將澳洲與美國、日本和印度聯繫在一起。另外，還有一個涵蓋其他美國正式盟國的廣泛、相互信任的關係網路，特別是韓國、菲律賓和北約成員國。此外，與澳洲有特殊夥伴關係的，還包括大部分東南亞國家協會成員，以及南太平洋和中太平洋的島嶼國家。這些反專制威權網路的加速發展，得益於北京當局過去10年在國際上的挑釁行為、對南海大部分地區的控制與軍事化、對印度和不丹北部邊界的頻繁侵擾，以及對俄羅斯入侵烏克蘭的堅定支持。這令中國領導層深感不安，使他們更加擔心被圍堵和在國際上被孤立。[5]

澳洲可以與盟國和夥伴緊密合作，進一步鞏固這些反威權夥伴關係，同時警告北京，若其發動戰爭奪取台灣，將會面臨更嚴重的後果。早期措施可以包括協調應對北京在南海和印度北部邊界的法律戰。透過區域聯合行動，可以更有效地挫敗中國的資訊戰。其他方案包括制定長期計畫，防止中國操控國際機構。可考慮改進傳統的安全合作，特別應涵蓋情報共享、演習和訓練計畫、軍事裝備供應，以及新安全技術開發等方面。在這一框架內，最有效的威懾措施之一，是澳洲政府公開向主要區域鄰國和夥伴保證，若他們遭遇直接脅迫和領土入侵，澳洲將與他們站在同一陣線，並在他們需要時，竭盡所能地提供支持。為強化這種公開支持，澳洲可以提出與區域國家密切合作，提升他們對抗專制威權國家攻擊的防禦韌性。北京肯定會注意到這種日益增強的區域安全合作，中國領導人可能會意識到，如果攻擊台灣，其結果恐怕是形成更強大的反威權聯盟，並使中國在世界大部分地區被更徹底地孤立。

4. 加速行動，在澳洲大規模部署美國及其他盟軍的強大軍事能力

一個可能提供更強威懾力的方案，是加快計畫進度，歡迎更多美國、英國及其他盟國的部隊派駐澳洲。這需要快速完成許多任務，包括在全國範圍內大規模擴建軍民兩用設施。

對美國而言，此舉將有助於緩解其在西太平洋地區長期基地所承受的壓力，並提供絕佳機會，讓美國能將高價值軍事資產分置在面積與本土相當且相對安全的地區。一旦這些資產部署到澳洲，受過良好教育的人士和社區民眾將表達廣泛的支持。澳洲有著巨大的戰略縱深，可為美國在西太平洋的軍事行動從南方提供強有力的支持。

從北京的角度來看，澳洲日益增加的盟國駐軍可即時有力地反制中國在東亞的任何軍事冒險行動，同時也可為在該地區的長

2023年3月13日,澳洲總理安東尼・艾班尼斯(Anthony Albanese)、美國總統喬・拜登和英國首相里希・蘇納克(Rishi Sunak)會晤,公布了澳英美三邊安全夥伴(AUKUS)框架下潛艇採購的具體內容。
圖片來源:白宮官方照片

期盟軍行動提供新的後勤韌性和可持續性。此外,中國高層決策者將意識到,從澳洲出動的部隊可以輕易地將重心從西太平洋轉移到印度洋,以協助控制印尼海峽以西的海上交通,支援印度北部防禦,並可能威脅中國南部和西部的敏感地區。北京很擔心被圍堵,以及可能需要多線作戰。[6] 盟軍在澳洲增兵將凸顯出,對台灣發動攻擊可能迅速演變成更大規模的衝突,並使中共承受巨大壓力,而方式和地點都難以預料,這可能對北京的統治造成嚴重的負面影響。

澳洲、美國及其他盟國政府已經同意增加基於澳洲本土和從澳洲出發的軍事活動。在澳英美三邊安全夥伴關係下，美國海軍計畫從 2023 年起派遣更多潛艇訪問澳洲，而英國皇家海軍將於 2026 年執行同樣的計畫。[7] 從 2027 年開始，美國海軍將在澳洲定期部署至多 4 艘核動力攻擊潛艇，而英國皇家海軍也會部署 1 艘類似的潛艇。[8] 在 2030 年代初期，皇家澳洲海軍預計將啟用首批 3 艘核動力潛艇，以增強美國和英國在該地區的水下作戰力量，並計畫在 2040 年代初期再增添 5 艘潛艇。[9]

此外，澳洲北部的主要空軍基地正在升級，以支援更大規模的美國及盟軍的空中行動；美國陸軍也計畫在澳洲儲存軍事裝備，以便在需要時能夠迅速部署大量部隊。[10]

這些行動及相關措施已經向中國的領導人發出了明確訊號，表明如果他們發動對台灣的大規模攻擊，美國及其盟國擁有強大的力量，可以在短時間內介入。如果澳洲繼續推進這些計畫，盟軍大規模軍事干預的可能性會進一步提升，因此，對中國領導層的威懾效果可能會顯著增強。

5. 使澳洲成為一體化 C4ISR 中心及戰區總部

為了強化對中國攻擊台灣的威懾能力，澳洲可以考慮提供設置一個或多個盟國戰區指揮部的地點，並配備全套先進的通信、指揮、管制、電腦及情報、監視和偵察（C4ISR）系統。

這個方案基於存在已久的戰略邏輯。在第二次世界大戰初期，美國認為澳洲是盟軍太平洋戰區指揮部的理想地點。自澳洲發起的軍事行動進入西太平洋、東南亞以及相鄰的海域，比從美國本土要容易且迅速得多。澳洲幅員遼闊、地形多樣，具有足夠的戰略縱深，被視為一個強大的堡壘。另外，澳洲在政治上可靠，與美國的戰爭目標一致，工作人員講英語而且訓練有素。[11] 澳洲當年是理想的指揮地點，在二十一世紀同樣如此。

自1950年代以來，澳洲與美國在整個大陸建立了廣泛的區域監控、情報及太空支援設施，目前這些領域仍在繼續發展。2023年7月，一項加強太空合作的計畫得以公布，旨在「提升現有作戰和演習中的太空整合與合作」。[12] 此外，澳洲與美國還達成了一項協議，於2024年在澳洲國防情報組織內設立澳洲聯合情報中心（Combined Intelligence Center-Australia）。[13] 這些情報能力與已經在該區域運作的美國、澳洲及其他情報資源結合後，將可加強直接監偵能力，從而加強對北京當局的威懾力。

澳洲可以進一步增強這些能力，並明確向中國主要決策者傳達，如果他們決定對台灣發動大規模攻擊，他們在突襲和情報方面的優勢將日漸喪失。如果這種策略運用得當，將有可能迫使中國共產黨的領導層改變其武力攻台的決定。

6. 加速部署高效能軍事力量

未來5到10年，在澳洲國防軍的軍力建設中，澳洲應該比以往更加重視能夠在很大程度上改變情勢的威懾方案，以及其他能有效威懾的方案。

這個邏輯已反映在澳洲2023年的《國防戰略檢討》中：

> 能夠利用澳洲國防軍的實力，最大限度地發揮威懾

作用和反應能力,這一點至關重要。為了從軍力投資中獲取最大效益,澳洲國防軍的部隊結構不僅需要集中,而且必須實現整合。[14]

《國防戰略檢討》隨後指出,澳洲國防軍必須透過應用以下10項「關鍵能力」,在5個領域(海洋、空中、陸地、網路和太空)中發揮效能。

- 已升級的水下戰爭能力(包括載人和無人系統),以進行持續、長程的水下情報、監視、偵察和打擊;
- 已強化的整合性瞄準目標能力;
- 已經增強的全方位長程打擊能力;
- 功能全面的,整合兩棲作戰能力的聯合作戰陸地系統;
- 已經增強的全領域海上能力,包括海上拒止作戰及局部制海能力;
- 網路化的空中長程作戰能力;
- 已經增強的全領域整合型空中及飛彈防禦能力;
- 具備戰略縱深和機動性的聯合作戰長程物流系統;
- 能支持強化一體化部隊的戰區指揮與控制架構;
- 完善的北方基地網路,為後勤支援、拒止及威懾提供平台。[15]

這些能力中的每一項都可能對澳洲國防挑戰做出重大貢獻,而作為一個整體,它們也有助於構建一支能力全面的部隊。然而，並非所有這些能力都具有強大的威懾力量。應該更精確地評估有潛力阻止主要大國戰爭行動的投資方案，特別有價值的是那些能在任何實質衝突發生前，全部或部分揭露敵情的高效能投資，這樣可以削弱對方領導層必勝的信心。

澳洲擁有一些可能具有強大威懾力的方案，如果能與美國及其他親密盟國策畫聯合行動，就會有更多的選擇。本章主張，如果澳洲確實希望最大限度地威懾未來的嚴重威脅，那麼在投資評估時就應該更加重視上述特殊能力。

7. 將澳洲建設為印太地區武器庫，以滿足本國和盟國的需求

澳洲有潛力重建並大幅度擴展其彈藥製造和維修能力，不僅能夠為澳洲國防軍提供優先級武器，還能大力支持美國及其他合作夥伴在印太地區的武器需求。從第二次世界大戰以來，澳洲已經能夠製造多種武器，包括：幾種小口徑和中口徑武器、火砲武器、機載炸彈、一些導引武器，以及各類特殊用途武器。[16] 在此基礎上，澳洲政府在 2021 年 3 月宣布成立一個全新且大規模擴展的導引武器和爆裂性軍品企業計畫（Guided Weapons and Explosive Ordnance Enterprise），並為其提供了相當可觀的初期預算。[17] 雷神澳洲公司（Raytheon Australia）與澳洲洛克希德・馬丁公司，隨後被確定為該項目初期的戰略合作夥伴。[18] 其目標是製造一套先進武器，首先是於 2025 年前合作生產導引式多管火箭系統（Guided Multiple Launch Rocket Systems）。[19] 美國政府正在解除監管、智慧財產權等方面的相關限制，預計其他系統的生產，包括來自其他夥伴國家的武器系統將很快跟進。按照計畫，大部分

澳洲製造的武器將完全符合盟國標準，並且可以與在美國製造的產品相容。

上述做法及其他相關軍事工業措施，有望顯著增加澳洲在印太地區對盟國行動的戰略貢獻。特別是，澳洲的投資將緩解美國武器生產基地所承受的巨大壓力，並能顯著增強提前部署的盟軍部隊的韌性和耐力。[20]

從北京的角度來看，澳洲加速投資大規模的武器製造，將會使北京當局更加擔心，認為美國及其盟國正在迅速加強在該地區的戰略態勢，以及在重大衝突的初期和衝突期間，應付強大軍事對手的能力。配合其他相關措施，這個計畫有可能瓦解中方的認知，即盟軍可能在幾天內耗盡彈藥。澳洲和盟國的武器計畫加速後，中國領導人將被迫面對現實，即在印太地區的任何大規模戰爭中，他們都不太可能輕易或迅速取得勝利，而這種不斷變化的戰略前景，使發動戰爭變成更加艱鉅的挑戰。

8. 加速戰略供應鏈重組，以提升澳洲及盟國的抗壓性和持久性

在本世紀前 20 年，美國和其盟國為了提高經濟效率，將大量材料加工和製造能力轉移至低成本國家，尤其是中國。[21] 這一全球化過程以及西方的全面去工業化，導致美國的製造業產出從 2004 年時是中國的 2 倍有餘，下降至 2020 年時僅為中國的一半。[22] 一個重要後果是，美國及其盟國失去了對許多具有戰略重要性產品供應鏈的控制——從鋼鐵到製藥，從機械工具到筆記型電腦。美國及其盟國的政府和企業自願把重大的戰略優勢奉送給

北京。未來若爆發重大戰爭，盟國失去工業優勢的現實可能成為決定戰爭勝負的關鍵因素。

雖然華盛頓及其他盟國的政府已經採取了一些重要的補救措施，但仍需要進一步的行動。美國、日本、韓國、荷蘭及其他幾個國家，已經開始限制向中國轉移先進半導體和其他敏感技術。[23] 拜登政府還限制美國資金流入中國，投資先進半導體、量子計算和人工智慧技術公司。[24] 這些限制可能會進一步擴大，預期未來幾年會有更多國家實施類似的限制。

同時，美國及幾個盟國已經開始鼓勵將涉及關鍵原材料、材料加工、重點製造成品和系統支援能力的戰略供應鏈，轉移回國內或其他友好國家。

為了協調並加快這些過程，澳洲與美國及其他12個國家共同合作，建立了印太經濟框架（Indo-Pacific Economic Framework，IPEF）供應鏈協議，該協議授權建立一個「世界級危機反應網路」。這個網路的任務是：

> 促進集體快速應對關鍵資源短缺和供應鏈中斷。這將有助於……確保關鍵商品的供應，並減少市場的不穩定性……此外，印太經濟框架供應鏈委員會將開始制定行動計畫，以解決供應鏈中的脆弱性和瓶頸問題。提供一個持久的平台，可促進投資，以及擴大在……關鍵礦產和清潔能源技術等領域的增值機會，從而強化我們的經濟韌性。[25]

如果這些措施能夠克服各國內部的政治阻力,將有望保護盟國免受北京中斷供應的威脅。

由於澳洲擁有豐富的稀土、鋰、銅、銀和其他多種戰略礦物資源,以及經濟實惠地加工這些資源的潛力,它可在這方面扮演尤為重要的角色。透過適度的國際投資,澳洲就能顯著減少盟國在多種關鍵產品上對中國的依賴。這將是削弱北京對一系列戰略供應鏈有效控制的關鍵一步,並將有助於恢復盟國及其可靠夥伴的工業實力與韌性。盟國的快速恢復將向北京傳遞一個明確的信號,即在重大危機或戰爭中,它將無法再依賴持續的工業優勢。相反地,幾年之內,各盟國和夥伴國家的協調行動可能會使中國的工業發展停滯不前,並變得更容易受制於國際壓力。

9. 與盟國密切合作,展示下一代彈道飛彈防禦系統

中國軍隊的主要特點之一,是大規模地持續投資短程和中程彈道飛彈及巡弋飛彈,這些飛彈大多部署在中國沿海省分。[26] 若發動對台灣的大規模攻擊,許多武器可能會用於打擊領導層、指揮控制系統及其他目標,不僅僅是台灣,還可能包括美國、日本及其他盟國在該地區的基地。解放軍火箭軍的設置,就是為了在衝突發生後的最初幾小時內,癱瘓台灣和許多盟國的關鍵部隊,使他們失去戰鬥能力。[27]

對於華盛頓及其盟國而言,中國這支龐大的飛彈部隊既是重大威脅,也是戰略機會。如果盟國能夠有效反制這些彈道飛彈和巡弋飛彈,北京將會失去其主要的攻擊能力,並被迫停止大部分進攻行動。

儘管對抗中國戰區飛彈部隊的前景對盟國來說可能很具吸引力，但實現這種「能反轉戰場情勢」的突破將是非常困難的。擊落彈道飛彈就像擊落飛行中的子彈一樣困難。此外，中國的彈道飛彈和巡弋飛彈計畫是全球最活躍的項目之一，正在投入服役的包括幾種高超音速飛彈（即5馬赫以上〔Mach 5+〕）和其他先進系統。[28] 儘管如此，這並未阻止美國、澳洲、歐洲以及其他盟國的防務機構，致力於發展有效的飛彈防禦系統。

　　目前在該地區已經部署了一些系統，能夠攔截和摧毀短程、中程及中程彈道飛彈和巡弋飛彈。這些系統包括部署在美國艦艇上的SM-3和SM-6飛彈系統，還有部署在日本艦艇上的SM-3飛彈。日本和韓國已經部署了先進的愛國者（Patriot）飛彈系統，終端高空防禦飛彈系統（Terminal High Altitude Area Defense，THAAD〔薩德〕）則部署在韓國和關島。[29] 這些系統非常有用，而目前正在積極開發新一代先進的彈道飛彈和巡弋飛彈防禦系統，其成本效益將遠超以往。[30]

　　現代的廣域彈道飛彈和巡弋飛彈防禦系統通常包括發射前的探測能力，以及基於太空的飛行中追蹤與分類系統，還有最後的飛彈或定向攔截系統。澳洲在這些領域擁有豐富的經驗，並且與美國在高超音速飛彈及防禦技術方面已緊密合作數十年。因此，華盛頓及其盟國有望在未來幾年內，將更高效的飛彈防禦系統投入高級開發和測試階段。如果能展示這種能力並迅速進行初步部署，將會削弱中國在戰區彈道飛彈和巡弋飛彈方面的優勢，並在數十年內，使中國的大規模軍事行動面臨更多挑戰，甚至能阻止這種行動。若評估後確定發展上述能力切實可行，應將其作為

「能反轉戰場情勢」的威懾手段而優先考慮。

10. 威脅曝光領導層的貪腐行為

中國政治權力的極度集中也帶來了極端的脆弱性。在過去的十多年裡,曾有多次報導揭示中國高級領導人獲得了無法解釋的巨大財富,並在海外進行了大規模的「避風港」投資。[31] 假如澳洲及(或)盟國的研究者能夠證實這些報導並蒐集中國領導層貪腐及非法和(或)不道德行為的證據,就會產生強大的威懾力。公開這些訊息或威脅要公開這些訊息,可能威懾最頑固的威權領導人的國際軍事冒險行為。正如格蘭特‧紐夏等人所言,中共最高層領導人駭人聽聞的貪腐行為一旦曝光,北京方面不太可能長時間容忍。[32]

若西方研究者、情報機構或其他人士發出信號,表示他們掌握了這些嚴重犯罪證據,如果北京攻打台灣,就會向全球華人公開,北京當局將被迫重新評估其風險承受力。政權領導人可能會得出結論,認為若向國際社會公布這種破壞性資訊,可能會引起國內動盪、叛亂,甚至有可能導致中共政權的垮台。

這類威懾措施不必與澳洲、美國或任何其他盟國政府直接掛鉤。不過,一些澳洲和美國的記者在追查新冠肺炎的起源、在中國西部大量維吾爾人和哈薩克人被囚禁、西藏地區異議人士被打壓以及其他敏感議題上,展現了不屈不撓、追求真相的精神。西方研究人員確實有可能發現中國領導人的確切罪證。這些資料在澳洲安全規畫者手中,可能成為強大且有成本效益的威懾工具。

完成任務

長期以來,澳洲關於國防戰略的聲明與實際執行的戰略和作戰能力之間,一直存在差距。政府宣稱國家安全將以區域拒止的威懾策略作為驅動力,然而,如果沒有誠意實施這個戰略,沒有嚴謹的分析、嚴格的紀律和持久的決心,這一宣言將毫無意義。

這項任務事關重大。如果澳洲及其親密盟國能夠精心選擇並充分發展一系列強有力的威懾方案,他們應能有效阻止中國對民主台灣的入侵,並防止情勢迅速升級為兩個陣營之間的大規模戰爭,一方是中國及其支持者,另一方是美國及其盟國和夥伴。這將避免無邊的苦難和挽救無數的生命。要評估澳洲國家安全系統的效能,最重要的是看能否真正發揮強大的威懾作用。

澳洲有必要就資源分配做出艱難的決定。一些本章未討論的能力,也非常值得投資,因為還有多種新興軍事技術可供利用,有充分理由擴大常備和後備部隊規模,並加速現代化及擴展動員規畫。另外,加強國家基礎設施的需求也非常迫切。上述這些以及其他可行方案都需要大量資金支持。但如果政府打算認真實施所選擇的策略,就必須證明所有方案都具備改變中國領導精英的思維方式和規畫的巨大潛力。

無論選擇哪種威懾方案,眾多政府機構、大部分的工業以及澳洲社會的廣泛參與都必不可少。因此,若要「透過拒止來實施威懾」不僅僅是口號或政府報告中的老生常談,國家領導人必須公開闡明澳洲面臨的國際挑戰以及採取預防措施的必要性。對於讓社會了解真實情況、增強民眾信心,並鼓勵公民共同努力、加強國家安全準備,歷屆政府都表現得猶豫不決。這完全不必要,而且還會帶來適得其反的效果。澳洲人一向喜歡用坦誠的態度溝通,他們會積極響應,並齊心協力強化國家安全。但是,只有當政府的部長們解釋了需求和整體行動架構後,才會有實質的改變。至於他們如何選擇,我們正拭目以待。

第 13 章

歐洲當下的任務

安諾斯・福格・拉斯穆森／喬納斯・帕列羅・普萊斯納

「今日烏克蘭，明日台灣」，2022 年 2 月 24 日俄羅斯全面入侵烏克蘭之後，這種令人不安的訊息很快就在台灣的社交媒體上傳播開來。讓台灣人深感憂慮的不僅是烏克蘭的未來，還有他們自己的未來。

對台灣人來說，他們的處境與俄烏關係有不容忽視的相似之處——與咄咄逼人的威權政體比鄰而居極為危險。俄羅斯對烏克蘭發動的戰爭，摧毀了對普丁等獨裁者的最後一絲天真幻想。多年來，普丁一直不承認烏克蘭有權利存在於俄羅斯勢力範圍之外。2022 年 2 月 24 日俄羅斯入侵烏克蘭，我們親眼見證了這意味著什麼。

關於台海問題，習近平同樣明確表示要不惜一切代價奪取台灣，包括在必要時發動軍事攻擊。自烏克蘭戰爭爆發以來，中國海軍和空軍在台灣周邊的演習次數已顯著增加。中國戰機幾乎每日進入台灣空域，這些行動不僅為了削弱台灣的戰力，也是為了打擊台灣的士氣。

儘管中國領導人有這樣的言論，中國軍隊有這樣的行動軍事行動，許多歐洲領導人仍對台灣所面臨的危險視而不見。2023年6月於維爾紐斯（Vilnius）舉行的北約峰會上，雖然歐洲國家在對華策略上有所突破，但「台灣」一詞仍然是個禁忌。

台灣和中國的價值體系有天壤之別。上台十多年後，習近平和他的專制國家意識形態，即「習近平新時代中國特色社會主義思想」，已使中國變得越來越專制。與此同時，台灣已成為該地區的民主燈塔，在自由之家指數（Freedom House index）中獲得94分（滿分100分）——高於大部分的歐盟成員國。[1] 正如台灣總統蔡英文所說，民主「已成為台灣人民認同中不容妥協的一部分」。[2]

然而，就像普丁一樣，習近平也明確表示，要採取一切必要手段統一祖國——對他而言，這個「祖國」包括台灣。在過去10年裡，中國軍隊大幅增加開銷，擴大了在區域內的行動範圍，並試圖削弱美國在該地區的軍事實力。

對於習近平的野心，歐洲領導人絕不能再犯下像威懾普丁失敗的那種錯誤。為了防止台灣成為下一個烏克蘭，北約和歐盟成員國現在就應挺身而出，捍衛自己的價值觀，幫助這個民主小國面對咄咄逼人的專制鄰國。北約成員國確實有這樣的能力，但必須立即採取行動。

我們可從烏克蘭戰爭中汲取教訓，防止台灣海峽發生類似的戰爭，重點有三。

1. 發掘歐洲的經濟威懾力

歸根結柢，只有美國擁有足夠的軍事實力和全球影響力來防止中國攻擊台灣。然而，影響北京的決策和威懾戰爭的方法不止一種。歐洲領導人應該與 7 大工業國組織（G7）及其他全球民主國家聯手，表明他們將嚴厲制裁任何中國軍事侵犯，正如他們對俄羅斯入侵烏克蘭所採取的措施一樣。

如果發生這種情況，中國將會被排除在使其受益的全球化體系之外。經濟制裁的威脅對中共領導人的影響，遠遠大於對俄羅斯領導人的影響，因為中共的合法性基於不斷改善人民的生活。中國的經濟成長依賴出口，這使得中國對全球供應鏈的依賴程度遠高於俄羅斯。正因如此，歐盟和北約成員國必須明確地指出，武力犯台將帶來嚴重經濟後果，這一點絕不能含糊——對台灣的任何攻擊都會讓中國付出巨大的代價。

對於歐洲來說，這意味著需要與企業界開誠布公的對話。許多歐洲企業已經徹底撤出俄羅斯，這超出了制裁的法律要求。當普丁發動全面侵略戰爭時，大多數公司感到意外，而一些公司，特別是在德國商界，仍然幻想著能回到昨日的世界。

值得慶幸的是，至少有一些德國政治人物已經看清了新的現實。2022 年 9 月，外交部長安娜萊娜・貝爾伯克（Annalena Baerbock）在對與中國有貿易往來的德國工業界發表演講時，明確指出：「僅僅抱著僥倖心理，期盼這些專制政權不至於那麼糟糕，那就錯了，我們不能再犯這樣的錯誤。」[3]

這一點非常重要，因為德國占了歐盟對中國出口的近一半，其中以汽車、機械和化學品為主。

歐洲對中國進口的依賴更是令人擔憂。我們不能在擺脫對俄羅斯天然氣的過度依賴後，轉而依賴中國來完成綠色能源轉型。

從太陽能電池到電動車電池，中國透過巨額的國家補貼主導了這些新興產業。現在的主要戰場在於電動車和風力發電領域，中國的國營企業正試圖主宰歐洲市場，這與中國補貼的太陽能板產業對歐洲企業造成的致命影響如出一轍。同時，中國對關鍵原材料的控制也使歐洲處於弱勢。

為了應對這一挑戰，歐盟及其他民主國家必須建立自主的內部供應鏈，以降低對中國的依賴。這並不意味著完全停止貿易，但歐洲必須為敏感技術、關鍵基礎設施及關鍵原材料建立安全的供應鏈，這應該建立在盟國間的流通以及自由國家之間的自由貿易基礎上。

這正是歐洲委員會主席烏蘇拉・馮德萊恩（Ursula von der Leyen）在 2023 年 3 月 30 日，關於歐盟與中國關係的演講中所提出的方向，她呼籲歐洲在與中國的貿易和投資關係中「去風險」（de-risk）。這一術語居然在華盛頓政策圈中也流行起來，對布魯塞爾術語（Brussels-bubble terminology）* 來說，這是個罕見現象。如果做得好，去風險意味著我們迫切需要放棄對獨裁中國盲目樂觀的經濟依賴。[4]

歐洲企業應該看到這種新現實，並與美國及其他全球民主夥伴協同調整它們的供應鏈。任何與中國有重要業務往來的公司都制定應急計畫，以應對未來可能發生的對台攻擊。

為了使經濟免受制裁的影響，中國正逐步增加用人民幣結算

---

* 編按：布魯塞爾術語意指在歐盟機構與官僚體系內部流行的專業術語（布魯塞爾為歐盟總部所在）。這類詞彙通常對外界人士來說晦澀難懂，甚至過於理想而與社會現實脫節，因此也帶有貶義。

的貿易，旨在讓中國的金融系統與美元脫鉤。美國和歐洲在 2024 年實施的制裁，在 2027 年及以後可能會產生不同的影響。一位台灣軍事專家告訴我們，他推算中國在 2035 年之前可能不會冒險攻擊台灣，因為預計中國到時才能透過俄羅斯及其他陸地來源，實現能源自主。

俄羅斯入侵烏克蘭與中國可能犯台之間的主要差異在於，經濟體的規模不同，中國的貿易流量遠遠超過俄羅斯，這意味著經濟影響將會非常巨大。經濟影響雖然會對西方造成損害，但對中國來說則是具災難性的，因為中國仍然高度依賴出口導向型的經濟成長。因此，重要的是現在就警示中國，讓「經濟毀滅」的威脅能夠發揮有效的威懾作用。

有些人仍然期望歐洲能保持中立，為了保護歐洲的經濟，或至少緩解對歐洲經濟的損害。這種看法深具誤導性，如果台灣海峽爆發衝突，歐洲將會立即受到經濟衝擊，因為全球近 50% 的海洋貿易途經中國大陸和台灣之間的台灣海峽，所以這一地區的重大貿易中斷將會對全球產生深遠影響。同時，台灣在先進晶片領域的全球領導地位意味著，對台灣的攻擊將影響所有在工作或私人生活中使用最新蘋果手機或先進科技設備的人；對經由中國的供應鏈來講，道理也是一樣的。總之，歐洲人無法逃避上述經濟影響，現在採取行動並做好準備才是明智之舉。

對於這種現實，歐洲民眾是否比歐洲企業更有準備？如果中國犯台，他們會支持限制對華貿易嗎？根據一些調查結果，答案是肯定的，他們確實會支持。在拉蒂納（Latana）民調公司代表民主聯盟基金會進行的年度重要調查中顯示，在半數受訪國家中,大多數受訪者都贊同一旦中國犯台就切斷與中國的經濟聯繫。[5] 這些國家包括中國的多個主要貿易夥伴,如美國、日本、韓國和德國,它們的貿易總額合計占中國年度貿易的53％以上,約2.3兆美元。

這是明確的團結訊號,應該能使中國領導人和軍事策畫者三思而後行。歐洲領導人應該傾聽民眾的聲音,開始為這種情形制定計畫,並確保中國了解其侵略行為可能帶來的所有後果。

歐洲對俄羅斯入侵烏克蘭的措手不及已經是一個重大失誤,如果重蹈覆轍,那將是不可饒恕的。

2. 確保烏克蘭獲勝,由歐洲承擔更多安全責任

威懾中國對台灣發動攻擊的另一個重要方法是,確保烏克蘭在當前的俄烏戰爭中取得勝利。

若俄羅斯能夠以武力永久占領別國領土並將之變為既成事實,這將會開創先例。從北京到德黑蘭,世界各地的獨裁者會得到這樣的結論,軍事侵略最終會奏效,而且民主國家最後會選擇綏靖而不是對抗。

我們從歷史中學到的教訓是,對獨裁者的綏靖不會帶來和平;相反地,它會導致戰爭和衝突。這就是為什麼歐洲應為確保烏克蘭獲勝,提供所有必要的武器和彈藥,不帶任何「如果」、「但是」或其他附帶條件。

儘管戰爭雙方傷亡人數達到數十萬,烏克蘭人仍堅持展現戰鬥意志;我們必須向提供他們所需的資源來支持這種意志。烏克

蘭人不僅僅是在為自己的自由而戰，他們也是在為我們所有人的自由而戰。

所有相信民主台灣的人，以及相信基於規則的國際秩序的人都必須努力，確保烏克蘭獲勝。這也是一些年輕的台灣人在 2022 年參加烏克蘭外籍軍團、為烏克蘭而戰時，所感受到的現實。台灣年輕志願兵傑克在 2023 年 5 月哥本哈根民主峰會上說道：「如果我們不阻止他們，下一個就是我們。」[6]

歐洲現在向烏克蘭提供了大部分軍事援助。德國基爾世界經濟研究院（Kiel Institute for the World Economy）和美國國務院的數據顯示，截至 2023 年 11 月，歐洲提供的軍事援助總值達到 530 億美元，而美國的軍事援助則為 442 億美元。[7] 就總體貢獻而言，歐洲已經投入了 1,400 億美元，這其中包括歐盟最近批准的 530 億美元烏克蘭援助計畫。根據美國聯邦預算問責委員會（Committee for a Responsible Federal Budget）的數據，截至 2023 年 9 月 21 日，美國的總貢獻約為 1,130 億美元。[8]

2023 年 10 月 7 日哈馬斯恐怖襲擊後，美國對以色列的軍事援助激增，加上中國對台灣攻擊的威脅加劇，這意味著歐洲需要承擔更多援助烏克蘭的責任。如果北京在台灣海峽挑起戰爭，北約及美國的歐盟盟國應預料到華盛頓將會把軍事平台、部隊和彈藥從歐洲移往亞洲。這將意味著歐洲部隊需要在自己的鄰近地區承擔更多責任。類似的調整也適用於北約對歐洲的承諾，歐洲人應有心理準備，要在整體國防開支上投入更多，並在歐洲的演習和聯合行動中做出更多貢獻。

除了法國，也許還有英國，我們不期待歐洲的軍事能力可在台灣海峽發揮重要作用。一旦台海開戰,擔任主要軍事角色的,將是台灣、美國,及其在太平洋地區盟國——日本和澳洲。

目前,歐洲人尚未為這一情境做好充分準備,正如英國議會的國防委員會(British Parliament's Defense Committee)在2023年10月的一份報告中,直言不諱地警告說「中國意圖與台灣交戰」,並指出「英國在印太地區的軍事力量仍然有限,其戰略作用仍不明確」。[9]

由於能力不足,歐洲在任何軍事場景中都將扮演次要角色。然而,如果歐洲發揮經濟威懾力,加上能夠分擔歐洲的軍事責任,也可視為重大貢獻。

3. 敦促歐洲採取積極的台灣政策

正如美國對歐洲安全至關重要,歐洲國家也必須與美國、台灣以及印太地區的民主國家更緊密地合作。

儘管歐洲國家堅持「一個中國」政策並在外交上承認中華人民共和國,但仍有空間增加對民主台灣的支持。

歐洲政治家應該更加明確地表達支持台灣,堅定支持台灣保有其民主體制和自由的生活方式。應該從我們的價值觀出發,向歐洲各國的公民明確說明,特別值得指出的是,台灣在全球民主排名中名列前茅,而中國則進一步陷入專制和壓迫。

在歐洲,有一批國家領導人走在前面,準備挺身而出支持台灣。這些領導人主要來自中歐和東歐。立陶宛(Lithuania)總理英格莉達・席莫尼特(Ingrida Šimonytė)和外交部長格比亞魯斯・

藍柏吉斯（Gabrielius Landsbergis）在 2021 年引領了這一行動，並願意冒著損失對華貿易的風險來加強與台灣的交往。即使在中國實施嚴厲的貿易制裁後，立陶宛仍然堅持這一方針。2023 年 10 月，立陶宛國會議長帶著龐大的代表團訪問台灣，這令中國政府和中共感到十分震驚。

在總統蘇珊娜・恰普托娃（Zuzana aputová）的領導下，斯洛伐克（Slovakia）也加強了與台灣的合作。然而，親莫斯科和親北京的總理羅伯特・費佐（Robert Fico）當選，可能會破壞這一進展。而在鄰國捷克（Czechia），總統彼得・帕維爾（Petr Pavel）已經在與台灣友好交往方面邁出了一大步。他在 2023 年 1 月當選，隨後不久就做了對歐洲領導人來說前所未有的事情。他與當時的台灣總統蔡英文進行了對話，並承諾以後會與她會面。中國譴責了這次對話，指責捷克總統違反了中國的「一中原則」。帕維爾明確表示，他在一個自由的國家當選，有權與任何他想交談的人對話。捷克政府也邀請台灣外交部長訪問，並擴大了雙方的軍事交流。捷克官員也告訴我們，多年來對中國的示好並未帶來實質經濟利益，而台灣對捷克的投資規模已超越中國。

帕維爾的做法應該成為歐盟台灣政策的範本，以確保每個人都清楚了解與台灣自由交流的民主權利。絕不能由北京的專制領導人，來決定歐洲的民選政治家與台灣交往的尺度。英國前首相莉茲・特拉斯（Liz Truss）在 2023 年 5 月訪問台灣時也傳達了這一訊息，她是自柴契爾夫人（Margaret Thatcher）以來，首位造訪台灣的英國前首相。

有些人認為上述行為和言論是對中國「挑釁」。事實上，這

2023年4月,法國總統馬克宏在北京訪問時,儀仗兵向他致敬迎接。
照片來源:Ng Han Guan攝影,由Getty Images提供。

些行動和言論有助於穩定局勢,因為它們顯示了台灣在經濟和地緣政治上對世界秩序的重要意義。公開肯定台灣及其安全的重要性,是有效震懾北京的前提。

儘管存在這些正面的例子,但在中國和台灣問題上,歐洲仍未能發出一致的聲音。2023年4月,法國總統馬克宏(Emmanuel Macron)到中國進行國事訪問,充分證明了這一點。馬克宏在享受習近平精心安排的盛大儀式和排場的同時,顯然未向中國領導層提及台灣問題。令人更加惱火的是,在這次訪問期間,中國還宣布在台灣周圍再次舉行軍事演習。當媒體《政客》問及他對台灣的立場時，馬克宏總統表示，歐洲「不捲入與我們無關的危機」是非常重要的。[10]

馬克宏總統的評論，理所當然地在大西洋兩岸引起了憤怒。在美國，政界人士質疑，既然歐洲領導人損害美國在印太地區利益，華盛頓為何還要繼續出資維護歐洲安全。在歐洲，波蘭、捷克和立陶宛的領導人都重申了對台北的支持。德國總理蕭茲（Olaf Scholzk）明確表示，如果北京試圖以武力改變台灣的現狀，將會面臨後果；德國外交部長貝爾伯克隨後迅速訪問了北京，對中國傳達了相同的警告訊息。

儘管馬克宏總統最終對他的言論進行了修正，但在許多方面，已經造成了損害。民主世界顯得軟弱和分裂，而不是團結一致，這正是中共領導人想看到的。在自由的最前線——無論是在頓巴斯（Donbass）還是台灣海峽，你不能宣稱自己是中立的。馬克宏應該從他就烏克蘭問題與普丁打交道的經驗中汲取教訓，認識到能有效對付獨裁者的只有軍事和經濟威懾，而不是外交上的喝咖啡閒聊。

民主價值觀和基於規則的國際秩序正面臨越來越多的威脅，民主世界應該更加緊密地團結，而不是自我分裂。烏克蘭戰爭顯示，當我們團結一致時，自由世界仍然是一股強大的力量。在面對越來越咄咄逼人的中國時，我們同樣需要團結一致。

這一點在台灣問題上尤為清楚。如果我們希望台灣能繼續以自由為根基，我們必須堅決支持台灣的民主制度，並清楚地向北京表達立場。如果我們未能做到這點，世界上的獨裁者將會得寸進尺。中國在台灣周邊的軍事活動日益增加，升級或誤判的風險也隨之增加。如果我們發出不一致的信號,這些風險將會加劇。

即使歐洲的軍隊不直接參與台灣海峽的戰爭,任何在那裡發生的衝突都會對歐洲產生巨大的影響。這就是為什麼歐洲必須立即採取行動,阻止中國以武力改變現狀。如果歐洲能夠為自身防務承擔更多責任,明確闡述中國犯台的經濟後果,並對北京發出一致而清晰的信號,將有助於降低衝突風險。這不僅是台灣的利益所在,也是全世界的共同利益。

註釋

第1章　驚濤駭浪中的重大考驗

1. Michael R. Gordon, Nancy A. Youssef, and Gordon Lubold, "Iranian-Backed Militias Mount New Wave of Attacks as U.S. Supports Israel," *Wall Street Journal*, updated October 24, 2023; Lara Seligman, "US Officials Frustrated by Biden Administration's Response to Attacks in the Red Sea," *Politico*, December 4, 2023; Lara Seligman, "Pentagon Chief Heads to Middle East as Attacks on US Forces Spike," *Politico*, December 13, 2023.
2. Alexandra Sharp, "Why Is Venezuela Threatening a Land-Grab War in Latin America?," *Foreign Policy*, December 7, 2023; Kejal Vyas, "Venezuela Ramps Up Threat to Annex Part of Guyana," *Wall Street Journal*, December 5, 2023; Kiana Wilburg, Vivian Sequera, and Julia Symmes Cobb, "Guyana, Venezuela Agree to Not Use Force or Escalate Tensions in Esequibo Dispute," Reuters, December 14, 2023.
3. "凤凰卫视，"#委内瑞拉就与圭亚那领土争端举行公投#，委方：争议领土150年前被不当掠夺," *Weibo*, December 3, 2023, https://archive.ph/Jw3e5; "美国介入？外媒：美军南方司令部将与圭亚那国防军举行联合空中军演," *Global Times*, December 8, 2023, https://archive.ph/Vz02k; Ministry of Foreign Affairs, "2023年12月6日外交部发言人汪文斌主持例行记者会," December 6, 2023, https://archive.ph/FLZAr; Ministry of Foreign Affairs, "2023年12月15日外交部发言人毛宁主持例行记者会," December 15, 2023, https://archive.ph/kSZTt; Warren P. Strobel, Gordon Lubold, Vivian Salama, and Michael R. Gordon, "Beijing Plans a New Training Facility in Cuba, Raising Prospect of Chinese Troops on America's Doorstep," *Wall Street Journal*, updated June 20, 2023.
4. Jeff Mason, "White House Accuses North Korea of Providing Russia with Weapons," Reuters, October 13, 2023.
5. The Chinese phrase 中华民族 (*zhonghua minzu*), often translated as "Chinese nation," is central to modern Chinese nationalism, simultaneously connoting a national, ethnic, and racial community. The Chinese Communist Party uses the phrase to encompass people within China and people of Chinese descent worldwide. In his speeches, Xi distinguishes between the terms 民族 (*minzu*), or "nation," and 国家 (*guojia*), which means "state" or "nation-state."
6. At the 19th Party Congress, Xi said: "实现祖国完全统一，是实现中华民族伟大复兴的必然要求." Communist Party Members Network, "习近平：决胜全面建成小康社会 夺取新时代中国特色社会主义伟大胜利 — 在中国共产党第十九次全国代表大会上的报告," October 18, 2017, http://archive.today/MGZKr.
7. "现场实录）习近平：在《告台湾同胞书》发表40周年纪念会上的讲话," Xinhua News Agency, January 2, 2019, http://archive.today/fwH4r.

8. See "习近平在纪念辛亥革命110周年大会上的讲话（全文）," October 9, 2021, archived at http://archive.today/u0CxM.
9. "两岸长期存在的政治分歧问题终归要逐步解决，总不能将这些问题一代一代传下去，"习近平：政治问题不能一代一代传下去," *China News*, October 7, 2013, archived at http://archive.today/pVrSw.
10. Jeff Mason and Trevor Hunnicutt, "Xi Told Biden Taiwan Is Biggest, Most Dangerous Issue in Bilateral Ties," Reuters, November 15, 2023.
11. Mason and Hunnicutt, "Xi Told Biden."
12. Ministry of Foreign Affairs, "习近平同美国总统拜登举行中美元首会晤," press release, November 16, 2023, https://archive.ph/OJ9JW.
13. Xi Jinping, "以史为鉴、开创未来　埋头苦干、勇毅前行," *Qiushi*, January 1, 2022, https://archive.ph/3kxGX.
14. Xi, "以史为鉴."
15. Xi, "以史为鉴."
16. Xi, "以史为鉴."
17. John Pomfret and Matt Pottinger, "Xi Jinping Says He Is Preparing China for War," *Foreign Affairs*, March 29, 2023.
18. Pomfret and Pottinger, "Xi Jinping Says."
19. Pomfret and Pottinger, "Xi Jinping Says."
20. Pomfret and Pottinger, "Xi Jinping Says."
21. Pomfret and Pottinger, "Xi Jinping Says."
22. Matt Pottinger, Matthew Johnson, and David Feith, "Xi Jinping in His Own Words: What China's Leader Wants — and How to Stop Him from Getting It," *Foreign Affairs*, November 30, 2022.
23. For a useful and creative exploration of new financial tools the United States could develop to strengthen deterrence of Beijing, see Hugo Bromley and Eyck Freymann's forthcoming report "On Day 1: An Economic Contingency Plan for a Taiwan Crisis," expected from Hoover Institution Press in 2024.
24. General Christopher G. Cavoli, private presentation attended by author, May 2023. The quotation is used with permission of General Cavoli.
25. Leo Shane III, "Amid Recruiting Woes, Active Duty End Strength to Drop Again in 2024," *Military Times*, December 14, 2023.
26. The Center for Strategic and Budgetary Assessments (CSBA) puts Department of Defense spending in FY 1983–85 at 6.7 percent of GDP, and the Office of Management and Budget historical tables put FY 2022 defense and international spending at 3.4 percent of GDP. Katherine Blakely, "Defense Spending in Historical Context: A New Reagan-esque Buildup?," Center for Strategic and Budgetary Assessments, November 8, 2017; Office of Management and Budget, "Table 14.5 — Total Government Expenditures by Major Category of Expenditure as Percentages of GDP: 1948–2022," Historical Tables, accessed December 22, 2023.
27. "Criticising 'Asia for Asians,' Jaishankar Says 'Narrow Asian Chauvinism' against Regional Interests," *The Wire*, August 30, 2022.
28. White House, "Remarks by President Biden on the United States' Response to Hamas's Terrorist Attacks Against Israel and Russia's Ongoing Brutal War Against Ukraine," press release, October 20, 2023.
29. Xi Jinping, "把握新发展阶段，贯彻新发展理念，构建新发展格局," *Qiushi*, April 30,

2021, https://archive.ph/negvH#selection-73.1-73.24.
30. Ren Tianyou and Zhao Zhouxian, eds., *Strategic Support for Achieving the Great Chinese Resurgence* (Beijing: National Defense University Press, 2018), 217. Originally cited, with a slightly different translation, in Ian Easton, *The Final Struggle: Inside China's Global Strategy* (Manchester, UK: Eastbridge Books, 2022), 115.
31. "China's Xi Tells Putin of 'Changes Not Seen for 100 Years,'" Al Jazeera, March 22, 2023.
32. For an exploration of strategic de-prioritization in statecraft, see A. Wess Mitchell, Jakub Grygiel, Elbridge A. Colby, and Matt Pottinger, *Getting Strategic Deprioritization Right*, prepared by the Marathon Initiative for the Office of Net Assessment, US Department of Defense, June 26, 2023.
33. Marc A. Thiessen, "Ukraine Aid's Best-Kept Secret: Most of the Money Stays in the U.S.A.," *Washington Post*, November 29, 2023.

第2章　台灣的利害關係

1. Office of the Historian, "Memorandum of Conversation, by the Ambassador at Large (Jessup)," Subject: Korean Situation Foreign Relations of the United States, 1950, Korea, Volume VII (Washington, DC: US Department of State, June 25, 1950).
2. Larry Diamond, "All Democracy Is Global," *Foreign Affairs*, September 6, 2022.
3. Matt Pottinger, "Beijing Targets American Business," *Wall Street Journal*, March 26, 2021.
4. Bombardment risks hardening Taiwan's will to resist and would also likely simplify the US decision to intervene. Outright invasion would clarify the situation even further for Washington, Tokyo, Canberra, and other relevant regional capitals. Any scenario involving external military intervention on Taiwan's behalf would (1) stack the risk/reward ratio against Beijing by raising the risk that its invasion fails and (2) substantially increase the risk of a prolonged war between industrial powers that would unleash global economic devastation. See, for instance, David C. Gompert, Astrid Stuth Cevallos, and Cristina L. Garafola, *War with China: Thinking through the Unthinkable* (Santa Monica, CA: RAND Corporation, 2016). It would be far better for all concerned, however, if Washington and Taipei deterred any use of force in the first place through concerted preparations. See Andrew S. Erickson and Gabriel B. Collins, "Deterring (or Defeating) a PLA Invasion: Recommendations for Taipei," in *Chinese Amphibious Warfare: Prospects for a Cross-Strait Invasion*, ed. Andrew S. Erickson, Ryan D. Martinson, and Conor M. Kennedy (Newport, RI: Naval War College Press, forthcoming 2024).
5. For a hierarchy of CCP-preferred approaches applied directly to Taiwan, see the following article by Liu Jieyi, a prominent diplomat who served as director of the Taiwan Affairs Office of the State Council (2018–22) after serving as China's permanent representative to the United Nations (2013–17): 刘结 (Liu Jieyi), "坚持贯彻新时代党解决台湾问题的总体方略" (Adhere to the Party's Overall Strategy for Resolving the Taiwan Issue in the New Era), 求是 (Seeking Truth), *Qiushi*, December 1, 2022; Mark Stokes and Russell Hsiao, *The People's Liberation Army General Political Department: Political Warfare with Chinese Characteristics*, Project 2049 Institute (Arlington, VA), October 14, 2013.
6. Here the authors cite with appreciation and attempt to build on a pathbreaking special journal issue: David Santoro and Ralph Cossa, "The World after Taiwan's Fall," *Issues & Insights* 23, SR2, Pacific Forum (February 2023). See especially the lead article by Ian Easton, "If Taiwan Falls: Future Scenarios and Implications for the United States," 7–17.
7. Archyde.com, "Taiwan's Economic Success: A Deeper Look at the 2023 Per Capita GDP

Ranking," December 23, 2023.
8. Olivia Yang, "2022 TFD Survey on Taiwanese View of Democratic Values and Governance," press release, Taiwan Foundation for Democracy, December 29, 2022.
9. Olivia Yang, "2021 TFD Survey on Taiwanese View of Democratic Values and Governance," press release, Taiwan Foundation for Democracy, December 29, 2021.
10. 鏡週刊, "男向白紙革命喊「反華勢力滲透」北京群眾怒轟：外網都上不了哪來境外勢力？月球嗎！ | 鏡週刊," YouTube Video, 0:28, November 29, 2022, https://www.youtube.com/watch?v=UZGc9Zf6bII.
11. Wang Zhaokun, "Okinawa Discussion Aimed to Show Sovereignty over Diaoyu: Academics," *Global Times*, May 10, 2013.
12. 李国强, "中国历史研究院," archived June 21, 2023, https://web.archive.org/web/20230621003108/http://cah.cass.cn/zzjg/yld/201907/t20190723_4937729.shtml.
13. Ryukyu Shimpo, "沖縄県副知事が駐日中国大使と面談 デニー知事の中国訪問に協力要請 大使「地域の安定へ平和的な解決を」," March 31, 2023, https://archive.ph/aDCe4.
14. 市岡 豊大, "「沖縄が独立すると言ったら？」…中国軍元幹部が日本側に不穏当発言," *Sankei Shimbun*, May 27, 2023, https://www.sankei.com/article/20230527-DRDJOXQSLZLC3ODZ5C6F4LSA7E/photo/E3VAJJT3D5IC3AAWQBGIJL2HCI.
15. "习近平总书记考察中国国家版本馆和中国历史研究院并出席文化传承发展座谈会纪实," Xinhua News Agency, June 5, 2023, https://archive.ph/3yxsy.
16. "习近平出席文化传承发展座谈会并发表重要讲话," press release, 盘锦市住房公积金管理中心, Xinhua News Agency, June 8, 2023, https://archive.ph/RdeNU.
17. Harvard-Yenching Library, "皇朝一統輿地全圖," accessed January 6, 2024, https://iiif.lib.harvard.edu/manifests/view/ids:53965145.
18. Yang Pushuang, ed., *The Japanese Air Self-Defense Force* (Beijing: Air Force Command College, 2013), 190–91; see also Ian Easton, *The Chinese Invasion Threat: Taiwan's Defense and American Strategy in Asia* (Manchester, UK: Camphor Press, 2017), 28.
19. "习近平新时代中国特色社会主义思想学习问答" (Questions and Answers on the Xi Jinping's Thought of Socialism with Chinese Characteristics in the New Era), The National People's Congress of the People's Republic of China, http://www.npc.gov.cn/npc/c1773/c2518/xjpxsdzgtsshzysxxxwd/index.html.
20. David M. Kennedy, *Freedom from Fear: The American People in Depression and War, 1929–1945* (New York: Oxford University Press, 2001), 421.
21. Robert Casanova, "Chip Sales Rise in 2022, Especially to Auto, Industrial, Consumer Markets," Semiconductor Industry Association, March 27, 2023.
22. Steve Blank, "The Semiconductor Ecosystem — Explained," Steve Blank (blog), January 25, 2022.
23. Tudor Cibean, "Taiwan Controls Almost Half of the Global Foundry Capacity, Other Governments Racing to Build More Fabs Locally," *TechSpot*, April 26, 2022.
24. Calculated using oil production data from *BP Statistical Review of World Energy 2022* (London: The Energy Institute, 2022).
25. When Russia withheld gas supplies, a regional and then globalized energy crisis promptly resulted. Gabriel Collins, Anna Mikulska, and Steven Miles, "Winning the Long War in Ukraine Requires Gas Geoeconomics," Research paper no. 08.25.22, Rice University's Baker Institute for Public Policy (Houston, TX), August 25, 2022; Gabriel Collins, Anna Mikulska, and Steven

Miles, "Gas Geoeconomics Essential to Win the 'Long War' in Ukraine ― and Asia," Baker Institute Research Presentation, September 2022.
26. Consider, for instance, the concern among semiconductor makers about shortages of neon gas resulting from Russia's assault on Ukraine. Vish Gain, "What a Neon Shortage in Ukraine Would Mean for the Chip Industry," *Silicon Republic*, March 15, 2022.
27. NVIDIA, "GTC 2023 Financial Analyst Q&A," March 21, 2023.
28. This assessment is derived from Matt Pottinger's conversations with Taiwanese and other semiconductor industry engineers and executives in 2022 and 2023.
29. US Government Accountability Office, *Financial Crisis Losses and Potential Impacts of the Dodd-Frank Act*, GAO-13-180, January 2013.
30. Steve Mollman, "Ken Griffin Warns U.S. Faces 'Immediate Great Depression' If China Seizes Taiwan's Semiconductor Industry," *Fortune*, November 18, 2022.
31. International Energy Agency, "Global Annual Change in Real Gross Domestic Product (GDP), 1900–2020," October 26, 2022. Note also that GDP's biggest fall ― 8.1 percent year-over-year (YoY) ― occurred in 1946 as the war economy was wound down globally.
32. US Bureau of Economic Analysis, "Gross Domestic Product [GDPA]," retrieved from FRED, Federal Reserve Bank of St. Louis.
33. Nicholas Lambert, *Planning Armageddon: British Economic Warfare and the First World War* (Cambridge, MA: Harvard University Press, 2012), 23. Part of this efficiency was from British firms' position in directly handling and facilitating physical commerce flows via ownership and control of the world's largest merchant marine. But arguably even more important was London's role as the epicenter of shipping insurance and provider of deep, liquid, trusted capital markets that financed trade activity. The two roles proved mutually reinforcing.
34. Jennifer Lind, "Life in China's Asia." *Foreign Affairs* 97, no. 2 (March/April 2018): 71–82.
35. Henry Kissinger, conversation with Matt Pottinger, 2020.
36. "ASEAN Likely to Hedge Bets against De-Dollarisation Hysteria," *The Star* (Malaysia), May 21, 2023.
37. World Nuclear Association, "Processing of Used Nuclear Fuel," updated December 2020.
38. Atomic Heritage Foundation, "Little Boy and Fat Man," July 23, 2014; Arjun Makhijani, Howard Hu, and Katherine Yih, *Nuclear Wastelands: A Global Guide to Nuclear Weapons Production and Its Health and Environmental Effects* (Takoma Park, MD: International Physicians for the Prevention of Nuclear War, Institute for Energy and Environmental Research, 1995), 58.
39. Jesse Johnson, "Japan Should Consider Hosting U.S. Nuclear Weapons, Abe Says," *Japan Times*, February 27, 2022.
40. Johnson, "Japan Should Consider."
41. World Nuclear Association, "Nuclear Power in South Korea," updated January 2024.
42. Elmer B. Staats, comptroller general of the United States, *Quick and Secret Construction of Plutonium Reprocessing Plants: A Way to Nuclear Weapons Proliferation?*, Report to Senator John Glenn, chairman, Senate Committee on Governmental Affairs: Energy, Nuclear Proliferation and Federal Services Subcommittee, END-78-104; B-151475, October 6, 1978; Rachel Oswald, "If It Wanted to, South Korea Could Build Its Own Bomb," *CQ Weekly*, April 11, 2018.
43. Office of the Secretary of Defense, *Military and Security Developments Involving the People's Republic of China 2022: Annual Report to Congress*, US Department of Defense, November 29, 2022, 98; Office of the Secretary of Defense, *Military and Security Developments Involving the*

People's Republic of China 2023: Annual Report to Congress, US Department of Defense, October 19, 2023, 111.
44. "If India Wants, Agni Missiles Can Now Strike Targets beyond 7,000 kms," ANI News, December 17, 2022.
45. Hans Kristensen, Matt Korda, Eliana Johns, and Kate Kohn, "Status of World Nuclear Forces," Federation of American Scientists, March 31, 2023.
46. Ismaeel Naar, "Saudi Arabia Plans to Use Domestic Uranium for Entire Nuclear Fuel Cycle, Says Minister," *Gulf News*, January 11, 2023.

第3章　關於意外戰爭的迷思

1. Chris Buckley and Steven Lee Myers, "'Starting a Fire': U.S. and China Enter Dangerous Territory over Taiwan," *New York Times*, updated November 10, 2021.
2. Antony J. Blinken, "The Administration's Approach to the People's Republic of China" (speech, Washington, DC, May 26, 2022), US Department of State.
3. Geoffrey Blainey, *The Causes of War*, 3rd ed. (New York: Free Press, 1988), 141.
4. Franklin Foer, *The Last Politician* (New York: Penguin Press, 2023), 72.
5. A former senior US Department of Defense official, private conversation with Matt Pottinger, January 2024. The US secretary of defense was —appropriately, in the view of the authors of this chapter — seeking to have as his formal counterpart one (or both) of the generals serving as vice chairmen of the CCP Central Military Commission. Those men, like the secretary of defense, report directly to the commander in chief in their respective systems, whereas the position of Chinese minister of defense is junior to those generals.
6. Betty Woodruff Swan and Paul McLeary, "White House Freezes Military Package That Includes Lethal Weapons," *Politico*, June 18, 2021.
7. Blainey, *Causes of War*, 143.
8. Blainey, *Causes of War*, 144.
9. Blainey, *Causes of War*, 35–51.
10. Karl Kautsky, ed., *Outbreak of the World War: German Documents Collected by Karl Kautsky* (New York: Oxford University Press, 1924), 439–41 (as cited by Blainey, *Causes of War*).
11. Blainey, *Causes of War*, 37.
12. Blainey, *Causes of War*, 37.
13. Nadege Mougel, "World War I Casualties," Centre Virtuel de la Connaissance sur l'Europe, REPERES Project, 2011.
14. Bill Bostock, "Kremlin Staff Didn't Expect Putin to Invade Ukraine and Were Shocked by the Severity of Western Sanctions, Report Says," *Business Insider*, March 4, 2022; Seth G. Jones, "Russia's Ill-Fated Invasion of Ukraine: Lessons in Modern Warfare," Center for International and Strategic Studies, June 1, 2022.
15. Blainey, *Causes of War*, 53.
16. Blainey, *Causes of War*, 291.
17. Jeff Mason and Trevor Hunnicutt, "Xi Told Biden Taiwan Is Biggest, Most Dangerous Issue in Bilateral Ties," Reuters, November 15, 2023.
18. Office of the Secretary of Defense, *Military and Security Developments Involving the People's Republic of China 2023: Annual Report to Congress*, US Department of Defense, October 19, 2023, viii.

19. See Ian Easton, *The Final Struggle: Inside China's Global Strategy* (Manchester, UK: Eastbridge Books, 2022).
20. Xi Jinping, "以史为鉴、开创未来　埋头苦干、勇毅前行," *Qiushi*, January 1, 2022, https://archive.ph/3kxGX.
21. Hal Brands and Michael Beckley, "The Coming War over Taiwan," *Wall Street Journal*, August 4, 2022.
22. Joseph Trevithick, "Alarming Navy Intel Slide Warns of China's 200 Times Greater Shipbuilding Capacity," *War Zone*, July 11, 2023.
23. Elbridge A. Colby and Alexander B. Gray, "America's Industrial Base Isn't Ready for War with China," *Wall Street Journal*, August 18, 2022.
24. John Pomfret and Matt Pottinger, "Xi Jinping Says He Is Preparing China for War," *Foreign Affairs*, March 29, 2023.

第4章　台灣的新軍事文化

1. Scholars refer to this as deterrence by denial. See Glenn H. Snyder, "Deterrence and Power," *Journal of Conflict Resolution* 4, no. 2 (June 1960): 163. See also chapters 6, 7, and 12 of this book. To be sure, some analysts and officials want Taiwan to pursue deterrence by punishment — to threaten to inflict intolerable pain on the Chinese mainland in retaliation for an attack. But in our estimation, short of acquiring nuclear weapons, there is no realistic way Taiwan can amass sufficient conventional firepower to credibly exceed Xi's pain threshold, especially if he is already willing to stomach a war with the United States.
2. Ian Easton, *The Chinese Invasion Threat: Taiwan's Defense and American Strategy in Asia* (Arlington, VA: Project 2049 Institute, 2017), 67–93; John Culver, "How We Would Know When China Is Preparing to Invade Taiwan," *Commentary*, Carnegie Endowment for International Peace, October 3, 2022.
3. Ministry of National Defense, *ROC National Defense Report 2023*, 26–59. See also Ethan Kessler, *Taiwan's Security Future: How Domestic Politics Impact Taipei's Defense* (Chicago, IL: Chicago Council on Global Affairs, 2023), 5.
4. Taiwan also has a volunteer civil defense organization made up of approximately 420,000 part-time volunteers. Although we discuss this organization in more detail below, it is worth highlighting at the outset that there are serious questions about how many of these volunteers are actually trained, able, and willing to support civil defense operations in a conflict. Focus Taiwan, "Civil Defense Reforms Needed to Meet Taiwan's Defense Goals: Experts," CAN English News, January 24, 2023.
5. The Ministry of National Defense is supported by an additional twentyseven thousand civilian employees.
6. Ninety-four thousand of these service members are in the army, forty thousand are in the navy, thirty thousand are in the air force, and ten thousand are in the marine corps.
7. The reserve force consists of service members who have completed their voluntary or mandatory military services, provided they have not aged out (at thirty-six years old for most conscripts and fifty years old for noncommissioned officers).
8. Focus Taiwan, "Military to Present Report This Year on Extending Military Service," CNA English News, March 23, 2022.
9. Focus Taiwan, "Taiwan's Military Says Capacity Sufficient to Train One-Year Conscripts," CNA

English News, January 5, 2023.
10. The figures that follow are from *The Military Balance 2023: The Annual Assessment of Global Military Capabilities and Defence Economics* (London, UK: International Institute for Strategic Studies, 2023), 291–93.
11. Office of the Secretary of Defense, *Military and Security Developments Involving the People's Republic of China 2020: Annual Report to Congress*, US Department of Defense, September 9, 2020, 114; US-China Economic and Security Review Commission (USCC), *2020 Annual Report to Congress of the US-China Economic and Security Review Commission*, "Chapter 4. Taiwan," December 2020.
12. Mike Pieutrucha, "Amateur Hour Part I: The Chinese Invasion of Taiwan," *War on the Rocks*, May 18, 2022; Tanner Greer, "Why I Fear for Taiwan," *Scholars Stage* (blog), September 11, 2020.
13. As of 2018, Taiwan's armed forces were at 80 percent of their authorized endstrength of 188,000 active-duty billets. Paul Huang, "Taiwan's Military Is a Hollow Shell," *Foreign Policy*, February 15, 2020; President Tsai was in office as this book was going to press. Elections in Taiwan in early 2024 indicated Lai Ching-te of the Democratic Progressive Party as her successor, with an inauguration date of May 20. Tsai was ineligible to seek reelection because of term limits.
14. Huang, "Taiwan's Military Is a Hollow Shell."
15. For example, only 9,100 Taiwanese men will be inducted for one-year service in 2024. That number will not hit the expected maximum of 53,600 per year until 2029. "MND Shares 2029 Conscript Target," *Taipei Times*, March 6, 2023.
16. Michael A. Hunzeker and Alexander Lanoszka, *A Question of Time: Enhancing Taiwan's Conventional Deterrence Posture* (Arlington, VA: Center for Security Policy Studies, 2018), 20.
17. Greer, "Why I Fear for Taiwan"; Panel, "Is Taiwan Ready for War? Views from Taipei, Beijing, and Washington," George Mason University, YouTube video, October 11, 2022, https://www.youtube.com/watch?v=2b05yO7EfWM; off-the-record interviews conducted by the authors with Taiwanese military officers and policymakers in February 2019 and February 2021.
18. This and what follows are from off-the-record interviews conducted by the authors with Taiwanese and American military officers, elected officials, think tank scholars, policymakers, and diplomats in February 2019, January 2021, February 2021, and June 2023.
19. Michael Mazza, "Time to Harden the Last Line of Defense: Taiwan's Reserve Force," *Global Taiwan Brief* 5, no. 8 (April 22, 2020).
20. Mike Stokes, Yang kuang-shu, and Eric Lee, *Preparing for the Nightmare: Readiness and Ad Hoc Coalition Operations in the Taiwan Strait* (Arlington, VA: Project 49 Institute, 2020), 22.
21. "Military Mulls Requiring Female Veterans to Join Reservist Training," Taiwan Newswire, March 8, 2022.
22. Wendell Minnick, "How to Save Taiwan from Itself," *National Interest*, March 19, 2019.
23. "Taiwan to Boost Energy Inventories Amid China Threat," Reuters, October 23, 2022; Gustavo F. Ferreira and Jamie A. Critelli, "Taiwan's Food Resiliency — or Not — in a Conflict with China," *US Army War College Quarterly: Parameters* 53, no. 2 (Summer 2023): 39–60; Jude Blanchette and Bonnie Glaser, "Taiwan's Most Pressing Challenge Is Strangulation, Not Invasion," *War on the Rocks*, November 9, 2023.
24. Paul Huang, "Taiwan's Military Has Flashy American Weapons but No Ammo," *Foreign Policy*, August 20, 2020.

25. Stokes, Yang, and Lee, *Preparing for the Nightmare*, 37, 39.
26. Vincent Ni, "Taiwan Suspends F-16 Fleet Combat Training After Jet Crashes into Sea," *The Guardian*, January 11, 2022; "Taiwan Air Force Suspends Training After Second Fatal Accident in 2022," Reuters, May 30, 2022; Cindy Wang, "Taiwan Pilot Dies in Third Military Jet Crash This Year," Bloomberg, May 30, 2022.
27. David Axe, "What Good Is an Attack Submarine with No Torpedoes? Taiwan Wants to Know," *Forbes*, November 16, 2021.
28. Minnick, "How to Save Taiwan."
29. Off-the-record interviews with Taiwanese military officers conducted by the authors, February 2019 and June 2023.
30. Office of the President of the Republic of China (Taiwan), "President Tsai Announces Military Force Realignment Plan," December 17, 2022.
31. President Tsai's speech did not clarify the specific number of conscripts needed to augment the active-duty force to bring the main battle force to its full strength of 210,000. The MND has subsequently indicated that it plans to use one-year conscripts to bring the main battle force up to full strength. Qiu Caiwei, "Conscription Service Extended by One Year, Conscripts Assigned to High Mountain Military Posts for Defense Duty," *United Daily News*, November 23, 2023. For reference, the MND reports an end strength of approximately 215,000 full-time personnel, 27,000 of whom are either civilian employees of the ministry or trainees, cadets, students, or absentee personnel, yielding 188,000 uniformed servicemen and women. Luo Tianbin, "國防部：108年要募兵2.1萬人 110年以後每年減為1萬人," *Liberty Times Net*, October 21, 2018.
32. President Tsai's plan calls for conscript units to be built around an active-duty cadre.
33. In theory, Taiwan has more than 420,000 such volunteers. However, the degree to which these volunteers are trained, physically capable, and mentally willing to serve in a conflict is unclear given the historically low levels of funding for civil defense training and the fact that the average age of a civil defense volunteer is sixty. Focus Taiwan, "Civil Defense Reforms Needed to Meet Taiwan's Defense Goals: Experts," Central News Agency English News, January 24, 2023.
34. Taiwan has approximately 1.7 million reservists, according to the International Institute for Strategic Studies, *The Military Balance 2023*, 291.
35. There is also the question of whether the Ministry of National Defense and the Armed Forces will make a good-faith effort to adopt these reforms.
36. Office of the President of the Republic of China (Taiwan), "President Tsai Announces Military Force Realignment Plan."
37. Aaron Tu and Jake Chung, "Military Revamps Reservist Training," *Taipei Times*, December 10, 2021.
38. Admiral Lee Hsi-min and Michael A. Hunzeker, "The View of Ukraine from Taiwan: Get Real about Territorial Defense," *War on the Rocks*, March 15, 2022.
39. There is a robust scholarly literature supporting the idea that political leaders can harness bureaucratic competition to increase civilian control and foster innovative behavior. See Harvey M. Sapolsky, *The Polaris System Development: Bureaucratic and Programmatic Success in Government* (Cambridge, MA: Harvard University Press, 1972); Deborah D. Avant, "The Institutional Sources of Military Doctrine: Hegemons in Peripheral Wars," *International Studies Quarterly* 37, no. 4 (December 1993): 409–30; Owen Reid Cote, "The Politics of Innovative Military Doctrine: The United States Navy and Fleet Ballistic Missiles" (PhD diss., Massachusetts

286　沸騰的護城河

Institute of Technology, 1996); Harvey M. Sapolsky, Eugene Gholz, and Caitlin Talmadge, *US Defense Politics: The Origins of Security Policy* (London, UK: Routledge, 2014), 32–54.
40. One of the coauthors, Enoch Wu, founded Forward Alliance.
41. There is an extensive academic literature documenting the numerous challenges and obstacles that military organizations face when attempting to change. See, for example, Barry R. Posen, *The Sources of Military Doctrine: France, Britain, and Germany between the World Wars* (Ithaca, NY: Cornell University Press, 1986); Stephen P. Rosen, *Winning the Next War: Innovation and the Modern Military* (Ithaca, NY: Cornell University Press, 1991); Austin Long, *The Soul of Armies: Counterinsurgency Doctrine and Military Culture in the US and UK* (Ithaca, NY: Cornell University Press, 2016); Michael A. Hunzeker, *Dying to Learn: Wartime Lessons from the Western Front* (Ithaca, NY: Cornell University Press, 2021).
42. Kessler, *Taiwan's Security Future*.
43. Keoni Everington, "Taiwan Increases Defense Budget by 13.9% for 2023, Rising to 2.4% of GDP," *Taiwan News*, August 25, 2022.
44. Alexander Lanoska and Michael A. Hunzeker, *Conventional Deterrence and Landpower in Northeastern Europe* (Carlisle, PA: Strategic Studies Institute, 2019), 34.
45. Michael A. Hunzeker, "Taiwan's Defense Plans Are Going Off the Rails," *War on the Rocks*, November 18, 2021.
46. James Q. Wilson, *Bureaucracy, Bureaucracy: What Government Agencies Do and Why They Do It* (New York: Basic Books, 1989); Rosen, *Winning the Next War*.
47. Valeriy Akimenko, "Ukraine's Toughest Fight: The Challenge of Military Reform," Carnegie Endowment, February 22, 2018.
48. Jerad I. Harper and Michael A. Hunzeker, "Learning to Train: What Washington and Taipei Can Learn from Security Cooperation in Ukraine and the Baltic States," *War on the Rocks*, January 20, 2023.

第5章　抵禦中國的武力進犯

1. Matthew Johnson, John Pomfret, and Matt Pottinger, "'No Limits': Xi's Support for Putin Is Unwavering," Foundation for Defense of Democracies, October 11, 2022.
2. A nautical mile and a regular, or "statute," mile differ in length. Nautical miles are about 15 percent longer than statute miles and are used for navigation. The unit is based on the circumference of the earth, with one nautical mile equal to one minute of latitude.
3. Lawrence Chung, "Taiwan to Seize Intruding Sand Dredgers from Mainland China to Fight Illegal Mining and 'Grey Zone Warfare,'" *South China Morning Post*, December 18, 2023.
4. Guermantes Lailari, "China Tries Influencing Taiwan Elections with Balloons and Ships," *Taiwan News*, January 9, 2024.
5. "Coast Guard Drives Chinese Tugboats from Southern Coast," *Taipei Times*, January 2, 2024.
6. John Dotson, "An Overview of Chinese Military Activity Near Taiwan in Early August 2022, Part 2: Aviation Activity, and Naval and Ground Force Exercises," *Global Taiwan Brief* 7, no. 18 (2022).
7. Charlie Vest, Agatha Kratz, and Reva Goujon, "The Global Economic Disruptions from a Taiwan Conflict," Rhodium Group, December 14, 2022.
8. Morton H. Halperin, "The 1958 Taiwan Straits Crisis: A Documented History (U)," memorandum to the Office of the Assistant Secretary of Defense (International Security Affairs), RAND

Corporation, March 18, 1975.
9. Ivan Kanapathy, "Taiwan Doesn't Need a Formal U.S. Security Guarantee," *Foreign Policy*, April 26, 2022.
10. Dennis J. Blasko, "China Maritime Report No. 20: The PLA Army Amphibious Force," *CMSI China Maritime Reports* 20 (2022).
11. This and the other examples in the paragraph were gleaned from the author's personal conversations with Taiwan military officers over the years.
12. Nan Tian, Diego Lopes da Silva, Xiao Liang, Lorenzo Scarazzato, Lucie Beraud-Sudreau, and Ana Carolina de Oliveira Assis, "Trends in World Military Expenditure, 2022," Stockholm International Peace Research Institute, April 2023; Editorial Board, "What Does China Really Spend on Defense?," *Wall Street Journal*, June 9, 2023.
13. Travis Sharp, Thomas G. Mahnken, and Tim Sadov, "Extending Deterrence by Detection: The Case for Integrating Unmanned Aircraft Systems into the Indo-Pacific Partnership for Maritime Domain Awareness," Center for Strategic and Budgetary Assessments, July 13, 2023.
14. Alastair Gale, "The Era of Total U.S. Submarine Dominance over China Is Ending," *Wall Street Journal*, updated November 20, 2023.
15. Thompson Chau, "Taiwan's Presidential Candidates at Loggerheads over Submarines," *Nikkei Asia*, December 15, 2023.

第6章　反制中國的灰色地帶作戰

1. Ministry of Foreign Affairs of the People's Republic of China, "Ambassador Qin Gang Publishes an Article on the South China Morning Post," press release, May 26, 2022.
2. Erin Hale, "China Spinning a 'Web' of Influence Campaigns to Win over Taiwan," Al Jazeera, June 13, 2023.
3. Chen Yun and Jonathan Chin, "Officials Links Biological Weapons Story to China," *Taipei Times*, July 13, 2023.
4. For further discussion about these outlets, see Chris Horton, "'The Plan to Destroy Taiwan,'" *The Wire China*, March 26, 2023; for further discussion about these enterprises, see Brian Hioe, "US Bioweapons Story Reignites Concerns About Disinformation in Taiwan," *The Diplomat*, July 14, 2023.
5. Nick Aspinwall, "Taiwan Learned You Can't Fight Fake News by Making It Illegal," *Foreign Policy*, January 16, 2024.
6. Chia-Shuo Tang and Sam Robbins, "Taiwan's Failed Social Media Regulation Bill," *News Lens*, October 3, 2022.
7. Election Study Center, "Taiwan Independence vs. Unification with the Mainland (1994/12~2023/06)," National Chengchi University, July 12, 2023.
8. Ivan Kanapathy, "The Collapse of One China," Center for Strategic and International Studies, June 17, 2022.
9. Taiwan National Security Studies, "TNSS Survey Data (2002–2022)," Duke University, last modified December 2022.
10. Dylan Welch, "Taiwan's Election: 2024's Canary in the Coal Mine for Disinformation against Democracy," Alliance for Securing Democracy, German Marshall Fund, December 19, 2023.
11. Huang Tzu-ti, "Taiwan's Digital Ministry Slammed for Splurging on Overseas Trips," *Taiwan News*, August 24, 2023.

12. "Digital Minister Tang Shares Taiwan's Experience at Israel Cyber Week," *Taiwan Today*, June 29, 2023.
13. Chen Yu-fu and Jake Chung, "Half of Taiwanese Back Independence," *Taipei Times*, August 17, 2022.
14. Aiden Render-Katolik, "The IT Army of Ukraine," blog, Center for Strategic and International Studies, August 15, 2023.
15. Joseph Gedeon, "Taiwan Is Bracing for Chinese Cyberattacks, White House Official Says," *Politico*, September 27, 2023; Gordon Corera, "Inside a US Military Cyber Team's Defence of Ukraine," BBC, October 29, 2022.
16. Lawrence Chung, "Fines on Taiwan's Far Eastern Group Fan Fears of More Retaliation by Beijing over Political Donations," *South China Morning Post*, November 24, 2021; Horton, "'The Plan to Destroy Taiwan.'"
17. Joyu Wang and Nathaniel Taplin, "China Tried Using Economic Ties to Bring Taiwan Closer: It Isn't Working," *Wall Street Journal*, November 23, 2023.
18. GlobalSecurity.org, "Taiwan Strait Middle Line," last modified September 7, 2011.
19. Yimou Lee and Liz Lee, "Taiwan Says It Convinced China to Rein In No-Fly Zone Plan," Reuters, April 13, 2023.
20. AP News, "Taiwan Reports 2 Chinese Balloons near Its Territory as China Steps Up Pressure ahead of Elections," updated December 18, 2023.
21. Kanapathy, "Collapse."
22. Thompson Chau, "Taiwan's Ex-Defense Chief Calls for Sweeping Military Reforms," *Nikkei Asia*, July 20, 2022.
23. Global Taiwan Institute, "An Assessment of the Recent Chinese Incursion over the Taiwan Strait's Median Line," *Global Taiwan Brief* 7, no. 11 (2022).
24. CIGeography (@CIGeography), "PLA live fire areas published by Xinhua overlaps Taiwanese Internal and Territorial waters," h/t @StuartKLau @PolGeoNow@fravel @samsonellis #pelosi," Twitter, August 2, 2022, 12:09 p.m., https://twitter.com/CIGeography/status/1554499596155494400.
25. Mercedes Trent, "Number of Chinese Unauthorized ADIZ Intrusions by Year & Country," in *Over the Line: The Implications of China's ADIZ Intrusions in Northeast Asia* (Washington, DC: Federation of American Scientists, 2020), 15–16.
26. Ministry of Foreign Affairs of Japan, "Confirmation of Chinese Government Vessels in Japan's Maritime Areas Surrounding the Senkaku Islands," press release, August 17, 2016.
27. Thomas G. Mahnken, Travis Sharp, Chris Bassler, and Bryan W. Durkee, *Implementing Deterrence by Detection: Innovative Capabilities, Processes, and Organizations for Situational Awareness in the Indo-Pacific Region*, Center for Strategic and Budgetary Assessments, July 14, 2021.
28. Usman Haider, "The MQ-9B Sea Guardian and the Revolution in Anti-Submarine Warfare," Wavell Room, November 3, 2023.
29. ThayerMahan, "Sector: Defense & Intelligence," online, last accessed November 30, 2023.
30. Lucas Myers, "China's Economic Security Challenge: Difficulties Overcoming the Malacca Dilemma," *Georgetown Journal of International Affairs*, March 22, 2023.
31. Charlie Vest, Agatha Kratz, and Reva Goujon, "The Global Economic Disruptions from a Taiwan Conflict," Rhodium Group, December 14, 2022.

第7章　擊沉中國軍艦

1. Jacqueline Deal, "China Could Soon Outgun the U.S.," *Politico* China Watcher, May 27, 2021.
2. Office of the Secretary of Defense, *Military and Security Developments Involving the People's Republic of China 2023: Annual Report to Congress*, US Department of Defense, October 19, 2023, v–vii.
3. Lawrence Freedman, *Deterrence* (Cambridge, UK: Polity Press, 2004), 37–39.
4. Freedman, *Deterrence*, 37–40.
5. Robert Haddick, "Defeat China's Navy, Defeat China's War Plan," *War on the Rocks*, September 21, 2022.
6. Office of the Secretary of Defense, *Military and Security Developments Involving the People's Republic of China 2022: Annual Report to Congress*, US Department of Defense, November 29, 2022, 167; Office of the Secretary of Defense, *Military and Security Developments Involving the People's Republic of China 2023*, 186.
7. Ronald O'Rourke, *China Naval Modernization: Implications for U.S. Navy Capabilities — Background and Issues for Congress*, Congressional Research Service (RL33153), October 19, 2023, 15–18.
8. US Department of Defense, *Joint Publication 5-0: Joint Planning*, December 1, 2020, iv–22.
9. Mark F. Cancian, Matthew Cancian, and Eric Heginbotham, *The First Battle of the Next War: Wargaming a Chinese Invasion of Taiwan*, Center for Strategic and International Studies, January 2023, 111.
10. Cancian, Cancian, and Heginbotham, *First Battle of the Next War*.
11. Cancian, Cancian, and Heginbotham, *First Battle of the Next War*, 106–15.
12. John Culver, "How We Would Know When China Is Preparing to Invade Taiwan," Carnegie Endowment for International Peace, October 3, 2022.
13. US Department of the Navy, "Attack Submarines — SSN," Fact File, March 13, 2023.
14. Ronald O'Rourke, *Navy Virginia-Class Submarine Program and AUKUS Submarine Proposal: Background and Issues for Congress*, Congressional Research Service (RL32418), November 13, 2023.
15. US Department of the Air Force, *FY 2024 Department of the Air Force Budget Overview*, March 2023, 43.
16. Haddick, "Defeat China's Navy."
17. US Department of the Navy, "Destroyers (DDG 51)," US Navy Fact File, December 13, 2022.
18. Gabe Camarillo, *U.S. Army Fiscal Year Budget Overview 2024*, Department of the Army, 22.
19. US Department of the Navy, *Highlights of the Department of the Navy FY 2023 Budget*, Department of the Navy, 2–10.
20. Office of the Secretary of Defense, *Military and Security Developments Involving the People's Republic of China 2023*, 98–101.
21. Cancian, Cancian, and Heginbotham, *First Battle of the Next War*, 129–31.
22. Cancian, Cancian, and Heginbotham, *First Battle of the Next War*, 131–32.
23. US Department of the Navy, US Marine Corps, and US Coast Guard, *Advantage at Sea: Prevailing with Integrated All-Domain Naval Power*, December 2020, 4.
24. O'Rourke, *Navy Virginia-Class Submarine Program*, 5.
25. Rachel S. Cohen and Stephen Losey, "US Air Force Fleet's Mission-Capable Rates Are

Stagnating: Here's the Plan to Change That," *Air Force Times*, February 14, 2022.
26. David B. Larter, "The US Military Has Put Scores More Ship-Killer Missiles under Contract as Pacific Tension Continue," *Defense News*, March 11, 2021.
27. US Department of the Air Force, *Fiscal Year (FY) 2024 Air Force Justification Book, Missile Procurement*, March 2023, 31, 53.
28. Cancian, Cancian, and Heginbotham, *First Battle of the Next War*, 111.
29. Boeing Corporation, "Powered Joint Direct Attack Munition: Affordable Standoff," fact sheet, 2022.
30. Office of the Secretary of Defense, *Military and Security Developments Involving the People's Republic of China 2023*, 186.
31. Cancian, Cancian, and Heginbotham, *First Battle of the Next War*, 112–13.
32. US Space Force, Space Development Agency, home page, July 2023.
33. Charles S. Galbreath, *Building U.S. Space Force Counterspace Capabilities: An Imperative for America's Defense*, Mitchell Institute for Aerospace Studies Policy Paper, vol. 42, June 2023.
34. US Space Force Space Development Agency, "Space Development Agency — Transport," November 2023.
35. Brett Tingley, "SpaceX Wins $70 Million Space Force Contract for Starshield Military Satellites," Space.com, October 2, 2023.
36. Cancian, Cancian, and Heginbotham, *First Battle of the Next War*, 92, 100.
37. John A. Tirpak, "First of 17 B-1Bs Heads to the Boneyard," *Air & Space Forces Magazine*, February 17, 2021.
38. Mitchell Institute for Aerospace Power, "Spacepower and the Commercial Realm: Insider Perspective," *Aerospace Advantage* podcast no. 133, June 17, 2023.

第8章　隔離與封鎖

1. Joseph Webster, "Does Taiwan's Massive Reliance on Energy Imports Put Its Security at Risk?," Atlantic Council, July 7, 2023.
2. Effendi Andoko, Wan-Yu Liu, Hua-Jing Zeng, and Agnes Sjoblom, "Review of Taiwan's Food Security Strategy," Food and Fertilizer Technology Center for the Asia and Pacific Region, September 10, 2020.
3. Bradley Martin, Kristen Gunness, Paul DeLuca, and Melissa Shostak, *Implications of a Coercive Quarantine of Taiwan by the People's Republic of China*, RAND Corporation, 2022, 1–2.
4. Max Hastings, "America Is Headed to a Showdown over Taiwan, and China Might Win," *Bloomberg*, March 14, 2021.
5. Martin et al., *Implications of a Coercive Quarantine*, 12–13.
6. Lonnie D. Henley, *Beyond the First Battle: Overcoming a Protracted Blockade of Taiwan*, US Naval War College, China Maritime Studies Institute, China Maritime Report No. 26, March 2023.
7. Mark F. Cancian, Matthew Cancian, and Eric Heginbotham, *The First Battle of the Next War: Wargaming a Chinese Invasion of Taiwan*, Center for Strategic and International Studies, January 2023, 128–29.
8. Cancian, Cancian, and Heginbotham, *First Battle of the Next War*, 20.
9. Benjamin Lambeth, *NATO's Air War for Kosovo: A Strategic and Operational Assessment*, RAND Corporation, January 1, 2001, 68–72.

10. Martin et al., *Implications of a Coercive Quarantine*, 22–23.
11. Theresa Hitchens, "How Space Force, NRO Are Sharing the Ground-Tracking Mission, for Now," *Breaking Defense*, May 3, 2023.
12. James R. FitzSimonds, "Cultural Barriers to Implementing a Competitive Strategy," in *Competitive Strategies for the 21st Century*, ed. Thomas Mahnken(Stanford, CA: Stanford University Press, 2012), 290–92.
13. Office of the Under Secretary of Defense for Policy, *DoD Directive 3000.09: Autonomy in Weapon Systems*, January 25, 2023.
14. US Department of Transportation Maritime Administration, "Maritime Security Program (MSP)," May 31, 2023.

第9章 動員與裝備

1. Geoffrey Blainey, *The Causes of War* (New York: Free Press, 1973), 122–23.
2. Dan Reiter, *How Wars End* (Princeton, NJ: Princeton University Press, 2009), 220–22.
3. Phillips Payson O'Brien, *The Second Most Powerful Man in the World: The Life of Admiral William D. Leahy, Roosevelt's Chief of Staff* (New York: Dutton Books 2019), 116.
4. GlobalSecurity.org, "Ship Building 1933–1945: Roosevelt, Franklin D.," November 18, 2015.
5. Selective Training and Service Act of 1940, Library of Congress legislative database, n.d.
6. American War Library, "Vietnam War Allied Troop Levels, 1960–1973," December 6, 2008.
7. Defense Manpower Data Center, "DoD Personnel, Workforce Reports & Publications," n.d.
8. Selective Service System, "Induction Statistics," n.d.
9. Federal Reserve Bank of St. Louis FRED, "US CPI Inflation and Unemployment Rate, 1960–1973," graph, accessed July 21, 2023.
10. Teal Group, "The Global Aerospace Industry: Size and Country Rankings," July 16, 2018.
11. Joseph Trevithick, "Alarming Navy Intel Slide Warns of China's 200 Times Greater Shipbuilding Capacity," *War Zone*, July 11, 2023.
12. Mark F. Cancian, Matthew Cancian, and Eric Heginbotham, *The First Battle of the Next War: Wargaming a Chinese Invasion of Taiwan*, Center for Strategic and International Studies, January 2023, 129–31.
13. Congressional Budget Office, "The 2023 Long-Term Budget Outlook," June 28, 2023.
14. For supporting documentation, see Office of the Undersecretary of Defense(Comptroller), "Defense Budget Materials — FY 2024," March 2023.
15. Office of the Under Secretary of Defense (Comptroller), "National Defense Budget Estimates for FY 2024," May 2023, 169, 284.
16. O'Brien, *Second Most Powerful Man*, 201–10.
17. O'Brien, *Second Most Powerful Man*, 202–03.
18. O'Brien, *Second Most Powerful Man*, 206–09.
19. Phillips Payson O'Brien, conclusion to *How the War Was Won: Air-Sea Power and Allied Victory in World War II* (Cambridge, UK: Cambridge University Press, 2015).
20. Mark Gunzinger, *Understanding the B-21 Raider: America's Deterrence Bomber*, Mitchell Institute for Aerospace Studies, March 2023, 31.
21. Robert Haddick, "Save the AUKUS Partnership — Share the B-21 Bomber," *The Hill*, November 2, 2022.

第10章　日本的「關鍵角色」

1. Yoshihide Yoshida, "Japan 'Cannot Maintain' Security at Current Capabilities: SDF Chief," interviewed by Naoya Yoshino, *Nikkei Asia*, August 29, 2023.
2. John V. Roos, former US ambassador to Japan, Statement Before the Senate Foreign Relations Committee, 111th Cong. (2009).
3. Admiral Yoji Koda, conversations with author.
4. Idrees Ali and Michael Martina, "What Is Most Significant in the Pentagon's China Military Report?," ed. Leslie Adler, Reuters, October 20, 2023.
5. Yoshida, "Japan 'Cannot Maintain' Security."
6. Author's private correspondence with a military officer familiar with Japan's military.
7. Five Eyes is an intelligence-sharing alliance that includes Australia, Canada, New Zealand, the United Kingdom, and the United States.

第11章　太陽依舊升起

1. Carl H. Marcoux, "Final Conflict on Okinawa," *Warfare History Network*, May 2004.

第12章　澳洲的當務之急

1. The first American offset strategy was President Eisenhower's decision in 1953 to deploy tactical nuclear weapons to Europe to counter the Soviet Union's overwhelming conventional military advantage in that theater. The second offset strategy was the US decision to demonstrate Assault Breaker and Follow-on Forces Attack capabilities in the late 1970s and early 1980s that could defeat any attempted Soviet military assault into Western Europe. For further discussion, see Robert Work, "The Third U.S. Offset Strategy and Its Implications for Partners and Allies" speech delivered by the deputy secretary of defense, Washington, DC, January 28, 2015.
2. Commonwealth of Australia, *2020 Defence Strategic Update*, Department of Defence, Canberra, 2020, 24–25.
3. Australian Government, *National Defence: Defence Strategic Review*, Canberra, 2023, 37–40.
4. For details, see the table in Ross Babbage, *The Next Major War: Can the US and Its Allies Win against China?* (Amherst, NY: Cambria Press, 2023), 186.
5. For further discussion, see Chris Buckley, "The East Is Rising: Xi Maps Out China's Post-Covid Ascent," *New York Times*, March 3, 2021.
6. Buckley, "The East Is Rising."
7. For details, see Senator Penny Wong, Minister for Foreign Affairs, "Joint Statement on Australia-United States Ministerial Consultations (AUSMIN) 2023," July 29, 2023.
8. Wong, "Joint Statement on Australia-United States Ministerial Consultations."
9. Wong, "Joint Statement on Australia-United States Ministerial Consultations."
10. Wong, "Joint Statement on Australia-United States Ministerial Consultations." See also Charles Edel, "The AUKUS Wager: More Than a Security Pact, the Deal Aims to Transform the Indo-Pacific Order," *Foreign Affairs*, August 4, 2022.
11. For further discussion, see Peter Edwards, "Curtin, MacArthur and the 'Surrender of Sovereignty': A Historiographical Assessment," *Australian Journal of International Affairs* 55, no. 2, July 2001, 175–85, and Peter Edwards, "From Curtin to Beazley: Labor Leaders and the American Alliance," lecture, John Curtin Prime Ministerial Library, Curtin University, October 2001.

12. For details, see Wong, "Joint Statement on Australia-United States Ministerial Consultations."
13. Wong, "Joint Statement on Australia-United States Consultations."
14. Australian Government, *National Defence*, 54.
15. Australian Government, *National Defence*, 54–55.
16. For details, see Chris Coulthard-Clark, *Breaking Free: Transforming Australia's Defence Industry* (Kew, Victoria: Australian Scholarly Publishing, 1999), 37–90.
17. Hon. Scott Morrison MP, "Morrison Government Accelerates Sovereign Guided Weapons Manufacturing," media release, March 31, 2021.
18. Hon. Peter Dutton MP, "Australia Takes Next Step to Delivering Guided Weapons and Explosive Ordnance Enterprise," media release, April 5, 2022.
19. For details, see Wong, "Joint Statement on Australia-United States Ministerial Consultations."
20. For details on the stresses facing US munitions production, see Mark F. Cancian, *Industrial Mobilization: Assessing Surge Capabilities, Wartime Risk and System Brittleness*, Center for Strategic and International Studies, 2021; Joe Gould, "Lockheed, Aiming to Double Javelin Production, Seeks Supply Chain 'Crank Up,'" *Defense News*, May 9, 2022; Conrad Crane, "Too Fragile to Fight: Could the U.S. Military Withstand a War of Attrition?," *War on the Rocks*, May 9, 2022; Gordon Lubold, Nancy A. Youssef, and Ben Kesling, "Ukraine War Is Depleting U.S. Ammunition Stockpiles, Sparking Pentagon Concern," *Wall Street Journal*, August 28, 2022.
21. These issues are discussed in Babbage, *Next Major War*, 101–08.
22. Babbage, *Next Major War*, 101–08.
23. "US to Expand Semiconductor Export Controls on China," *Kyodo News*, June 23, 2023.
24. Andrew Duehren, "US Bid to Hamper China's Military," *The Australian*, August 10, 2023.
25. Senator the Hon. Don Farrell, Minister for Trade and Tourism, "IPEF Supply Chains Agreement — More Resilient Supply Chains for Uncertain Times," joint media release with the Hon. Ed Husic MP, Minister for Industry and Science, Canberra, May 28, 2023. See also US Department of Commerce, "Ministerial Statement for Pillar II of the Indo-Pacific Economic Framework for Prosperity," September 9, 2022, https://www.commerce.gov/sites/default/files/2022-09/Pillar-II-Ministerial-Statement.pdf.
26. Office of the Secretary of Defense, *Military and Security Developments Involving the People's Republic of China 2020: Annual Report to Congress*, US Department of Defense, 57.
27. These issues are discussed in Babbage, *Next Major War*, 29–31, 48, 49, 131–39.
28. Holmes Liao, "China's Development of Hypersonic Missiles and Thought on Hypersonic Defense," *China Brief*, October 21, 2021.
29. For details, see International Institute for Strategic Studies, *The Military Balance 2023* (Abingdon-on-Thames, UK: Routledge, 2023), 47–49, 259, 268.
30. US Department of Defense, "Missile Defense Agency Officials Hold a Press Briefing on President Biden's Fiscal 2024 Missile Defense Budget," March 14, 2023.
31. See, for example, Marina Walker Guevara, Gerard Ryle, Alexa Olesen, Mar Cabra, Michael Hudson, Christoph Giesen, Margot Williams, and David Donald, "Leaked Records Reveal Offshore Holdings of China's Elite," International Consortium of Investigative Journalists, January 21, 2014; Celia Hatton, "Panama Papers: How China's Wealth Is Sneaked Abroad," BBC News, April 6, 2016.
32. Grant Newsham, "The Way to Take On China Is to Make It Personal," Fox News, August 3, 2023.

第13章　歐洲當下的任務

1. Freedom House, "Taiwan," Freedom in the World 2022, accessed November 21, 2023.
2. Tsai Ing-wen, "Taiwan: An Integral Partner of the Global Democratic Alliance," speech, Office of the President Republic of China (Taiwan), Taipei, June 10, 2022.
3. Annalena Baerbock, "Speech by Foreign Minister Annalena Baerbock at the Business Forum of the 20th Conference of the Heads of German Missions," Federal Foreign Office, Berlin, June 9, 2022.
4. Ursula von der Leyen, "Speech by President von der Leyen on EU-China relations to the Mercator Institute for China Studies and the European Policy Centre," European Commission, Brussels, March 30, 2023.
5. The Democracy Perception Index, the world's largest annual study on democracy, covers more than fifty countries representative of more than three-quarters of the world's population; Alliance of Democracies, "Global Democracy Poll: Western Support for Ukraine Holds, Democracy at Home Is under Pressure," press release, May 10, 2023.
6. Alliance of Democracies, "Global Democracy Poll."
7. Pietro Bomprezzi, Yelmurat Dyussimbinov, Andre Frank, Ivan Kharitonov, and Christoph Tresbesch, "Ukraine Support Tracker," Kiel Institute for the World Economy, accessed November 22, 2023; Bureau of Political-Military Affairs, "U.S. Security Cooperation with Ukraine," US Department of State, November 20, 2023.
8. Committee for a Responsible Federal Budget, "Congress Approved $113 Billion of Aid to Ukraine in 2022," blog, January 5, 2023.
9. UK Parliament, House of Commons, Defence Committee, *UK Defence and the Indo-Pacific*, October 2023.
10. Jamil Anderlini and Clea Caulcutt, "Europe Must Resist Pressure to Become 'America's Followers,' Says Macron," *Politico*, April 9, 2023.

國家圖書館出版品預行編目 (CIP) 資料

沸騰的護城河：保衛台灣的緊迫行動 / 博明 (Matt Pottinger) 著；余宗基, 簡妙娟譯.
-- 初版. -- 臺北市：今周刊出版社股份有限公司, 2025.02
296 面 ;14.8 × 21 公分. -- (焦點系列 ; 30)

譯自：The Boiling Moat: Urgent Steps to Defend Taiwan

ISBN 978-626-7589-19-9（平裝）

1.CST: 臺灣政治 2.CST: 國家戰略 3.CST: 兩岸關係
4.CST: 臺美關係

573.09   114000682

焦點系列 030

沸騰的護城河
保衛台灣的緊迫行動
The Boiling Moat: Urgent Steps to Defend Taiwan

作　　者	博明 Matt Pottinger
譯　　者	余宗基、簡妙娟
總 編 輯	李珮綺
資深主編	李志威
校　　對	博明、黃茂森、李志威
封面設計	兒日設計
內文排版	薛美惠
企畫副理	朱安棋
行銷專員	江品潔
業務專員	孫唯瑄
印　　務	詹夏深
出 版 者	今周刊出版社股份有限公司
發 行 人	梁永煌
地　　址	台北市中山區南京東路一段 96 號 8 樓
電　　話	886-2-2581-6196
傳　　真	886-2-2531-6438
讀者專線	886-2-2581-6196 轉 1
劃撥帳號	19865054
戶　　名	今周刊出版社股份有限公司
網　　址	http://www.businesstoday.com.tw
總 經 銷	大和書報股份有限公司
製版印刷	緯峰印刷股份有限公司
初版一刷	2025 年 2 月
初版三刷	2025 年 5 月
定　　價	450 元

Copyright © 2024 by Matt Pottinger
This edition arranged with InkWell Management LLC through Andrew Nurnberg Associates International Limited.
Traditional Chinese edition copyright © 2025 Business Today Publisher
All rights reserved

版權所有，翻印必究
Printed in Taiwan